阿伯特作品系列

A RESTING PLACE BEFORE GOING ON ELSEWHERE
Present and Process in Social Life

社会科学的未来

〔美〕安德鲁·阿伯特 著

邢麟舟 赵宇飞 译

Andrew Abbott

A RESTING PLACE BEFORE GOING ON ELSEWHERE

Present and Process in Social Life

© The Commercial Press, Ltd. 2022

The copyright of the Chinese edition is granted by the Proprietor.

第二篇出自 PROCESSUAL SOCIOLOGY

Chapters 6 and 9 © 2016 by The University of Chicago

目　录

前言 ·· 1

第一篇　北京大学讲座

第一讲　学术研究中的理论与实体 ······················· 7
第二讲　关于职业、专业与知识的实体性社会学研究 ······· 39
第三讲　方法论的哲学与实践 ····························· 78
第四讲　过程社会学理论 ································· 116

第二篇　社会学中的过程与结果

关于结果的思想 ·· 157
实证与道德层面的专业主义 ······························ 202

第三篇　马克·布洛赫讲座

社会科学的未来 ·· 237

参考文献 ·· 262

前　言

在2016年初，我接受北京大学的邀请，以"大学堂"顶尖学者（Global Fellow）的身份做了一系列讲座。讲座在该年9月举行。这些讲座是我作为一名社会学家的工作总结。在我看来，该系列讲座最好先从理论研究与实体研究的关系开始谈起，因为我所做的工作在这两个层面上都有所推进。但我在介于理论与实体之间的方法论层面上也做了大量工作，所以在这个开场白之后，我又做了三场讲座：一场关于我在实体层面的工作，一场关于我在方法论层面的贡献，还有一场关于我正在推进的理论层面的探索。

供翻译与出版之需，我校订了这四场讲座的讲稿。在此过程中，我根据出版社和我自己的中国学生的建议，保留了其"讲稿"的形式。也就是说，我并没有将讲稿改写为学术专著的章节，而是把英文文本按原来的讲稿形式保留了下来。所以，文中仍然有"我的第一讲"（而非"第一章"）之类的提法，也保留了为讲座准备的正式开场白，还留下了这类讲座中所需要的个人化细节和朴素的比喻。

我并不了解这些细节差异将如何被译成中文，甚至也并不清楚它们是否真的能被译成中文。在英语中，演讲和正式论文在诸多方面颇为不同。演讲务求文风流畅、语言有力、情绪富有张力，而这些都是正式发表的论文所不具备的。演讲的目的在于说服，所以会避免包含过多的细节，并将戏剧性的重要程

前言

度置于微妙性之上。这种演讲风格源于西方文化中历史悠久的雄辩术传统，而该传统在英语中尤其浓厚，因为英国传统下的议会辩论和宗教布道长期以来为口头讲演提供了模板。但正如我所说，我不确定这样的文风能在多大程度上被译成中文。

但无论如何，我都将这些演讲原有的形式与语气保留了下来。我希望它们能够让读者身临其境感受演讲的气氛，并且体会到一些我当初演讲时感受到的激动。在常规的修订外，我对讲稿的唯一修改，是在其中增加了一些我自己的作品作为参考，这样读者就可以知道我在某段中具体是在总结我的哪些文章或著作。但这也是这些讲稿中唯一采用了学术作品正式规范的地方。我更乐意说服读者，在整个职业生涯中，我十分享受对社会学理论、方法和实体问题的不断追索。如果可能的话，我希望读者也能够与我分享这种快乐。

全书中还另外收录了三篇独立作品的译文。第一篇是关于"结果"概念的一个章节，原作于2004年。这个章节最初发表于2005年（在参考文献中，这个最早的版本被标记为Abbott 2005e），然后又稍加修订，在我最近的专著《过程社会学》中再版。在社会科学中，我们往往对于"事情最终如何"颇感兴趣。这篇文章揭示了，在这个简单的短语背后隐藏着多少复杂性。特别是，这篇文章展示了社会科学学科是如何通过选择不同的思考结果的方式，而做出影响深远的意识形态选择的。

第二篇独立作品讨论了作为一项道德工程的专业主义。这个章节是我2016年的著作《过程社会学》的最后一章，专为该书而作。这篇文章尤为关注如何将"客观"或"外在"的专业主义观（如北京大学讲座第二讲所述）与个体自身作为专业人员的道德身份结合起来。因此，它提出了这样一个问题，即我们是否应该将自己的理论应用于自身。更宽泛地说，这一章通向了道德活动的过程性概念。

第三篇独立作品是我在 2015 年做的马克·布洛赫（Marc Bloch）讲座。马克·布洛赫讲座每年在法国社会科学高等研究院（École des Hautes Études en Sciences Sociales）举办一次，以纪念伟大的法国社会史学者马克·布洛赫。在"二战"期间，布洛赫从海外回到被占领的法国，参加了抵抗组织，并为保卫祖国牺牲了生命。受邀做这个讲座对我而言是极大的荣誉，也要求我在讲座上提出重要的观点。我选择的演讲主题是社会科学的未来，并在演讲里强调了西方社会科学中一些重要但未被注意到的特殊性。我特别讨论了西方社会科学中多样的实证本体论（即在北京大学讲座第一讲中提到的各种理论框架）与西方社会科学中绝大多数道德判断背后的单一本体论（即契约论自由主义的本体论）之间的不一致。我的用意并不是要把契约论经典作品单列出来，认为它是存在问题的；毕竟，我自己也来自于一个深嵌于契约论中的社会。反之，我希望能够说明，这种对特定道德本体论的依赖，是西方社会科学及其后继者的核心文化特性，从而表明这种特性对社会科学全球化的未来的重要性。

因此，这三个独立章节是与北京大学讲座相关的。讲座紧扣我过去的社会学著作的线索，而各个独立章节则紧扣我现在面临的难题。在未来几年中，我希望能够基于第四讲撰写一部专著，这将是我自己创造一个真正可行的社会本体论的尝试，也将系统化地梳理所有我在系列讲座中提到的工作。之后的章节都将涉及在我们前进的过程中，这种系统化对社会科学的道德安排会产生何种影响。对这些问题提出系统性的思考，将是我下一步的任务。

安德鲁·阿伯特
2017 年 1 月于芝加哥

第一篇
北京大学讲座

第一章

引論及文獻回顧

第一讲
学术研究中的理论与实体

I 导论

尊敬的林校长与各位同仁：能够受邀在北京大学作为"大讲堂"顶尖学者演讲，我深感荣幸。

我尤为感激，因为北京大学的邀请不仅为我提供了一个阐述我的研究工作的机会，而且这更是一个将其进行系统化阐述的机会。从智识的角度来看，我的研究工作涵盖了从高度理论化到完全实体化的范围。这就社会科学中理论与实体的关系提出了问题，在第一讲中，我就将探讨这个关系。在另外三讲中，我将探讨我自身研究工作的三条基本主线：实体性内容、方法论立场以及理论性追求。按照这个顺序，我将利用剩余三讲中的第一讲和最后一讲分别讨论今天讲座所提到的两个极点——实体和理论。不过，在这两讲的中间我插入了一讲，探讨构成理论和实体这两个极点间重要联系的方法论问题。这四场讲座不仅全面考察了我的研究工作，也全面考察了我的研究工作所提出的关于更广泛的知识理想和知识实践的问题。①

---

① 在原本的讲座系列中，还有一场题为"学术作为理念和学术作为日常工作"的讲座，作为北京大学人文社会科学研究院揭牌仪式的大会演讲。该讲已单独发表于《北京大学教育评论》2017年第15卷第1期，并且也会收录于另外一部我的研究作品的翻译集，故在此似无必要收录。

要在与我文化背景不同的听众面前阐述这些话题，是一个特殊的挑战。如果我们秉持简单的功能主义论证，我们可能会认为知识与学科分支在每一种文化中都会是相同的。所有的文化都面对相同的问题，因而所有的社会科学都应该解决同样的、普适性的问题。的确，这种功能主义论证在我上大学时候的美国社会科学界占据主导地位。但除了这种功能主义立场，也存在一种历史主义立场，认为事情截然相反。历史主义认为，尽管世界上的各种文化可能面对各种相同的问题，但它们面对这些问题的方式截然不同。各种文化为每一个新的时刻带来不同的思考习惯、不同的图像语汇和不同的价值观。

由于个人原因，我对有关中国的这类历史主义论证特别熟悉。12天后，也就是美国东部时间2016年9月26日星期一早上10点，就是我进入哈佛大学罗威尔演讲厅，听取费正清教授的著名课程"东亚文明史"第一讲的五十周年。当时中国正处于历史上最重要的一个转折点，而费正清教授要尝试说服300位年轻的哈佛学子暂时走出自己的文化背景，认识到世界上还有其他的民族，这些民族有着与他们不同的历史、不同的观念和不同的关切。那一年年底，我发现我在学习王朝与叛乱、社会史与思想史以及中国的各种经济与治理的发展时遇到了很大的困难。然而，尽管我已经遗忘了各种细节，我仍然了解了中华传统的庞杂与宏伟，以及这个传统与我自己所在传统的相似与不同。

在此后的半个世纪中，我了解了更多关于历史与传统、民族性与文化差异方面的精微观点。但当我坐在案前写下这些讲稿时，我认识到这些精微的观点可能仍然停留在我熟悉的文化背景维度当中。就如《西游记》中的孙悟空一样，我或许曾

第一讲　学术研究中的理论与实体

经尝试跳出如来佛祖的手掌心——即跳出我自身文化背景的限制——最后却发现，就算经过了一生的学术生涯，我其实也未能超越我自身文化背景所允许的认识。我所能达到的最远处，其支柱也只不过又是西方意识的支柱*而已。与孙悟空的取经之路不同，并没有如来佛祖来告知，我是否已经达成了我努力尝试的目标。于是，我只能将我在我漫长旅途尽头发现的知识的支柱一一描述。至于我作为一个社会生活的思考者到底走了多远，就要留给在座的各位来评判了。

今天，我将考察其中的第一个支柱：理论性思考和实体性思考之间的关系。这是最重要的支柱，是它先于其他支柱撑起了屋顶。毕竟，知识就是理论与实体之间的对话。另外，尽管这个对话是通过规训和促进我们思考的方法来进行的，但这个对话在逻辑上却比任何对方法的考察都更早出现。所以，我们在思考其他问题之前首先思考这个对话，是相当合适的。

在今天的讲座中，我将首先简短解释我的核心概念——理论与实体——的一般形式。此后，我将进一步详细说明理论与实体之间的一些特殊关系，如包含和归纳。在用理论-实体关系这一外部视角考察理论后，我会采取一种内部视角，作为一个社会理论家亲身走进整个图景。在我看来，理论必须致力于在不忽略社会生活特殊性的情况下，抽象地思考社会生活。这一理想意味着，存在一份核心问题的清单，这些问题在任何社会理论工作中都必须占据中心地位。因此，我会在讲座的结尾

---

* 此处"支柱"的原文为 pillars，系一语双关，既指《西游记》里如来佛祖用手指为孙悟空设下的擎天柱，也指西方文明的支柱性的观念。——译者

具体列出这份问题清单,它是任何一般性社会理论都会包含的关于根本性问题的一个议程。②

II 理论与实体:概述

A. 作为意义轴心的理论／实体

首先我要具体解释一下我所指的"理论"(theory)与"实体"(substance)的含义。这一点很重要,因为英文词 theory 的一般中文翻译,即"理论",与当下英语中的这一词汇有着些许不同的内涵。③ 在英文中,theory 一词有着大致三种义项,每一种义项都可被视作一组相对概念的一极。这三组相对概念分别是:(1)抽象性(abstract)与具体性(concrete);(2)一般性(general)与特殊性(specific);(3)理论性(theoretical)与实证性(empirical)。想要解释清楚这三组概念,最简单的方法是将它们应用于同一个例子中。我将用我自己的实体性研究兴趣——专业人员,即通过长期训练获得某一工作领域必要的知识的专家劳工群体——来进行解释。

首先,我们来考虑与专业人员相关的抽象与具体。用抽

---

② 在演讲时,应主办方的请求,我还考察了本科课程设置中理论与实体的问题。但是在修订本文的过程中,我认为移除这一部分并将其扩展成独立的一章似乎更好。这个工作会在我的另一部关于知识和教育的结构、理想和实践的作品集中完成。

③ "理论"这两个汉字暗含的意思是,理论是要寻找(被理论化的事物的)真实内在的、真正属于该事物的一部分的性质。也就是说,这两个汉字具有一种内涵,即"理论"是要去接近"被理论化的事物到底真正是什么"这一问题的答案。而英文中的 theory 至少目前较少具有这种接近真相的含义,而更多具有假设性或可能性的感觉。它并不包含一种"被理论化的事物存在'真正的道理',而它必须被理论家发现"的含义。

象的方式思考专业人员相关的问题,就是在不考虑任何特定情境的情况下思考这些问题。这意味着,要在思考时将专业人员抽离出任何特定的时空语境。而这就假定了,所有的专业人员都是相似的,不论他们是在欧陆还是在美国,是在19世纪还是在20世纪。相比之下,用具体的方式思考专业人员相关的问题,就是要考虑特定时空下的特定案例,比如19世纪东亚的西方医师,或欧盟初期在欧洲法庭工作的美国律师。因此,"抽象"意即脱离特定语境,而"具体"意即与特定语境和特定案例相联系。

抽象与具体的相对概念与下一组相对概念,即一般与特殊的相对概念不尽相同。尽管在不具体的情况下做到特殊性是非常困难的,反之却不尽然:我们可以轻易地在不抽象的情况下做到一般性。比如,我们可以通过比较五个特定的国家法律专业,来对由专业人员组成的具体案例的集合做一般性的讨论。每个案例中都会有特殊的和具体的细节,但我们可以思考这些具体案例中共有的或一般性的细节特征。这些一般性的事物并不需要是尤其抽象的,它们可以是共有的、具体的结构,比如负责发放或管理执照的组织。一般性的事物仅仅指不同具体案例中共有的事物,特殊的事物则指每个案例中独有的事物。这是一个我们都非常熟悉的区分,我无须在此继续讨论。我只希望提醒大家,抽象与具体的对立和一般与特殊的对立并不相同。

而理论与实证的相对概念则与以上两组相对概念都有所不同。一个理论性的命题当然是抽象的,但它的抽象方式是特定的。它不仅脱离语境,而且在逻辑上独立于它所宣称要定义或规定的具体现实。一个理论性命题中的抽象,被认为是一种关于其所描述或解释的被假定的"真实"性质的宣称。比如说,给专业（professions）下一个正式而严谨的定义，就是在对专业"真的是什么"进行一个假定性的宣称。所以，专业的最公认的定义是，专业是任何具有以下所有特质的职业（occupation）：知识基础、高等教育、终身职业生涯和基于服务而非结果的报酬。这个定义成为一个理论性定义的关键，在于它宣称任何具有这些特质的职业"真的就是"一个专业，而任何不具备其中一种特质的职业就"真的不是"一个专业。也就是说，一个理论性的命题是一个抽象的命题，它对世界的真实情况或对世界运作方式的解释做了定义性的宣称。

所以，这三组区分——抽象/具体、一般/特殊和理论/实证——指涉了略有不同的各个知识维度。但与此同时，它们互相之间也密切相关。它们如一组堂表兄弟姐妹，而非亲兄弟姐妹。后者之间可以轻易地相互认同，因为它们有同样的父母。不，这三组区分有着更远但却仍然非常紧密的亲属关系，正如《红楼梦》中在大观园里一起生活的年轻人一样。我将把这一组堂表兄弟姐妹式的相对概念用一对之前已经引入的术语来命名：理论与实体。所以，理论与实体可以包含以上三个角度中的任何一种：抽象性与具体性，一般性与特殊性，或理论性与实证性。然而，我们今天感兴趣的不是这对相对概念本身，而是其两极之间的关系，即理论与实体间的关系。现在让我们转向关于这种关系的一些基本概念。

B. 关于理论的一般性质的四个概念

我认为，知识有一个从理论到实体的一般维度，但这个维度并不是固定的或一成不变的。我们很难精确衡量一个特定命题或观念的"理论性"或"实体性"程度：我们不能说一个特定的命题含有75%的理论成分和25%的实体成分。相反，我们会问理论和实体之间的关系是什么,或者说可以是什么。在我看来,这种关系有两个主要的概念,而我还要再添加另外两个值得我们牢记的关于理论的概念。

第一个关于理论/实体关系的主要概念是,理论包含(subsume)了经验的、具体的和特定的事物。这里的"包含"具有多重含义:在一个极端,它可能仅仅意味着,一个一般性的命题概括了许多不同的具体命题;而在另一个极端,它意味着一个理论性的抽象概念提供了我们需要知道的所有要素,从而推演出一系列具体的、经验的和特定的现实。所以,在一个极端,我们将包含视为归纳(induction)的一种形式,即一种通过把各种具体实例层层汇总在更广的概念下,从而实现一般化的方式。但在另一个极端,我们可能把包含想象为演绎(deduction)的一种形式。通过这种形式,我们寻求逻辑上足以推演出我们所见的各种具体的、经验的现实的理论。

理论作为一种包含的概念,在自然科学及模仿自然科学的社会科学分支——经济学以及定量的社会学和政治科学——中最为清晰。我们对于这个含义都很熟悉,它也往往是我们学习"理论"这个词时最先接触到的含义。典型的例子有进化论、相对论等。

虽然"理论作为一种包含"的概念在传统上和解释(explanation)的概念联系在一起,但在信息科学术语中,它也和有效描述的概念联系在一起。从信息科学的视角看,理论是一种以非常凝练的形式来有效地表征多种事物的方式。解释是这种有效描述的一种形式,但并非唯一形式。有效描述的另一种形式是数据挖掘,通常旨在找到一些最小的维度集,这些维度集允许我们以尽量少的独立维度来表征非常详细的数据体,就如在主成分分析中一样。在这种情况下,"理论"仅仅是将高度复杂的数据转化成更简化的数据的一种方式。尽管如此，这种有效描述隐含地是一种理论形式，因为它隐含地断言，在数据简化过程中损失的信息是不重要的，或如我们通常所说的，是"随机噪声"。在实践中，这的确往往是一个非常有力的主张。

所以，理论／实体关系中的第一个基本概念就是包含。而在人文学科和社会科学中，对包含的使用与在自然科学中有几分不同。在社会科学和人文学科中，只有经济学成功地严格奉行"理论作为一种包含"。然而即使在经济学中，包含也仅仅是在大量忽略理解人类生活所必需的要素的代价下，才取得了成功：经济学解释了人们在其所需的不同事物间的权衡取舍，却没有解释在一开始究竟是什么决定了他们对所需事物的偏好。在其余的社会科学中，我们并不愿意付出如此高昂的代价来迎合这个原则：我们的目标是更加广泛地了解人类的行为，而严格的包含是无法满足这个需求的。[4]

虽然严格的包含无法满足需求，但很多社会科学家还是在其理论论证中奉行一种较为软性的包含。他们不接受基于演绎的"理论作为一种包含"的概念，但采取了我们通常所称的基于归纳的包含。我自己所在的社会学学科就是由许多经验性概括构成的，这些经验性概括从源头上和形式上讲都是基于归纳的，但仍与一些潜在的演绎性的说法存在松散的关联。当实证社会学家谈到"文章的理论部分"时，他们往往指的是一组相互竞争的替代解释，而其中的每一种解释实际上

---

[4] 包含的概念在心理学的某些方面也取得了成功，但心理学其实并非真的是"社会"科学的组成部分。尤其是由于其近来的生物学转向，心理学变得越来越不像社会科学了。

都是一种基于归纳的概括。但是，这些基于归纳的概括却由一些看似合理的"机制"支持。这里所谓的"机制"，指的是一些基于演绎的观点，这些观点可能能够解释为什么人们会观察到上述那些归纳所得的规律。把这些基于归纳的，每一个又都与演绎性的包含有松散关联的、相互竞争的概括结合起来，就构成了绝大多数社会科学所特有的松散的包含特征。这种包含与绝大多数自然科学所特有的远为更严格的演绎法截然不同，但从意图上看，它仍然是一种包含。它源于一种信念，即可以找到总体的机制来解释人类行为的主要影响因素，并排除"噪声"。

所以，从意图上来看，绝大多数社会科学都使用归纳法，但却声称以演绎法的标准来判断其归纳的结果。然而在实践中，这种对与演绎法仅有松散联系的归纳理论的相对关注，却对非经济学的社会科学与人文学科有重要的影响。反思这种实践的实际情况，会把我们引向"理论"的第二个主要含义。

归纳法的方式是组合事物。要组合事物，就必须先确认事物之间可以相互联系。所以，归纳性的理论依赖于不同事物间的联系，比如概念之间、事实之间、特定社会情境之间和特定理论概念之间。当然，事实、情境和概念可以通过成千上万种方式联系在一起。所以，学习一门非演绎性的社会科学，在一定程度上就是在学习各种事实、概念和情境的常规联系。学习这些联系的传统方法，是掌握我们通常所说的"理论典范"。除经济学外，社会科学家并不阅读教材。教材会把以往的大量研究简化为一种无源头可循的系统性阐述。也就是说，我们通常不以学习微积分的方式学习社会科学：在微积分的学习中，（理论的）最早发现者仅仅以定理、方法名称的形式存续，如勒贝格积分、坎泰利引理等。相反，我们更倾向于掌握少数最顶尖学者的全部著作。

以我本人所在的社会学学科为例，大部分美国的社会学系都有社会学理论的课程，这门课的内容主要由马克思、涂尔干和韦伯的作品构成。然而，尽管这些人的确是很出色的社会思想家，但他们却完全不能穷尽所有的社会理论。哪怕仅仅是在欧洲和北美的范围内，人们还可以举出约翰·杜威和乔治·赫伯特·米德等实用主义者，格奥尔格·齐美尔和雅各布·莫雷诺（Jacob Moreno）等形式社会学学派的学者，以及尼克拉斯·卢曼和塔尔科特·帕森斯等系统学派的学者。

之所以要集中关注极少数的几位学者，并阅读其中每一个人的大量著作，是因为社会学中并不存在被普遍接受的理论/实体综合体，故我们必须研究单个的学者如何组合起他们独有的、个人化的理论/实体综合体，这相当于自然科学教材中普适的、系统化的理论。通过学习他人如何组合这种综合体，我们才能学习如何自己来联系和组合。另外，由于在整个学科中我们都阅读同一批典范性作家的著作，我们得以学习同一套典故、参考文献和事例，这样我们就可以在自己的作品中，以此向读者展示双方共同了解的各种联系。例如，我们用韦伯的术语"铁笼"来代表他关于理性化的一整套论述，或者用马克思的"异化"概念以在读者心中触发一整套关于工人与其工作关系的思想。也就是说，我们学会了如何用代表各种联系的信号来充实我们自己的作品，从而在较小的篇幅内表达更多的内容。

因此，社会科学中"理论"的第二个基本含义——我想人文学科亦如此——就是"理论作为典范和联系"。作为典范的理论通过联系和关联，而非包含来起作用，并且教会我们如何组合起自己的理论/实体综合体，而非简单地记忆他人已经组合好的作为包含的理论。所以理论已经离开了典范本身的归纳性来源，而指向了另外一个概念，即"理论作为联系和组合"。

这两种关于理论的概念——即"理论作为等级化（hierarchical）的包含"和"理论作为联系性（associative）的典范"——代表了两种非常普遍的思维模式。我们接下来的讲座中还有机会回顾包含和联系这两种思维模式。但是，还有另外两种关于"理论"这个词的用法值得提及，以免我们混淆。这两种概念都不描述一种普遍的思维模式，但每一种都代表着"理论"这个词的一种含义，而这两种含义对于人文学科与社会科学中的一些特定分支群体很重要。所以这两种用法，作为"理论"这个词的另外的含义，对我们也很重要。

这两种含义中的第一种将理论定义为"对于一系列特定的实体现象的抽象思考"。在当下的西方学界，这一系列特定的实体现象多数时候是指所谓的"现代性"，所以我的许多同行用"理论"这个词来指称任何对所谓"现代性"的抽象考察。这种"现代性"是具有特殊意义的：社会科学大致是在1850年到1950年之间的一个世纪内产生的，所以其内容不可避免地被打上了解读那个时代的主要社会现象的烙印：大规模市场农业、农村转型、工业主义、大众传媒、消费主义、城市化、民族主义、帝国主义、世俗化、社会主义和文化冲突。可以说，过去两个世纪中绝大多数主要的社会科学理论著作都在某种程度上与这一实体性议程有关。实际上，这个议程隐含在我们在不脱离具体经验现实的情况下，尽量将理论一般化、抽象化的努力之中，因为在某种意义上，这些问题是我们在社会科学中所面对的最大的实证性问题，所以它们也不可避免地成为了我们最为一般化、抽象化的思考之内容。

但是，甚至不需要我来说明，这个"现代性"概念很大程度上是西方意义上的，所以它必然强调我上面所列出的现象中的一部分多于其他部分。它所强调的主要话题包括工业主义、消费主义、大众传媒、城市化、民族主义、世俗化和社会主义。这个议程围绕着新兴西方工业社会的阶级冲突展开，也是这个议程使得马克思、韦伯、涂尔干、布尔迪厄和他们的同道中人被定义为西方社会理论界的典范作家。然而重要的是，"经典"西方社会学理论倾向于忽略其他一些我所列出的现象。首先，它忽略了大规模市场农业和农村转型，因为这些现象发生在西方的工业化之前。其次，它忽略了帝国主义和文化冲突，因为这些现象是西方以世界其他地区为代价来解决自身阶级冲突问题的手段。西方经典社会理论中不是没有这些话题——马克思和他的直接追随者们讨论了其中的许多——但这些话题并不像资本家和工人的阶级冲突问题那样处于中心地位。

可以说，一个围绕这一系列更广泛的"现代"社会问题的新的"经典"社会理论已经开始形成，只待进一步对其做发掘并加以系统化，而我在《多样化的社会想象力》(*Varieties of Social Imagination*)这部作品中就已经开始这么做了。但是，这个更广泛的"理论"仍然是指"关于特定的社会问题的理论"。所以我们一定要记住，"理论"这个术语也可以被用来指称针对一系列特定实证性现象的一组特定抽象概念，而这些概念被认为包含了作为一个整体的当今社会的许多基本方面。

最后，"理论"这个词还有第二个特定的含义。在北美和欧洲的知识界，理论有时会根据它相对于实践的自主性而被定义。也就是说，"理论"这个词有时会被用来指代任何在社会

第一讲　学术研究中的理论与实体

科学研究中自主的部分，这部分与其由外部需求驱动的部分相对。在自然科学中，这种区别一般（在英语里）用"基础科学"和"应用科学"来指代。而在社会科学中，由于其来源于改革和道德，它们一般被称为"自律的"（autonomous）和"他律的"（heteronomous）。

在社会科学中，这种自主性十分重要。大部分社会科学都是应用导向的。在美国，一些应用社会科学关注资本主义的管理和经济，如市场调研和产业区域分析。另一个分支的应用社会研究旨在评估或促进政府的社会计划：比如关于阶级流动性和不平等的研究，以及对于失业支持计划或刑事量刑的研究。还有一个分支旨在支持社会的自发组织，如对于大学、医院和基金会的制度性研究，以及为党派和游说集团服务的政治学研究和民意调查等。以上这些研究都可以被看作是社会科学"工程性"（engineering）的一面。这一部分的社会科学旨在帮助社会中的其他人或实体完成目标，或评估其成就。

这样的社会科学是有用的，但也是他律的——它是围绕着他者的目标组织起来的。但社会科学还存在抽象的、一般性的一面，这一面并不直接涉及社会生活中的"工程"，却遵循其他的一些内在于社会科学本身的逻辑。我们有时会用"理论"这个词来指称这类自发的抽象或逻辑。我认为，我们没有必要假定这种"其他的逻辑"是一种超越性的、不由社会所决定的理解，或者说没有社会价值的理解。毕竟，社会过程就是一个关于价值的过程。所以，追求绝对价值无涉（value-free）的社会科学，是自相矛盾的。但是，社会科学中自主性的"理论"，的确具有一种相对于其所脱胎的直接社会背景的自主性。也就是说，它不全盘接受它在"此时此地"的价值，而是从其他方面获得至少一部分价值：比如从社会的过去，或从其周围其他社会的背景，或从其他潜在的价值来源。这样的"理论"是相对自发的。尽管我们知道它不可能有超越性的自由，但它仍然通过表达其他价值，拓展了"工程性"社会科学研究的深度和广度。

这种自主性的首要表现就是其对于内部一致性的追求。作为"工程"的社会科学并不需要在不同的应用领域维持一致性。比如，在为政府衡量流动性时，和为某一公司衡量消费者需求时，作为"工程"的社会科学完全可以作出不同的假设。所以，"理论作为自主性"的一个方面，是一种隐含在对内部一致性的追求中的自主性。当然，它还有很多其他潜在的方面。

C. 行动中的理论：理论化之实践

总而言之，我认为在社会科学与人文学科中，"理论"可以有四种不同的理解。前两种理解指向了两种根本上不同的认识社会世界的模式。其一，"理论"可以被看作自然科学理论的直接类比。它包含了具体的实证事实，而这种包含关系则既可以是演绎性的，也可以是归纳性的。其二，"理论"可以被看作代表思考社会世界一般方法的典范性著作，它们可以将思考社会世界的无数方法缩减到更加易于掌握的少数方法，并且教会我们通过联系和组合来组成理论/实体综合体的必要性。这两种对"理论"的定义，都是关于抽象与实体之间关系的观点。前者通过更加形式化的方法来认识这种关系，如演绎或归纳，而后者则通过更加松散、联系性的、作为综合体基础的关系来认识这种关系。

在这两种系统化且截然相反的关于"理论"的概念之外，我们还可以增加两种对"理论"的理解，两种都在某些时候十分重要。其三,"理论"可以指代对于现代性核心问题的一般性分析——工业主义、社会主义、资本主义,等等。其四,"理论"可以指代学科中植根于其自主性的工作,它们的目标要么是达到内部一致,要么是在应用社会科学特有的研究逻辑之外保持一种外部视角。

简言之,存在一种作为包含的理论,一种作为典范和联系的理论,一种作为现代性分析的理论,以及一种作为自主性研究工程的理论。它们的共同点在于它们的方向性。在每一种情况下,"理论"都意味着尝试超越直观的事实、特殊具体的细节和直接的实体。它意味着将这些事实与其他事实、其他方法和其他价值相联系,或将这些事实与相关的和一致的论证结构相联系,或将这些事实与各种典范性的主张和方法相联系。也就是说,"理论"最终并不是一种思想的内容或结果。它是一种思考的方式,一种涉及分类与组合的过程,一种将不同的具体实证细节以惊人的方式结合起来,并将其置于全新思想范畴之下的过程。从这个意义上讲,理论是某些思想、某些方法、某些结果和某些问题的一种联合。这个观点已经与托马斯·库恩的观点十分接近,他用"范式"一词形容这种联合。我会在今天的最后一部分回到这个关于联合的说法,因为这种作为"联合"的理论才是我们在学术生涯中所应该发展的。

与自然科学不同,人文学科与社会科学似乎并没有一个将理论活动规训为某个巨大的、相互一致的结构的目标。很显然,的确存在几个思考社会世界的不同框架,而这些框架并不能相互化约为一些一般性的共同基础。所以,许多人认为社会世界是成千上万个个体行动的偶然性结果,而这就是经济学家和其他理性选择学说及方法论个人主义的拥趸的基本信条。相比之下，其他人则认为社会生活是被核心社会模式与力量所塑造的，而在这些模式和力量的周围，则环绕着个体性的差异，如同昆虫在夜间环绕着灯光。这些人就是涂尔干主义者和其他群体主义者。另外，还有一些人认为，社会世界是一些有规律模式的冲突的结果，正如马克思主义者、社会冲突论者和许多中欧的理论家所认为的那样。还有另外一群人认为，社会世界完全是由过程构成的，而这是芝加哥社会学派的信条。第五个派别则想象社会生活的所有根本决定性因素可以在我们用以表征我们所在的世界的符号中找到，而这就是文化人类学家、语言学家和各种微观社会学分支学派——符号互动论者及其相关学者——的信条。

这就是五种思考社会世界的惯常方式。在它们一个世纪以来的相互论争后，我们很显然永远无法判断它们谁对谁错。社会科学家中只有经济学家尝试做这个判断，他们是上述第一种框架最热切的追随者。但正如我早先所提到的那样，他们只不过是靠回避解释社会生活中最重要事物的任务，才实现了这种热切的追随。

对于我们其余的人来说，人文与社会科学中的理论化无穷无尽，乃至具有几乎是美学的性质。我们所遵循的美学规则往往十分"科学"。但在最后，我们的理论并非指向一个最终产物，而是在于不断地以某种特定的方式重制我们的产物。所以这是一个过程，而非一个结果。这些结果倾向于处在某种体制或框架之内，这是一个我将要在讲座中不断回顾的问题。

进行完对于人文学科与社会科学中理论的特性描述，这一讲的第一个主要部分就接近尾声了。我在此提出了理论思考的一般概念，即作为一种思想过程的理论思考；我们学科核心的知识实践中，有这一思想过程的诸多版本，我也做了展示。现在是时候进入这个图景，讨论一下真正的理论关切了。我认为，存在一系列基本的理论问题，所有社会科学家与人文学者都必须在其生涯中加以面对。现在我将尝试具体阐述这些基本的理论问题。

III 社会理论的核心问题

思想活动并不是瞬时性的，它是一个毕生的生涯。在这个生涯之中，我们会以不同的方式遭遇一些基本的理论问题。这并不意味着我们会不断地加深对于这些问题的了解，好像我们第一次遭遇它们的时候犯了错一样。相反，这意味着我们学术生涯的不同时刻会引导我们以不同的方式遭遇这些问题，让我们对于这些问题的知识最终变得更加丰富和精微。如果我们幸运的话，我们的社会科学问题意识会变得越来越深刻，这相应地意味着我们永远不会满足于现在得到的答案。

我们第一次遭遇社会理论的核心问题，一般是在本科阶段。在那时，我们发现社会现实并不容易理解，而是令人困惑的；我们发现我们的知识是以我们在社会中的位置为前提条件的；我们发现有在根本上完全不同的想象社会世界的方式；我们也发现确实存在相互对立的社会利益。我们同时发现，一代又一代的思想家都重复了这些困惑、这些社会条件和这些不同的想象方式。而我们的学习过程，最开始往往就是记忆这些前人对于社会的看法，寄望于出现一个奇迹般的综合体，将这些看法都简化为一个简单的答案或口号。阅读一个人大学时期的论文是一件折磨人的事。所写的一切都那么简单，那么直接。

我们在大学所学到的这种尝试性的——甚至是机械性

的——理论与实体的关联会随着时间的推移变得更加丰富，更加站得住脚，不再死板，也更富创造性。这种丰富性只有通过实证实践才能得到。通向社会科学的智慧的道路没有捷径。没有人可以在大学毕业后马上准备好成为一个处于学术生涯巅峰的50岁学者。回到《西游记》，玄奘并没有靠孙悟空的筋斗云直达西天。正如唐僧一般，我们必须长年累月地前行，一次次地遭遇阻止我们达到智识目标的妖魔鬼怪。

在这条道路上，我们十分容易迷失自己。随着我们年龄的增长，专业化的压力会使我们失去将理论与研究进行动态关联的能力，因为我们研究工作日益增加的细节和聚焦度，会使我们的日常研究与我们年轻时美妙的普遍性和典范性关切渐行渐远。作为年轻人，我们可能会思考"什么是正义"。但作为资深的学者，我们可能更喜欢开发一种去除性别、年龄和报道偏好的影响，而稳定度量破坏公物行为的倾向的方法。也就是说，随着我们的学习和成长，将理论与研究关联起来这一总体性问题，会变得越来越难以解决。因为，尽管我们在自己的研究领域内仍然维持着理论与实体之间的动态关联，但这种动态关联的维持已经十分碎片化了。相比于我们年轻时的想法，它已经被限制在一个较小的范围内。这可能会让我们退回一种新形式的、我们年轻时特有的机械性思考方式。这是因为，我们会十分轻易地接受所在学科分支的传统，并使得这些学科分支与学科关心的最初的宏大问题的关联，变为某种固定、机械的、我们从不探讨或质疑的关联。

基于这个原因，我自己用了两部专著来努力重建这种关联，并找回我们年轻时易于得到的那种振奋人心的事物。[5] 第一部

---

[5] 此处提到的专著是（讨论启发式教学的）《发现的方法》（Abbott 2004b）和（讨论研究项目管理的）《数字论文》（Abbott 2014a）。

是一本启发式教学的教材，这种启发式教学可以帮助我们摆脱所在分支学科中的常规假设。对于资深学者来说，启发式教学是一种改变层级或改变设定的方式，是一种将我们从常规思维中唤醒的方式。但启发式教学对年轻人也有裨益：它是在每种可能的思想似乎都已经被陈述过一千遍的情况下，仍然在智识世界中找到新思想的一种方法。

第二部是一本关于项目管理的教材，它教学生如何掌控一个具有许多处在同时变动中的理论和实体部分的大型研究项目。它主要关注两个互相关联的过程。第一，它提倡持续地再造我们研究项目中理论面和实体面之间的联系。因为这些联系随着我们收集到新的数据，思考新的理论，以及想象新的分析单位而不停地变动。第二，这本书也提倡将我们的研究项目看作一个更大的整体中的一部分。这个更大的整体并不一定本身是一个更宏大的理论体系或思想体系。如果那样想，我们就相当于仅仅采取了一种包含式的理论化视角。相反，这个更大的整体指的是理论与实体之间更宏大的关系——一方面是更加一般性或者抽象的理论，另一方面是构思更为丰满的对于实体的考量。例如，一个学者可能在运用定量方法分析专业人员的社会态度，而另外一个学者可能在撰写一部关于某个特定专业群体的档案史。但在创建关于专业人员的社会科学这一工作中，这两者都是一部分，也都必须成为一个更大的概念的一部分，即在更一般的层面上，专业人员的理论与实体如何产生关系。

然后我们还可以推进到另外一个层面。由于这些研究都是关于专业人员的社会科学的一部分，我们可以看到，关于专业人员的社会科学本身就是一个更加宏大的社会科学的一部分。这个社会科学可能是关于职业的，或是关于社会单位的，或是关于工作的,又或是关于知识的。需要明确的是,并不存在一个独特唯一的"更大的"社会科学。不断的抽象化并非一种涵盖关系,而其在"理论作为包含"这一概念中却一直是,无论归纳或演绎。在任何的实体性研究之上,都存在许多抽象化的方法,就如同在任何的抽象观点之下,都可以对应许多实体性研究。

尽管存在这些众多的可能性,但我们仍然需要投身其中特定的某一些可能性。为了让我们的研究充满活力,我们自己必须总是能够想象出一条"理论与实体关系"的链条,链接社会理论中一份基础性的、根本性的问题清单。如果我们想要在研究中永远充满热情,而非只是简单机械地完成工作,我们就需要能持续地感受到这个链接。从这个角度讲,我们在回答这些基本问题上所花费的努力一定是毕生的。如我所强调过的,这种努力会随着我们的职业生涯而改变。但它必须永远存在,永远强大,永远与根本性的问题相链接。

而我接下来在这一讲第二部分中的目标,就是提出一个社会理论中问题的基本清单。在英语中,我在说"这个基本清单"时使用了单数,就好像只有一个这样的清单,这当然很令人惊讶。相比之下,在这一讲第一部分的结尾,我在讨论理论和实体的一般关系时,主张在社会科学中并没有唯一的惯常性的思考社会世界的方法,并举出了五种一般性的思考框架。但这两种说法完全是符合的。我谈及的五种一般性框架,如马克思等人的冲突理论、经济学家的个人主义理论等,实际上,关于我将要讨论的问题,这些框架最好被想象为对其作答的各种一般性方式与传统。一个基本的问题清单,会让我们看到这些框架如何相互区分,以及它们何以如此相互区分。

第一讲　学术研究中的理论与实体

但在我开始讨论基本清单之前，我首先需要否定两种对于我这种"具有一个基本问题清单"的一般性理论的反对意见。

第一种反对意见宣称，讨论理论如何帮助我们理解社会世界的实体性现实是没有意义的，因为这个世界上并没有实体性现实。社会世界只是我们想象的产物。这种观点的亚洲版本当然是佛教千年以来关于人生虚幻的主张，以及道教同样强烈的关于现实虚幻性的主张。在致力于现代社会科学进步的大学中来讨论这些，似乎过于陈腐，但在当下相当一部分社会科学和人文学科中，同样存在与佛教思想类似的东西。在欧洲和北美，许多学者都对于对社会世界做"危险的假设"感到十分担忧：如"东方主义"（orientalist）假设、"总体性"（totalizing）假设、"地方性"（provincial）假设，等等。这些反假设的运动——我们一般称为后现代主义或建构主义——在相当程度上延续了佛教和道教虚无主义的一面。在过去的三十年里，许多欧美社会科学家和人文学者与这种虚无主义暧昧不清，这导致了对于社会知识深层次探索工程本身的损害。

对这种世界上没有实体性现实的观点的回应当然是，如果我们不愿意对社会生活做假设，我们就完全无法对社会生活置评。诚然，做假设会限制我们所能开展的讨论，所以我们必须时不时改变我们的假设。我们必须在任何时候都持有多元多样的假设。我们也必须将研习社会科学视为一个加深我们的知识及其复杂性的过程，而不是一个找到这种或那种简单真理的过程。这就是为什么对我们来说，拥有几种不同的社会思想传统是非常重要的。这几种社会思想传统都有内在的自洽性，但可以在不断批评其他社会思想传统的同时，从其他社会思想传统处借鉴方法、理论与分析。

所以，社会世界是虚假的或仅是建构出来的这种反对观点，不论如何措辞，都是一种毫无意义的反对。我们不可能在没有假设的情况下谈论社会世界，所以我们需要的，首先是意识到假设的存在，其次是在已经存在的各派假设之间进行相互讨论与批评。另外，我们也必须从这个"非现实"观点中汲取一个核心的实证问题：社会世界的哪些部分比另外一些部分更加是"被建构出来的"，而这又是为什么？

第二种反对设立社会理论基本议程的意见，建立在一个相关的问题上，即社会科学中价值的角色。一种普遍的论点认为，社会生活负载了价值这一特质，否定了严谨讨论社会生活的可能性。

在这一关于价值的问题上，有两种一般性立场。第一种立场认为，社会科学应该做到——也可以做到——价值无涉。这当然是马克斯·韦伯的立场，但同样也是马基雅维利乃至韩非子的立场。社会科学并不教一个行动者应该如何行动，而只是教他，如果他想要达到某种特定结果，那么什么样的行动是必要的。但困难在于，这种价值无涉的立场在逻辑上是站不住脚的。如果想要对于这种或那种政策的结果进行预测，任何社会科学都必须将社会中的一大部分情况视作理所当然，而将一种社会构造或者意识形态视作理所当然，就意味着直接采取了某种价值立场，而非纯粹地超脱于价值判断。的确，一个既定的社会现象需要被解释这种说法，本身就已经是在陈述一个价值立场，因为"自然而然"的社会现象并不需要加以解释。简言之，社会世界是一个永不停歇的关于价值的过程，所以我们可以衡量的每一件事，要么现在是一种价值，要么在过去某个时间是一种价值。所以，价值无涉的社会科学实际上是不可能的。

另一个关于价值的立场认为，社会科学本身就几乎不存在"科学性"，所以像我之前讨论的第四种意义上的理论——理论作为一种自主的、独立于外部议程的工程——那样进行理论探讨是不可能的。更简单地说，所有社会科学都是政治，所以社会科学不妨公开承认自己是政治性的。但后面这个推论并不能站得住脚。价值无涉在逻辑上不可能，并不意味着社会科学不应该严谨地对其价值进行论证。涉及明显价值的社会知识显然可以一种严谨的方式演进。普通法的演进，甚至是一般性的法律的演进，都为这个事实提供了无穷无尽的例证。法律理论就是一种处在不断演进中的关于价值的理论，而它明显可以是严谨的、训练有素的，乃至从某种程度上讲是累积性的。

所以，这两种关于社会科学中价值的角色的极端立场，不论是价值无涉带来自主性的论点，还是他律性带来政治化的论点，都无法成立。所以我们必须采取一种混合的立场，一方面要认识到价值在形塑我们知识方面的角色，另一方面也要发展出严谨的方法来控制这种形塑作用。两种反对意见都不成立这一事实，并不意味着我们可以逃避思考社会科学中的价值问题。相反，它意味着我们必须明确并严谨地进行这种思考。

在解决这些反对意见之后，我终于可以转而提出一系列引导社会科学的根本性问题了。让我重申，我不认为这些问题能够得到明确的回答。相反，我认为它们可以作为一系列一般性的问题，我们所有人都可以将自己的研究和著作与之相关联。你们或许现在可以猜到，这些问题其实是我们在本科时问过的那些问题，是在年轻时挑战过我们所有人的那些宏大、大胆而又难以回答的问题。作为资深的社会科学家，我们记起这些问题可能仅仅因为它们是引领我们研究的最初热情之源。虽然这些问题现在可能非常专业化了，但它们确实仍然还是原来的那些问题。另外，如我之前提到的，对于这些问题有几种一般类型的回答，而这些回答定义了社会思想中各个一般性的理论派别。

我刚刚反驳过的那些反对意见，对于提出这样一个清单提供了很有帮助的引导，因为它们指出，在社会科学中存在两类宽泛的核心问题。第一类问题是那些对于我们的假设产生担心和质疑的问题，第二类问题则是那些对价值产生担心和质疑的问题。这两类大问题又可以分别被分成两种问题。在关于假设的大问题下，存在关于认识论和方法论的核心问题：我们能够知晓什么，又应该通过什么方式知晓它们？所以我们的前两组问题就很轻易地产生了。

但是在关于价值的大问题下，事情变得复杂了。在此，各种问题自然可以分为看上去价值无涉的和明显出于价值考量的。这组问题要比关于认识论和方法论的那组问题存在更大的困难。首先，如我刚刚说明的那样，"价值无涉"的问题最终还是会同样在相当程度上牵涉价值。这一点在我们将这些问题放在新的语境下——比如不同的文化环境——时会十分明显。现代形式上的社会科学起源于西方，也起源于一个历史上非常特定的时期。它从那个时期继承而来的重大问题，看似价值无涉，但实际上深深地被西方历史所塑造，比如关于"民族主义"的含义的问题。如这个例子所示，对某些人而言"价值无涉"的问题，对于其他人来说是明显负载了价值的。

但将看上去"价值无涉"的问题和明显由价值驱动的问题

区分开来，仍然是合情合理的。这是因为，这两种问题在任何文化中，都会被当作截然不同的问题。在某种文化中，看似价值中立的问题在这种文化里往往会被当作本体论问题，即关于社会现实的既定性质的问题。我将会用"本体论"这个词来形容这些问题，尽管我完全明白，我现在要给出的这个问题清单是一个相当西方式的清单。也就是说，我将要把价值问题分为本体论问题和严格意义上的价值问题，但我们应该记住，前者也同样不可避免地带有价值色彩。

所以，根据以上我的讨论顺序，这就是我所给出的社会科学所面对的一般性理论问题的议程：认识论问题，方法论问题，本体论问题，以及文化问题。

首先是认识论问题。我们最好从它们最简单的本科生形式出发，逐级向上。这种问题最简单的形式是："我们为什么以我们现在看待世界的这种方式来看待世界？"一个更有针对性的形式是："不论事实可能意味的是什么，事实——或者说我们个人所认为的事实——是否是完全相对于社会立场而言的，还是可以相对独立于社会立场而存在？"而这一认识论问题另一个更加精妙的形式是："社会的或非社会的知识，其绝对的边界在哪里？"我们明白，我们每个人所能知晓的知识，仅仅是所有可能被知晓的知识中的沧海一粟，而我们新的数据库、算法和机器则不过是在将我们汲取社会的知识的过程变得越来越困难。所以，多大程度的谦逊是必要的？我们都是无知的，但无知是否有高下呢？[6]

这个认识论问题的一个政策性版本是这样的："是否所有

---

[6] 实际上我曾经写过一篇讨论不同种类的无知的论文（Abbott 2010b）。

的社会科学都一定是施事话语（performative）⑦？"也就是说："是否存在某种社会科学，其并不直接成为社会生活本身的一部分？"几十年间，抽样民意调查在表面上独立于政治，但如今伪造的民意调查十分普遍，造假模仿的社会科学正在将真正的调查分析挤出市场。类似地，普查也与政治发生了紧密的联系，因为它们会决定政治选举的单位设定，而这往往也就决定了其结果。是否有可能发展出一种外在于社会过程本身的社会科学呢？我自己的猜测是，这种独立的社会科学是不可能存在的，而这意味着我们必须反思如何创造出规范性层面上负责任的社会科学的发展轨道。

关于认识论，也有一些更加实际性的问题。人们能否将各种人文学科和社会科学学科组合在一起，构成一个知识的大集合，并通过这种方式让所有的学科都在一起合作，而非如它们往往看上去的那样互相对立？将在下星期成立的北京大学人文社会科学研究院会是回答这个问题的一个尝试，但在此前也已经有过许多其他的尝试了。这是一个长久存在的问题，也是思考"社会中知识专家的位置"这一更一般性问题的一个方法。对于"知识专家的位置"这一话题，价值无涉的问题则始终处于论争的核心：知识专家在社会中应该处于什么位置？他们仅仅是为他人提出建议的工程师吗？还是说，他

---

⑦ 施事话语指这样一种话语：说出这种话语即使得话语所对应的事件或事实成立。例如，牧师在教堂举行的婚礼中宣布两人结为夫妇，即使得两人真正结为夫妇。社会科学中有一种明显的施事话语，即询问人们属于哪一个种族会使得其更有可能认为自身真正属于某一个种族，从种族的角度思考自身，或认为自己是"具有种族身份的人"。另外一个例子是，告知人们某一产业部门的股市正在下跌几乎肯定会增加该部门股市下跌的比例。所以，社会科学中的施事话语指一种术语或陈述，其本身会发起使其成真的过程。施事话语的概念是由著名语言哲学家奥斯汀（J. L. Austin）发明的。

们实际上会通过以某种特定的方式从事社会科学研究，来含蓄地做出价值选择？

现在我从认识论问题转向方法论问题。关于这个问题我曾经写过很多，所以我对这份清单上的问题十分熟悉。第一，解释某物或对某物做说明，到底意味着什么？解释的科学性何在，艺术性又何在？第二，我们知道很大一部分的社会科学和绝大部分的人文学科实际上都被美学的评判标准所主导，那么这些评判标准是什么？另外，尤其是在社会科学中，我们的"科学主义"在什么意义上是一种关于科学的美学原则，又在什么意义上是纯粹"科学性"的？第三，也是对我来说核心的一点，历史和社会科学的关系是什么样的？这两个学科是两种思考社会过程的方法，即威廉·文德尔班（Wilhelm Windelband）所说的"个殊式"（idiographic）和"律则式"（nomothetic）——第一种是关于独特性和特殊性的，而第二种则是关于普遍性和共通规律的。在多大程度上我们可以想象一种可以同时支撑历史研究和社会科学研究的关于社会过程的理论？这个问题将是我第四讲的核心问题。第四，"方法"的哲学性假设是什么？各种方法如何对社会生活作出假设，进而组成我们所认为的理论的一部分？我将在第三讲用很长的篇幅讨论这个问题，因为它一直都是我研究的核心主题。第五，也是最后一点，方法的生命历程是什么样的，而再延伸开去，产生和使用方法的范式乃至学科的生命历程又是什么样的？正如学者都有其生命历程，思想也一定都有其生命历程。而这个生命历程又是什么呢？

现在我要转向我所说的本体论问题了。这些问题在一个给定的文化中似乎是价值无涉的，它们主要涉及社会世界中的单位，以及这些单位发生关联的过程。我自己来自一个西方国家，于是也带有特定的价值传统，而我在这里给出的问题正是这个传统中的宏大问题。另外一种传统可能会有另外一系列本体论问题，并会认为那些问题——而非我在这里给出的问题——才是纯粹的智识问题而非价值问题。

但是对于一个像我这样的西方人来说，这个问题清单最终来源于契约论自由主义者的奠基性理论：霍布斯，洛克，以及最重要的卢梭。第一个宏大的本体论问题是："个人与社会的关系是什么？"在这个问题通常的西方式框架下，就如西方儿童通常所经历的那样，这个问题就等同于在问："你在生活中所持的观点和所处的位置，是自由的，还是由社会决定的？"一旦你进入社会科学，你就会学会以更严谨的方式提出这个问题，并问："在理论化的过程中，是个人还是社会先行？"这个问题首先是一个历史性问题，它关乎各个社会是否如契约论者所主张的那样，在本质上由成年个体的合作创造。但这其实也是一个功能性问题，它也在问，社会是否是一种支配性的结构，这个结构或多或少控制着处于其中的个人在给定时间的思维与梦想。

这个问题的另外一个版本就是整个关于"团结"的问题，这个问题因涂尔干而著名："社会如何结合起来？"在一个人人阅读《三国演义》长大、人人了解分久必合合久必分*的社会中，人们似乎会难以理解为什么关于团结的问题会值得西方社会科学家付出半个世纪的努力。的确，即使是在西方，在将近一个世纪前，约翰·杜威也并不将整个社会与个人的关系视作

---

* 此处的"分"与"合"原文分别为 fragmentation 和 solidarity，本意为"碎片化"和"团结"。很显然，社会学意义上的"碎片化"和"团结"并不等同于中国历史传统中的"分"与"合"，此处系作者为照顾中国听众而使用的双关。——译者

第一讲　学术研究中的理论与实体

是一个问题。但就连杜威也以最为复杂精致的形式将这个问题保留了下来，即："个体之为个体这样一个独特的事物，其本质是什么？我们应该在多大程度上严肃地看待个体性的概念？又应该以什么方式来看待这一概念？"

如果说关于个体和社会的问题是西方社会科学的第一个本体论问题，那么第二个本体论问题就是关于价值的来源问题了。价值是什么？它们从何而来？我们如何命名和理解这些价值在社会中的模式？请注意，经济学作为一种社会科学，却是因为忽略了所有这些问题，而仅仅研究人们如何交换自己已有的价值，才取得了成功。但对绝大多数社会科学家而言，价值问题仍然是核心性的。

第三个核心的本体论问题，是关于社会变迁的根源。鉴于20世纪的历史，社会变迁问题对于所有的社会科学来说都是核心的。社会变迁来自何处？它的主要来源是制度性的过程和规律性的模式，还是说它主要来源于非理性的、无法解释的社会结构运动和文化运动？这个问题是我最后一讲中的核心问题。

最后，大部分西方社会理论都对于权力的性质有着深厚的关切。在根本性的社会本体问题的清单上，这个问题显然涉及价值问题，因为西方社会科学所关切的权力问题主要就是不公正的权力。的确，对于年轻一代来说，"权力"这个词在英语中自动带有不正义的内涵。这种权力的来源被追溯到法律形式、政治结构、社会阶层、经济模式和精神力量。而社会科学从其最初的时候开始，就有一种强烈的改良主义倾向，坚持纠正不公正的权力。这一改良主义的面向产生了关于不平等、强迫及类似内容的研究。

所以我们可以看到，至少对我来说比较明确的"基本本体论问题"，从根本上讲是一个西方式的清单。我并不清楚一个中国的、印度的或伊斯兰教什叶派的理论家是否会提出一样的清单。我将把这个问题留给这些文化内的成员,由他们来创制他们自己的清单。对我而言,下一步更有用的并不是假设我能够想象这样一个清单,而是以我的最后一组问题来做本讲的结尾。这一组问题,在我看来,正是关于社会过程的思想和概念之变化的一般性问题:简而言之,就是关于文化和价值的问题。

第一个问题,也是在这类问题中很大程度上最核心的问题,是我们如何在社会生活单位的不同概念之间进行转译。从1600年开始,西方政治理论家就将个人和社会的关系视为社会中核心的成问题的关系,于是他们就想象了"个体"和"社会"这两个概念,作为社会过程的两个基本单位。但也可能存在其他可以作为社会的组成单位的单位:血缘单位如世系、种姓和家庭,宗教单位如教会或宗派,民族或种族。人们如何把社会科学从一个依赖这些概念中某一种概念的文化,转译到一个依赖另一种概念的文化中去呢?

第二个问题是,不同的文化会将不同的事物视为绝对的事物。西方对于这个问题的主要经验涉及宗教。从1517年到1648年,130年间的血腥冲突使得西方将宗教从社会层面所允许的绝对价值议程中剔除。*这个决定为西方世界本身带来了和平,直到一种新的、"世俗"的宗教——即"民族主义"——在20世纪上半叶带来新的灾难。但社会科学如何应对绝对化的概念,仍然是一个未知数。自由主义的答案是,允许绝对化的概念存在于私人层面,但不允许其存在于公共层面。进而,

---

* 1517年马丁·路德发表《九十五条论纲》,1648年三十年战争结束,签订《威斯特伐利亚条约》。一百多年来,天主教国家和新教国家之间宗教冲突、宗教战争乃至大屠杀不断。——译者

用正当的法律程序和普遍宽容等自由世界自身的绝对化概念，来规管所有私人层面的绝对化概念。但在这种情况下，私人层面的绝对化概念是否为真正的绝对化概念是存疑的。

将这个悖论扩展开来，我们就得到了一组更简单的关于在人文学科与社会科学领域进行跨文化交流的方式的问题。我们是否要遵循多元主义？或是人文主义？又或是容忍原则？这里存在许多种可能性，但所有的可能性都受制于关于道德绝对化概念的一般性议题，以及它们在社会世界中的展现。

IV 结论

在这一讲中，我尝试去理解理论和实体的关系。我从理论的一般性定义出发，即抽象性、一般性和"理论性"。与之相对的，则是具体性的、特殊性的和实证性的实体。然后我考量了理论和实体的关系。在一般性的层次，我关注两种主要的"理论"，即在自然科学中典型的包含性理论，和在社会科学与人文学科中更为普遍的联系性理论。我提到，包含性理论具体体现在系统性的归纳与统一之中，而联系性理论则体现在各种社会思想中，这些思想对于一系列的一般性理论问题给出了各不相同的一般性回答。在这之后，我说明了尽管我们需要明白，一个学者对于理论与实体关系的理解会随着其学术生涯而不断演进，但许多我们年轻时所问的基本问题，才是驱动我们成熟阶段学术研究的动力。所以，本科生在大学期间需要掌握的最重要的品质，就是建构自己独有的理论与实体动态关系的能力，以及常态化地进行这种建构的习惯——这种习惯将使他们成为一生都有能力进行自我教学的自主学习者。

我最后提出，在研究活动中，本科阶段常见的关于宏大的、无止境的问题的议程,会随着学者的学术生涯的演进,被更加具体的问题逐渐代替。这些具体的问题根植于我们做本科生时所着迷的那些宏大问题的假设,而这对于我们所在的学科或学科分支而言则颇为惯常。然而,如果我们不在当下的研究和这些宏大问题之间维持活跃的联系,我们的研究就会变得机械而空洞。这一立场将我引向了一个关于根本性问题的基本清单。在我看来,在一般性的理论化进程中,这个问题清单占据了核心地位。不过,与此同时,不管这些问题多么宏大,如果它们仅仅停留在纯粹的抽象层面,就毫无意义。正如我关于跨文化语境的结束语所提示的那样,对于社会科学和人文学科而言,实证的、特定的和具体的元素与理论性的、一般性的和宏大的元素同样至关重要。没有哪个人能以特定个体之外的形态存在,也没有哪个社会能在某种程度上本身就是一个普适性社会。我们永远都是特定的具体存在。社会科学和人文学科的事业,正在于将这种一般性和特殊性的动态碰撞协调地结合起来。我祝愿这个事业能够蓬勃发展。

第二讲
关于职业、专业与知识的实体性社会学研究

今天我将进行接下来关于我研究的三场专题讲座的第一讲。这一讲是关于我研究的实体性部分,即我进行过实证调研的议题——职业、专业和知识。第二讲则是关于我的方法论研究工作,主要包括三个方面:我对标准化定量方法中存在的问题的哲学性分析,我对发明能够解决这些问题的新的形式化方法的尝试,以及我对传统人文研究方法在方法论及理论方面的辩护。第三讲是关于我的理论性研究工作的:我对创建一种社会生活理论的尝试,这种社会理论能够解决我前几天在第一讲所提到的核心的理论性问题。

我把对自己研究的分析分为三个部分,这违反了叙事史的原则,因为如果我只是简单地将我的研究作为一个故事讲述的话,这个分析可能更容易进行。更重要的是,这种分析的组织方式可能会掩盖将三个部分联系起来的统一性。但是在面对中国听众时,我并不需要澄清三者之间的统一性。我只需要向你们提起《三国演义》的开头:"话说天下大势,分久必合,合久必分。"在我的生涯中有许多时期,实体、方法论和理论看起来完全统一,比如当我的每一个实证问题都直接导向方法论问题的时候,当理论进步驱使我寻找好的案例来进行实证研究的

时候，或是当方法论上的困惑驱使我进入纯粹的理论分析的时候。但我的生涯中也存在另外一些时期，在这些时期中，我的社会学框架中的三个国家彼此开战，比如当实体吴国将我带到一个方向，而理论魏国却把我往另一个方向上拉的时候，或者当理论魏国正势不可挡地发展，却只能在实证分析之赤壁被方法论蜀国和实体吴国击败的时候。现在，我步入老年，希望留下的是一个社会思想的统一帝国。但正如《三国演义》所告诉我的，就算我能够创造这么一个统一的帝国，它也会不可避免地分裂。

今天我们从吴国，即我社会学研究中的实体部分开始。我曾经对两个一般性的实体性问题做过研究，我们可以把它们想象成吴国的海岸和内陆。海岸是关于专业，也就是知识通过应用被生产的领域的研究。但在我最早关于专业的著作中，我排除了任何将学术视作一种专业的想法。我将实践性专业中的学术部分，比如法律，视作一种尤其纯粹的实践形式；法学教授说明并证明了其专业的实践工作的正当性。所以，其实从一开始，我就将学术本身当作了吴国的内陆——也就是海岸上的知识所来自的水乡与山区。所以，在花费我研究生涯的最初几年研究这个海岸之后，我最终转向了内陆。这些关于学术自身的实体性土地成为我过去20年来研究著作的主要关注点，我在其中研究过各种学科、学系和构建知识的规范性世界所需的思想体系。

我提请大家注意，我对于这两种基本的社会学——关于专业和关于知识的社会学——进行了一些延伸。我并不仅仅研究了专业，更研究了更为一般性的职业和工作。我不仅仅研究了专业和学科中体制化的知识，也研究了作为业余爱好和民众事业的知识。但专业和制度化的知识是我所有实证研究的核心，而我也将在此集中讨论。①

I 专业

让我们从海岸开始。我已经在第一讲开头处对"专业"做了简单的定义。正如我当时所述，典型的专业人员是专家型劳工。他们受过长期的训练，这使得他们在社会世界的特定领域——如法律、医学、会计等——的实践中具备有用的知识。他们是"实践知识劳工"（practical knowledge workers）。在英国和美国，实践知识劳工群体自行组织起来并寻求国家的承认，专业由此出现。而在欧洲大陆，虽然也存在实践知识劳工，但相比之下，他们更可能是从一开始就被国家组织和控制的。②

现代社会学关于专业的文献采取了两种宽泛的方法来定义这个研究对象。在英美世界中，这方面的文献从两个典型专业——法律和医学——出发，并且通常将专业定义为"任何与法律和医学在社会结构方面相似的职业"。法律和医学存在某些"特性"，而任何具有类似"特性"的职业就是一个专业。由于英美法学界和医学界19世纪的自我组织大都是自发的，即在国家领域之外，所以"专业"被认为"自然"是自发的。

相比之下，即使是20世纪之前，欧洲大陆上相对应的群

---

① 关于我在更一般性的职业和工作方面的研究，参见 Smith and Abbott 1983、Abbott and Smith 1984、Abbott 1989、Abbott and DeViney 1992、Abbott 1993、2005d、2006a。我在不那么制度化的知识形式方面的工作，可参见 Abbott 2012a 这一例子。又可参见我讨论各种无知的文章（Abbott 2010a）。

② 我关于专业的著作有 Abbott 1980、1981、1983a、1986、1988a、1991a、1991b、1995a、1998a，及 2002a。其中的主要著作当然是 1998a，中译本为《职业系统：论专业技能的劳动分工》，李荣山译，商务印书馆2016年版。

体——比如医学从业者和法律从业者——在很大程度上都是由国家组织的。所以,在欧陆社会学中,对于这些群体的研究成为更加一般性的公务员研究的一部分,而不是对于一种完全不同的职业形式的研究。

除了国家干预程度的不同之外,也存在其他原因使得欧陆社会学文献将专业人员纳入公务员的类别。首先,军人和神职人员这两种古老而著名的职业,在某种意义上显然可被归为"专业人员",而他们都属于公务员,就算是在英美世界也是如此。实际上,英美世界关于专业的文献对于这两种职业的忽略,正是其存在的一大问题。第二,在罗曼语中,"专业"(profession)一词本身完全不局限于习得性的或专家性的职业。拉丁文中的 professio 一词含有"誓言"的意义,而这个意义的出现远早于其意义被拓展到一般的习得性的职业。所有这些习得性的职业原本都需要一个誓言,因为它们全都从原本由神职人员完成的工作演化而来。然而,对于 profession 一词的应用继续扩展,这个词(比如在法语中)最终指向了任何特定职业,不管是习得性的或是其他的。而这个词重新被局限于指习得性的职业,则是从英语开始的,在英语中这个单词是借用法语而来的。近年来,英语在国际社会中的支配地位使得所有其他使用 profession 一词的语言都倾向于用它代表英语中的意思——一类习得性的、拥有执照的、专家性的特殊职业。

所以,现在我们所想象的所谓"专业研究文献"始于英美学界关于"专业"的讨论。这可以追溯到亚历山大·卡尔-桑德斯爵士(Sir Alexander Carr-Saunders)1933 年对具有专门知识资格的专家群体的讨论。在 20 世纪 30—50 年代,这一部分文献通过历史研究、民族志研究和理论方面的努力取得了快速发展。对于专业群体自治性的强调使得一些案例很成问题——

第二讲　关于职业、专业与知识的实体性社会学研究

尤其是那些主要由雇员组成的专业人员群体，其中最明显的例子是工程类专业人员。另外，也存在关于所谓"半专业人员"（semi-proffessiors）的研究。这些群体，正如工程师一样，是雇佣劳工，但其"半"实际上与雇佣状态关系不大，却与性别关系更大。教师、护士、图书管理员是其中的主要例子，这些群体都主要由女性组成。与此同时，关于两个完全男性化的群体——军队与神职人员——的研究，也仍然与主要的关于专业的研究文献相分离。军队与神职人员不仅仅是雇佣劳工，更是等级化组织结构下的雇佣劳工。

这部分早期关于专业的研究文献，主要关注两个主要问题。第一，"到底什么是真正的专业？"现在似乎很明显，这是一个施事性的问题。职业人员想要被称为专业人员，因为"专业"的标签代表着社会声望，而各种职业人员都希望得到这个有声望的标签。成为一个专业人员就代表得到地位与特权。然而，就算在学术研究文献中，这个问题也由于某种原因并不被看作一个规范性或施事性的问题。所以，关于"什么是专业"的定义的争议，即使在学术界也长年形成旋涡。

20世纪中期的专业研究文献所关心的第二个主要问题是"专业的典型历史发展路径是什么？"很多人主张，许多职业和半专业都前进在"完全性专业"的道路上，它们正进行着"专业化"的过程，而专业化则是一个职业自我进步的过程，可以带来社会声望、卓越的工作实践和某种道德纯净性，所有这些都会被社会以适当的方式回馈。对于各种劳工群体的专业化的研究层出不穷。有一些激进的学者则对专业化的信条持有异议，他们主张专业有时会"无产阶级化"或"去专业化"或"被支配"。另一些人则关注专业人员内部的子群体，这些子群体也可能被"去专业化"或被以其他方式损害。第三个学派

发源于 20 世纪 60 年代，它也关注专业化，但视角很新鲜。这一学派的学者同意专业化是实在发生的，但他们否认专业化是一个差异化的专业由于其重要的社会功能而受到社会回馈的过程。相反，他们认为专业化是一种不择手段的垄断方式，用以对抗竞争者，乃至对抗整个社会。所以总的来说，在专业的发展历程上，研究文献主要关注进步、差异化和专业自主权的影响，尽管也有一部分持有异议的学派关注权力问题。

根据我上一讲结尾提到的社会理论的核心问题来重构这些问题，对我们会有所裨益。在上一讲，我提到了四种一般性问题：认识论问题、方法论问题、本体论问题，以及文化问题。每一种问题在我于 20 世纪 70 年代中期进入专业研究领域时都早已出现。在某些情况下，这些问题尚不明确，但它们无论如何已经浮现了。

认识论方面的主要问题是一个隐性问题。"专业"的概念到底是一个能被可靠而有效地加以概念化，并在实证的社会世界中被衡量的认知性概念，还是一个根本上规范性的概念，一种职业群体用来占据某种道德高地和社会高位的渴求？用实际的例子来说，社会学探究社会工作是否是一种专业，这在理论上有意义吗？还是说这一差别仅仅对于社会工作者有意义？

正如认识论问题，主要的方法论问题也是隐性的：在对专业的研究中，什么样的方法是最适宜的？早期对专业的研究往往是由专业人员自身进行的，这或许是因为宣称自己是"真正的专业"可以为本职业群体带来荣誉和地位，或许还有财富。所以关于专业群体的历史研究往往是自我利益驱动的，而正是这些"被污染的"历史生产了早期社会学家关于专业化的叙事；几乎没有学界的历史学家进行关于专业的历史研究。而相比之下，社会学家则主要采用民族志方法，研究处在如医院、诊所、律师事务所、设计公司等各种场所中的专业群体。这是芝加哥学派的传统，特别是埃弗里特·休斯（Evertt Hughes）的学生如霍华德·贝克尔（Howard Becker）和艾略特·弗雷德森（Eliot Freidson）的传统。所以，关于专业的研究，其主要的方法论问题在于，如果我们用其他方法来做研究——如对专业生涯的大规模定量分析，或者更有可能的、系统性的历史研究——专业群体的世界是否会呈现不同的样貌？

关于专业群体的主要本体论问题则关乎社会变迁。专业的基本本体论单位毋庸置疑：专业明显地存在，而许多组织有序的职业在努力寻求"专业"的地位。所以专业群体世界的基本本体论不存在疑问。但功能主义者和权力学派之间的争论，却体现了一个显而易见的问题，即这些本体论单位是如何随着时间的推移而存在的。功能主义认为专业化只有一个方向：通向完全的专业地位，并使得本职业获得以该专业地位为基础的社会回馈。而权力学派则认为这个方向是不公平的权力分配，并且增加了专业群体的一个新的变迁方向——向着附庸化或无产阶级化的方向迈进。一个明显的问题在于，为什么变迁的方向或种类只有这两种可能呢？

最后，主要的文化问题与英美和欧洲大陆情况的对比有关。20世纪70年代关于专业的理论预设了自由经济，在自由经济中，专业群体在开放的市场中竞争，但却以在教育、技能和规范方面的自我监管为交换，获得国家对于其垄断地位的承认。但在欧洲大陆，大部分精英阶层的专业群体不仅仅被国家承认，更被国家组织、规范和控制。法国的情况是最明显的例子，而德国的情况也没什么不同。

这里主要的问题在于，英美和欧洲大陆国家专业群体的差异是偶然和暂时的，还是深远而持久的文化差异的结果。因为专业群体的差异似乎平行于这种重要的文化差异。欧洲大陆遵循法典，而英美世界则遵循普通法。欧洲大陆拥有历史悠久的精英官僚机构，而英国直到晚近才有精英官僚制度，美国则拥有非精英的官僚机构。欧洲大陆拥有经常变化的成文宪法，而英国并无正式的宪法，美国则拥有仅能通过重要释法才能进行修订的宪法。欧洲大陆的传统政治理论强调中央集权的效率与权力，而英美的政治理论则强调尽可能限制中央集权。以上所有因素都显示，有组织的专业人员在欧洲大陆和英美或许具有根本上不同的结构。

总而言之，当我开始研究专业人员时，核心的认识论问题在于，核心的概念是实证性的还是施事性的；主要的方法论问题在于，民族志和由自利驱动的著史是否真正能成为该领域研究的根基；核心的本体论问题在于，专业群体的变迁是否仅有专业化和去专业化两条路径；而核心的文化问题在于，专业的概念在何种程度上植根于英美的社会结构与文化。

我最初对专业的研究始于传统的民族志方法，即在大学医院中对精神科医生进行了长达一年的田野观察。此后我又在一个精神病院兼职工作了五年，一开始是作为民族志研究者，此后由于我被医院雇佣，成为普通的研究人员和规划者，便成为该社群的一员。

对于任何民族志研究者来说，这样的场景都能为关于"专业人员"的核心问题中的一部分提供答案。很明显，"专业"的概念很大程度上是施事性的，因为精神病院中的许多专业人员完全不是"真正的专业人员"。护士和社会工作者当然是真正的护士和社会工作者，但在当时，许多医生却并没有执照。除去罗马天主教牧师外，神职人员（英语中称为"专职教士"，chaplains）都被从更为合法的场景中赶了出去。律师并没有通过资格考试，而大部分心理学家都只有本科或硕士学历。这些人都被其余工作人员称为"专业人员"，而这些人也都十分渴望这一荣耀。但根据文献的标准来看，他们在其专业群体中无疑是可疑的成员。最令人震惊的是，在一家服务三千名病人的医院中，仅有两位精神科医生取得了国家的资格执照。

所以很明显，民族志对于研究精神病院中的专业人员并非一种十分有用的方法。在这里工作的专业人员并不常见，而这些专业群体的结构的延伸范围也早已超过了医院场景。相反，医院为关于专业的社会学提供了一点——一个有用的难题。为什么除了两个孤零零的精神科医生外，医院里就再没有真正的精神病学专业人员了呢？我从历史学书籍中了解到，精神科在美国始于运营精神病院的人员所组成的专业群体，那么为什么在这种病院中精神科医生却几乎绝迹了呢？

这是一个历史问题，我用了一部大约600页的博士论文来解决这个问题。在19世纪和20世纪，大部分美国的专业都在向着实践公司化、知识理性化和专业边界逐渐扩大化的方向发展。相比之下，精神科医生却从公司化的精神病院转向了私人门诊诊所，他们提倡将时常存在内部矛盾的器官学和心理学知识相结合，并在几乎完全抛弃其最初的专业性客户的情况下，扩大或尝试扩大其工作的领域。我对于这些变迁的解释从人口学分析、对专业结构变迁的细致考察、基于内容的对专业知识变化的讨论及对精神科医生的新门诊病人群体的档案研究出发。简言之，我认为，出于职业生涯、当地专业社群、新思想及新涌现的潜在客户等原因，精神科医生离开了他们最初的领域，并开始征服新的领土。③

该观点背后的方法论在很大程度上是历史学的：68个详细定量数据表格，上百个精神科医生的个人履历，数十个医学院、私人医院、研究机构和专业协会的名单，及40页篇幅的参考文献。这一篇博士论文强调了一个重要的方法论观点：对于专业群体的详细专题研究是必要的。幸运的是，许多其他学者也同时发现了这一点，20世纪70年代末是对专业群体的历史做学术研究的黄金时期。

该博士论文的实体性回报是巨大的。它摧毁了专业群体仅能采取专业化或去专业化路径的观点。相反，专业群体似乎卷入了与其他职业的竞争当中，专业群体的周围也围绕着更大的社会与文化力量——前一个结论令我最受震撼，我论文的最后一章很大程度上是关于精神科医生与神职人员、社会工作者和律师等群体在争抢新客户方面的斗争。所以，很显然，专业群体的真正历史是关于这些不断变化的冲突的历史。专业化仅仅是表象，它为这种与其他专业群体的斗争提供了便利，但这种斗争——而非专业化本身——才是任何特定专业群体历史的真正重心。精神科医生的历史发展，其归因于每时每刻的竞争和外在社会与文化力量的成分，要远远多于其归因于自身内部发展的成分，不论是知识方面还是结构方面。另外，这并不仅仅对精神科医生成立，对其他所有的专业群体也都成立。

如果这些成立，那么专业群体的历史实际上就是一个巨大的系统——一个生态环境——其中不同的劳工群体与其他劳工群体对某种需要专业知识的工作的控制权展开竞争。而针对一

---

③ 我的博士论文（Abbott 1982）从未完整出版，但其许多部分及其扩充版本都曾出版：Abbott 1980、1981、1986、1990d 和 1991a。

个给定的问题所应用的知识，实际上并不像功能主义者所设想的那样是提前给定的。相反，它产生于互相竞争的各专业群体过去的观念，以及竞争本身带来的迫切需求。专业群体的工作所针对的问题本身——疾病、争端、设计、财务等——实际上是由这些群体在互相斗争中所构建的。实际上，我们最好可以将一个专业群体定义为一个与其他劳工群体进行斗争，并通过重新定义其所承担的任务而使其专业知识取代其他专业知识的劳工群体。专业化及其相关的社会结构仅仅是使这种对工作的文化控制在公众和国家面前得以彰显的方式。公众与国家之所以重要，是因为它们是观众，而这些观众潜在地能够承认专业群体对于为某种特定客户服务的某项特定工作的合法控制权。但最重要的因素都围绕特定专业群体和特定种类工作之间的联系。我将这种联系称为"管辖权"（jurisdiction）。

这些观点在我的著作《职业系统》*中融会在一起。基于我自身和数百名其他学者的研究，我将专业群体间相互竞争的整个系统进行了理论化。我首先分析了这种竞争的文化机制，也就是通过诊断、推测和治疗等过程，用专业知识将特定工作转化为可控的专业管辖权的过程。然后我讨论了专业群体可能拥有的不同级别与程度的控制，以及这些控制过程的观众和专业群体组织的社会结构。这一部分引出了对专业群体在系统中进行运动的各种可能性的分析：取得新的管辖权，丢失旧的管辖权；与另外一个相近的专业群体合并，或分裂成两个专业群体；在保持"专家"应有的足够的抽象化特点的同时，保留与

---

* 本书英文名为 The System of Professions: An Essay on the Division of Expert Labor。按照作者本意，似应译作《专业系统：论专业技能的劳动分工》，但本书中译本已于2016年由商务印书馆出版，书名译作《职业系统：论专业技能的劳动分工》，故此处取已出版的译本的译名。——译者

实践的联系。我也研究了职业内部过程的影响，如人口结构变化，及内部分层与权力分配的关系。与此同时，我也着眼于系统之外，关注了社会与文化的力量，它们可能自行带来新的可能的管辖权（如计算机），或消灭旧的管辖权（如主要出行模式由铁路到汽车的转变）。

这种实体层面上的综合同时也具有重要的理论意义。首先，它强调了社会因果性在当下时刻的位置。专业群体更多是当下竞争的产物，而非历史的产物。过去给了它们资源与赌注，但并未决定其当下的成功。通过从该书中删除了两个详细分析专业化的序列*的章节，我进一步强调了这种由思考过去到思考当下的理论转向。我将在下一讲讨论这些序列分析，但我必须在此强调我认为的这本书所代表的理论调整乃至理论进步。这本书清晰地表明，当下才是决定性事件发生的位置。尽管我的方法论著作关注序列、叙事和顺序（如下一讲将要展示的），但我的实体性著作展示了序列、叙事和顺序并不如我所想的那么重要。

该书的一个更深层次的理论结果会在最后一讲进行叙述。但本书架构中的一个元素却在我写作这本书后的三十年来从我的思考中消失了。提到这一点非常重要。系统对社会生活的层级有着非常强的假设。它使用关于"更大的力量"和"外在观众"的词汇。我此后不再遵循这个模型，相反，我相信社会世界的明显的"层级"产生于其所在局部的表现，这种表现不可避免地受到各种约束的影响。在社会过程本身中并不存在真正的"层级"，而只有出现于局部的事物才会表现出层级。

---

　　* 此处的序列指的是随着时间推移所发生的事件的序列，并非定量社会学研究中的常见的"时间序列"（time-series）。——译者

第二讲 关于职业、专业与知识的实体性社会学研究

在写作《职业系统》之时,我回答了许多关于专业群体的老问题,但也提出了新问题。我们可以再一次将这些问题根据我的四种一般性问题进行总结:认识论、方法论、本体论和文化。认识论上,我建立了一个对专业群体的新定义,根据它们如何就工作进行竞争来定义它们。方法论上,我解释了历史分析的核心重要性,这既是因为历史分析带来了前述的重要难题,也是因为它为大规模的理论综合提供了材料。文化上,我使用了许多法国的案例贯穿我的论证,也专门对法国的专业群体进行了简短的介绍。但这个部分并没有完全解决文化差异的问题。它仅仅是将法国构建为一个一般过程(对于专业群体越来越强的法律/国家监管的趋势)中的极端案例,而非一个关于职业系统在不同文化中如何进行运作的独立案例。

但该书最大的影响显然是在本体论层面上。我扭转了整个关于专业——实际上也包括其他职业——的理论方向,并将变迁作为主要关注的现象。(的确,有些学者认为我过分强调变迁,他们认为专业实际上比我所设想的更加稳定。)为了达到这个目的,我实际上做了许多很强的本体论假设。该书并没有真正解决专业何时融合为一种社会事物这一问题。诚然,我在20世纪90年代时想要开始解决这个问题,但我的理论议程已经远远走在前方,以至于尽管我在此后使用职业和专业作为案例,但我的工作却已经集中在不具有直接实体性意义的一般性层面了。我对于职业的融合感兴趣,仅仅是因为其所带来的理论性挑战,而我尚未看到其如何与我的生态系统论证进行联系。(这个联系会在我的最后一讲变得更加清晰。)

我此后关于专业和职业的著作解决了这个第一次理论综合

的某些局限性。第一个局限性在于，我尚未彻底将变迁作为我本体论的首要原则。《职业系统》中的论述假设了外在观众即公众和国家的存在，这些外在观众能够接受或否定专业群体对于管辖权的宣称。尽管在职业系统内部，每一件事物都在变动之中，但这些外在因素相比之下却是固定的。这种国家是另一个拥有各种行动者的庞大生态系统的论点，是一种简单的一般化。单一的国家并不存在，相反，国家本身就是一个由各种层级和种类的官僚、党派、利益团体和公务员组成的生态系统，而这些群体本身就组成了一个生态系统，正如专业系统一般。如果国家授予合法性，其真正的意义实际上在于，在专业系统中授予某个专业群体以合法性的行动，可以为"国家系统"中推动合法性授予的某些行动者带来（相当大的）利益。这两个生态系统是相互联系的，而我们可以将这种联系称为生态系统中的枢纽。④

这种简单的一般化将专业群体的"外在观众"由固定转为动态。而"更大的社会与文化变迁"的概念则保持不变，作为诸多管辖权之所以出现或消失的根源。（在接下来的十年中，我尚未完全否定关于"更大与更小层级"的思想。）但职业系统现在嵌入了一个完整的生态系统。它本身就是其他生态系统的"外在力量"。所以这个一般化过程开始将社会现实中的"层级"挤压在一起，而这是我迈向最终否定"层级"这一理论概念的过程中的一步。

我此后解决的第二个局限性涉及我对于职业融合的强假设：《职业系统》中的理论将专业群体的存在当作既定因素，但我们并不清楚何时且为何能将一个职业群体归为"真实存在"。

---

④ 关于"相互联系的生态系统"的论点见 Abbott 2005a。

这部分是因为，这个问题的答案取决于我们为什么需要这个答案。毕竟，在专业群体领域的类似问题，曾经误导了各种研究几十年之久。

职业融合问题的解决，涉及对于职业这张圆凳的三条凳腿的理解：职业所做的工作，职业的组织，以及职业内部的人员。在英美世界，专业群体实体上成为了职业群体的主要例子，而它们相对稳定地拥有以上三个元素：相对稳定的工作，相对稳定的组织，和相对不变的从业者。如我们已经看到的，这些元素并没有我们想象的那么稳定，但相比于其余的劳动群体，它们的确已经十分稳定了。

关于职业融合的研究曾经倾向于关注圆凳的其中一条腿。职业融合最强的实证证据来自职业组织这条腿，因为成功的组织会收集自身的数据并出版关于其自身的研究。关于工作的一条腿十分薄弱：的确，《职业系统》之所以是革命性的，其中一个原因在于，该书将工作而非组织作为专业生活中的核心现象。关于去技能化与自动化的文献，是关于职业的研究中仅有的关于工作的丰富文献，这些文献揭示出职业群体的工作经常变化。相比之下，关于人员的这条腿的研究更多。人在职业中的嵌入是社会流动性研究的核心问题，但这种研究从未停下来考究一下其所使用的职业类别的实体性意义。恰恰相反，这部分研究正是通过避开或忽略职业作为社会实体的不稳定性而持续下来的。

我的研究从一开始就对职业融合做了强假设。我的博士论文设计预先假设了精神科医生专业群体的存在，而非证明其存在。但我搜集到的一千多名精神科医生的职业生涯数据，却清晰地显示了这个领域的惊人转变。为了探究这个问题，我在此后进行了一系列社会流动性研究，但这些研究的范围都远远小于职业群体这个整体。更重要的是，我研究了空缺链，即由有个体识别性的工作组成的系统。如果我大学的校长辞职，而其继任者此前是另一所大学的校长，那么这个空缺就移动到另外一所大学，或许还会移动到再另外一所大学，然后它也可能转移到教务长，并最后转移到某处的普通教员。所以这里存在一个职位空缺的链条，而它是从我大学的校长辞职开始的。这样的空缺链在19世纪支配着精神科医生群体——精神病院的主管人员正如大学校长一样流动——而这种空缺链也揭示了精神科主管医生雇佣市场结构的重要特点。⑤

然而空缺链所揭示的关于职业本身的边界或融合的内容却微乎其微。大部分有个体识别性的工作都是地位很高的工作，而这种高地位的系统通常只是大职业系统中的很小一部分。所以，大部分精神科医生只是助理医师，而非医院的主管医师。想要研究职业融合，我们必须考察一个特定职业的详细人口情况，并细化至个人的层面。另外，为了使得研究易于追踪，我们必须在一个非常局限的地理范围内进行考察。在过去的十年中，我对20世纪前60年伊利诺伊州的职业治疗师进行了这样的研究，而我可以借此说明，一旦我们关注这个层面的细节问题，就算是最稳定的职业也会在我们手中分崩离析。职业治疗师在普查中是一个可见且有组织的专业群体，但一旦我们细化到关注这个职业在一个州的特定时间段内的情况，我们就会发现，专业任务会流入也会流出，组织在很多情况下仅仅是无实际内容的幌子，而个人从业者则以令人目眩的速度进出。另外，"职业治疗师"这个名称更多是被专业之外的很多人使用，

---

⑤ 对于医院主管人员的空缺链分析包含于 Abbott 1990d。另外一篇关于另一职业的类似的论文为 Smith and Abbott 1983。

而其任务则往往由其他种类的劳工完成。⑥

这个研究再一次削弱了"层级"的概念。尤其是在拥有自由主义传统的西方,我们通常以为社会群体可以被分解为"更小的单位"。但当我们在实践中这么做时,这个社会群体的实在情况就整个消失了,就如《西游记》里师徒四人在途中遇到楼台房舍的幻象*。当我们靠近观察时,这些内容就化为无物。事实证明,如果我们真的要相信职业的概念,我们就最好不要靠近观察。

然而与此同时,展示职业群体有被组织起来的可能性也是非常重要的,因为人们的确一直在进行这样的尝试。在我研究著作的另一条主线上,我展示了社会实体的创造往往如在围棋中创造安全空间(即创造一个活棋群体)一样。一个专业,如社会工作,其创造是以如下步骤开始的:一些在不同方面互有差异的工作场所相互联系起来,并创造出一个内部(该专业)和一个外部(专业外的任何事)。⑦

通过这类研究,你们可以看到,我一直在把职业用作一个范式性的示例,来尝试得出一个真正一般性和动态性的关于社会实体的概念。这些社会实体是被创造出来的。而如我关于职业和专业的研究所示,个人经常快速地在这些实体之间穿梭。这意味着职业在某种程度上并不"大于"个人。一个典型的美国个人一生中要进入 11 个或 12 个职业。正如我和其他学者的

---

⑥ 该成果尚未发表,它包含于一篇名为《职业不存在有没有关系?》(Does it Matter that Occupations do not Exist?)的论文中。

* 见《西游记》第五十回"情乱性从因爱欲,神昏心动遇魔头"。——译者

⑦ 这一论点在一篇讨论"边界事物"的理论文章(Abbott 1995c)和一篇讨论社会工作这一专业的实证文章(1995a)中有所阐述。

研究所示，职业也可以以很快的速度出现或消失，可以发生剧烈而突然的变化。所以，个人可能会比社会实体更加持久，而当他们被作为一个大群体——如"劳动力"——看待时，他们会拥有极强的持久性。例如，没有人可以在一些仅仅有十年历史的技术领域突然创造出一批具有 20 年工作经验的劳工。又如，在某一年退休的劳工所拥有的退休资源，在很大程度上取决于很久以前发生的事件。只要个人还在，社会集合体的这些特质就会被他们"记忆"。在另一组论文中，我利用这个论点对层级的概念进行了另一角度的批判。再次强调，我对于职业研究本身已经不太感兴趣了，我对于利用职业分析来揭示根本性的理论真理更有兴趣。的确，随着我生涯的发展，我越来越不倾向于认为职业真实存在，但探究职业为何或如何不存在，则一直是我非常高产的研究方向。[8]

这展示了我的具体研究以及一般性研究的一个更一般性的特点。所有这些关于职业和专业的研究都关注我所熟知的实体性议题，以及我曾做出核心性贡献的实体性文献。但随着时间的推移，我关于职业的研究越来越多地试图同时处理两到三个问题。它们可能会揭示一个关于律师或职业治疗师的实体性观点，但也会借此做出一个更加一般性的理论方面的建树。如我们将要在下一讲所看到的，这种实体性著作往往也会同时被要求做出方法论方面的建树。而更重要的是，这些著作所做出的理论或方法论贡献并非仅仅针对于这部分实体性文献。例如，人们对于美国城市中医疗人员社群的专业化活动序列的理论兴趣微乎其微。社会生活中到处都存在可以研究的序列问题。但这样的局部性专业化序列对我来说较易找到，所以我展示了至

---

[8] 本段所述的论点在 Abbott 2005d 中有详细的论述。

少在局部的层面上，医生们在尝试建立期刊和医学院等强有力的知识制度之前，就已尝试过对价格进行垄断控制。结果，这一篇论文分别解决了我方法论议程和实体性研究议程中的一个问题。⑨

总而言之，我关于职业和专业群体的研究始于一个实体性的具体方向。我通过以下发现改变了这个领域。首先，职业的历史远比我们想象的要复杂：它包含融合、毁灭、合并、分离，以及工作任务和从业者的变迁。同时我也揭示了，形塑这些变迁的主要决定性力量在于当下职业与工作任务所形成的庞大生态系统中的因果效应。我将这个生态系统作为一个由许多生态系统组成的世界中的一部分，并且说明每个生态系统都在同时相互制约与促进。另外我还使用了"职业"和"劳动力"的概念，来重新思考社会群体和社会实体概念的意义。

如我之前所述，在《职业系统》中我没有讨论学者：我仅仅讨论了法律和医学等实践性专业中的学术分支，而这些分支仅仅是作为应用性知识的生产者和专业群体合法性宣称的倡导者而出现的。但在20世纪90年代，关于学术界的问题在我的生活中变得越来越核心。我成为大学的系主任，担负起了社会科学本科教育的重任。我也成为校图书馆理事会的成员，后来更是成为主席。与此同时，我被要求写作关于我系期刊《美国社会学期刊》（*American Journal of Sociology*）的历史。从20世纪80年代起，我也一直涉足各种跨学科研究的焦点，并开始发展一种关于学术政治的新理论，以深入理解这些焦点。利用我手头十分有限的时间，我将这些工作整合成了一项新研究，关注社会科学知识的演化，以及更一般意义上的学术知识

---

⑨ 我对于特定城市内和州内医疗界的发展历程的讨论见 Abbott 1991b。

的演化。这个领域在 20 年里成为我最核心的实体性研究重点。如果说专业群体是我实体吴国的海滨郡县，那么关于学术知识的社会学就是我实体吴国的内陆领土。所以现在让我们转向内陆，转向关于知识的研究。

II 知识及其变迁

十分奇怪，知识社会学曾经是我在研究生生涯刚开始时最初的关注点。我的研究生专业方向考试就是关于这个领域的，而我对于精神科医生的研究——不论是民族志还是历史——都是从这个领域出发构思的。我将我关于精神科医生的研究转向职业社会学领域，仅仅是因为有一位研究生同学某一天告诉我，知识社会学已经或正在死亡，而我应该转向一个更有活力的领域。

尽管我的朋友或许意不在此，但他的评论揭示了一个关于社会科学子领域的生命周期研究方式。生命周期的概念是一个很好的比喻。知识社会学在 20 世纪 30 年代以卡尔·曼海姆关于政治意识形态的研究发端。第二次世界大战之后，其在关于科学、艺术和文学的社会学领域建立了自己的分支学派。但到 20 世纪 70 年代，这些分支领域都开始打破禁锢自主发展，而其对应的核心的和一般性的领域却分裂了。当我在 20 世纪 70 年代进入知识社会学时，我似乎踏上了一艘正在沉没的船，正如玄奘在《西游记》第四十三回于黑水河的遭遇。将我带入知识社会学领域的学术问题，主要是关于知识的本质的问题，尤其是普适性知识的可能性的问题，但对于这些问题的辩论早已经不再使用知识社会学的语言和概念了。它们开始使用科学社会学的语言和概念。所以，我有必要花几分钟的时间来解释为什么我并没有成为一名科学社会学家。

1980年后，新的科学社会学蓬勃发展了30年，但它几乎完全关注自然科学。这个关注的方向涉及该领域从业者的论争性目标。他们希望绝对地否认不受社会立场影响的普适性知识的存在。在此目的之下，人文学科与社会科学实在是太容易成为靶子了：人文学科与社会科学的立场往往很明显是由社会决定的。

所以人文社科领域就被抛在一边了。结果，尽管新的科学社会学在30年来产生了大量杰出的关于实验室、出版物、同行评审以及其他自然科学制度与实践的著作，它却完全没有产生任何关于人文学科的成果，并仅产生了极少数关于社会科学的成果。甚至是最近科学社会学向经济社会学与市场社会学的转向，都表明了一种"擒贼擒王"的强烈想法，即向着经济学这一社会科学中最强烈主张绝对和普适知识的领域发起进攻。

知识社会学的这种论争性特质本身，在"理论"的又一个多重含义上，提出了一个重要的问题：即与"实践"相对立意义上的"理论"。我已经在关于这种理论和研究之间对立关系的方向上开展了一系列研究。在知识社会学家的理论中，他们攻击了一个可以追溯到罗伯特·默顿的观点——自然科学是一种在规范性上具有特别地位的知识，因为其拥有有利于真理和进步的规范性的制度。而新的知识社会学家揭穿了这些制度。他们展示了实验室中常识和直觉的作用，展示了同行评审中的各种偏差，也展示了数学等明显的超越性学科的社会起源。

但在他们自己的研究实践中，知识社会学家也做了和自然科学家同样的事。在研讨中，他们偏向于精彩的论述而非直觉。在期刊中，他们认真地使用"普适性"的标准来审阅各自的论文。在写作中，他们将自己的研究项目看作超越性的学术项目，而非一种通过攻击德高望重的老学者来构建自己职业生涯的途径。正如我们在美国常说的，他们"并没有实践他们所宣扬的"。的确，人们也可以以同样的视角看待我自己关于专业群体的研究。我的研究将专业群体的道德感召和专业主义的伦理态度解释为出于这样或那样的利益，或出于社会结构。但在我自己作为教师、编辑和学者的生涯中，我也为专业主义的追求着迷：注意资料来源，在审核中对利益冲突问题保持诚信，等等。⑩

于是我开始对这种现象进行分析写作，我将这种现象称为"知识异化"。这个短语指的是，学者一面在写作中推广一种理论，一面在生活或专业实践中采用另一种理论的现象。由于我现在也并未远离它，我仅将其作为我目前的研究议题之一而谈及。⑪

不论如何，我并未成为一名科学社会学家，因为我并不接受这个子领域论争性的学科目标。尽管我同意并不存在绝对不受社会因素影响的知识，我仍然认为，忽略自然科学和人文学科之间程度的不同——以及类别的不同——是愚蠢的。不过，科学社会学家对于单一类型的知识的关注，对我最近几年的研究有重要的影响。这迫使我同时在知识的两个层级上进行论证。在一个较低的层级上，我需要论证，自然科学中典型的实

---

⑩ 这个关于专业的分析——也关于我作为对于专业群体的专业研究者的模糊立场——包含于《过程社会学》（Abbott 2016f）的第九章中。

⑪ 我对于这个话题的研究见于以下几处：一篇正在写作中的关于美国进步时代的早期社会科学的文章，上一条注释所提到的关于专业主义的章节，以及一个最近的关于涂尔干对其自身政治与道德活动的理解的讲座。

第二讲 关于职业、专业与知识的实体性社会学研究

证知识并非是唯一一种严谨的学术知识。而这是我对于人文知识的辩护的根本，我将在下一讲的第三个部分讨论这个问题。但在一个更加一般性的层级上，我需要创造一种学术知识的一般性样貌，它可以同时拥抱自然科学和另外一种严谨的学术知识，即人文知识。也就是说，我需要创造一种关于严谨性的一般性概念，同时创造另外一种关于严谨性的特殊概念。

如我们将在我关于方法论的讲座中看到的那样，大学政治的压力和美国文化的一般性变迁使得我主要关注较低层级的概念，即人文学科与社会科学特有的关于严谨知识的概念。我的这种关注有着充分的理由。美国文化如今又开始了其对于自然科学的周期性迷恋——在我童年时期，美国文化也有类似的趋势。所以，社会中又开始出现认为科学是唯一严谨的知识形式，认为计算方法可以解决人文学科中所有问题之类的论调。所有这些想法当然都是愚蠢的：电脑只会解决无关紧要的问题，甚至可能连无关紧要的问题都解决不了。但这样的思想在当下的美国文化中十分强烈，当下对于人文学术是十分危险的时刻。所以，我将大量精力投入了这一较低层级。但与此同时，我仍然清醒地知道，一个关于学术知识的一般性概念需要同时拥抱自然科学的严谨性和人文学科的严谨性。

我们在这里稍稍离题，谈到了不同的层级，是因为这对于探究我的研究如何因科学社会学家对于自然科学的（单一）关注而被迫同时关注两个层级十分必要。现在我们可以回到更加重要的问题，即如何救治科学社会学家对于人文学科与社会科学的缺乏兴趣，我们将要通过建立一种自然科学之外的严谨的学术知识形式来解决这个问题。然而，我自身在这个领域的工作并不如我在专业群体领域的工作那样综合，所以我并不能按照谈论专业群体的方式，即快速列出问题并给出理论的系统性

总结的方式，来讨论这一部分内容。相反，我将一个一个地处理这些问题，给出我当下的问题和答案。这些问题十分复杂，因为在这种情况下我们自身就是研究对象。我将再一次用第一讲所给出的顺序回顾这些问题：认识论问题、方法论问题、本体论问题和跨文化问题。

关于专业群体的基本认识论问题在于，"什么是专业？"是一个实证性问题还是一个规范性问题。如果我们用"人文学科"这个词代替"专业"，我们就看到了这里的问题。由于我们自己就是这个问题的核心，我们可以将"什么是人文学科和人文性的社会科学？"的问题转译为"我们是否是一个有意义的群体？"对于这个问题，我们可以采取内部视角或外部视角。外部视角是实证主义的：它仅仅将人文学科与社会科学与已存在的一系列学科等同，并且探讨这些学科当下正在进行什么样的工作。相比之下，内部视角是施事性的。这意味着我们对这些问题的答案是不证自明的，因为对这些问题的回答就决定了事实究竟如何。如果我们回答我们是一个有意义的群体，我们在某种程度上就通过主张这个观点而使得这个答案成真了。我们说社会科学和人文学科是什么，它们就是什么，因为我们本身就是人文学者与社会科学家。

为了简化今天的讲座，我会将这个内部视角问题放在下一讲，以便进行更加适宜的讨论。过去十五年来，我的方法论著作相当详细地解决了内部视角的一些问题，而这些著作将实体和理论的分析融合得十分完整，以至于它们必须被放在一起讨论。这些讨论将在两天后进行。

这就使得我们今天的讨论主要围绕更简单的、实证主义的认识论问题：人文学科与社会科学是否是一种可行的实体性研究？从实证主义的角度来说，这个问题的答案显然是肯定的，我在这里仅点到为止。

方法论问题也与认识论问题有着相同的特点。关于专业的基本方法论问题在于："如果专业真的是一种实证性现象，那么什么样的方法能够最好地研究它？"如果我们用"人文学科与社会科学"代替"专业"，那么这个问题的内部视角就显然又是施事性的了。说出我们使用的方法"是"什么的时候，我们就进入了一个悖论。如果我们说人文学科与社会科学有着特定的方法，那我们就必须用这个方法来研究这些学科，否则我们就在研究对象的定义上自相矛盾了。我会将这些悖论留在下一讲，尽管我忍不住说明，对于这个悖论的思考使我想到了庄子和惠子关于鱼的濠梁之辩。

所以我将转向更加简单的实证主义方法论问题：我们应当如何研究人文学科与人文性的社会科学。这个问题比认识论问题更加难以回答。确实，对人文学科与社会科学的社会结构与思想史的研究是直截了当的。这些内容可以由组织与文化史中常规的历史学技巧解决：档案分析、文本细读、对学者人口统计资料的构建，以及类似的方法。这种制度分析的形式我们都很熟悉，也不存在问题。我们也将看到，我本人也做了许多这样的分析。

但复制科学社会学中标准的对于"野外的科学"（science in the wild）的实验室分析要困难得多。人文学者与社会科学家不像自然科学家，他们没有实验室。相反，他们的大部分工作是独自完成的，甚至许多工作完全是在脑海中完成的。相似地，尽管他们如自然科学家一样也评审同行的论文，但他们却并不使用明确而可以具体化的标准来进行评审。确实，科学社会学家会告诉我们，即使是自然科学家也比我们想象得更少使用这些标准。但在人文学科和较为人文性的社会科学中，情况的确有着质的不同。

我们可以简单地通过研究人文学者的研究成果，即出版著作，来探究他们的假设和实践。诚然，修辞学分析和内容分析被科学社会学家应用于同样难以在"野外"进行研究的数学研究。但这种方法并没有真正成功。科学社会学突出的研究成果都不是通过分析已出版著作得出的。

我自己的决定是用民族志方法来揭示人文学者的推理工作如何进行。我特别用这种方法研究了我图书馆研究课*的研究生，以及我的本科学生。后者刚刚进入大学，他们的思维方式为我们理解当下美国精英青年的思想习惯提供了有用的窗口。我曾经用问卷、写作任务、关键问题和扩展调研的方式研究了几百个这类学生。对于我的图书馆研究课的学生，我让他们对研究课上的研究项目进行了详细的记录，迄今为止已经有大约二百个学生进行了记录。

然而在高级教授的层级上，数据获得要困难得多。我们不能用民族志来研究某位同事：参与式观察是不可行的。所以我进行了详细的自我民族志。一定程度上，这是通过记录我自身的搜索策略和研究习惯完成的，但同时这也是通过对于写作一篇论文的艰苦历程的记录完成的。[12]

由此我们可以看到，在认识论上，人文学科与社会科学的

---

* 此处课程应该是作者在芝加哥大学社会学系常年开设的两门课，即"社会科学的图书馆研究方法"（Library Methods for Social Sciences）和"用已发现的数据做研究：图书馆或互联网研究"（Working with Found Data: Library/Internet Research）。——译者

[12] 此处所涉及的论文是一篇关于20世纪美国学者使用图书馆的历史的论文（Abbott 2011b），对写作这篇论文的民族志分析则成为我《数字论文》（Abbott 2014a）一书的第二章。

确是可以被研究的。但方法论问题尽管不是无法解决,也存在很大的困难。接下来是本体论问题。

和专业一样,(关于人文学科与社会科学的研究)基本的本体论问题涉及变迁的单位与机制:人文学科与社会科学的基本结构是什么?它们又如何随着时间变化?由于使用民族志方法,科学社会学倾向于重视局部的单位:小的思想学派,"无形的学院",乃至单独的实验室文化。另外,自然科学中涌入的巨量资源产生了如此程度的专业化,以至于学科往往并不是一个有意义的单位。但是,对于人文学科与社会科学,我认为学科似乎远为更重要。学科是什么?它们的生态是什么?它们如何存续和变迁?这些都是中心问题,而学科的确是更加合适的分析单位,这是因为,如我们即将在关于方法论问题的讨论中看到的,人文学科与社会科学的方法更多依赖于学者之间的沟通,而非建立一个逻辑自洽的、由完整及可接受的工作组成的大厦。(我将会在下一讲详细解释这个论点。)

至于人文学科与社会科学中的变迁机制,它们似乎与自然科学中的不同。内部机制,如默顿的基本构件模型(building block model)和库恩的对立模型(opposing model)[即常态科学(normal science)与范式的对立模型],并不可行,因为人文学科和社会科学总缺少一般性和共识性的理论与发现。但与此同时,在自然科学中承担重要角色的外部机制——技术可行性、社会期许、商业赢利性,以及在很多情况下的军事应用——也不太可能在人文学科和社会科学中承担重要角色。关于这些外部力量的试验性的马克思主义研究——例如在艺术社会学中阿诺德·豪泽尔(Arnold Hauser)的著作——在20世纪80年代也逐渐萎缩,因为此时艺术社会学转变为以文化和诠释为主。简言之，不管是内部还是外部的变迁机制，我们都难从科学社会学中得到借鉴。所以，和分析单位的问题一样，变迁的问题在人文学科与社会科学领域也在很大程度上是一个开放性问题。

我对于人文学科与社会科学的这些本体论问题的回应，主要可以根据时间归为两部分。在2000年之前的工作中，我给出了一个关于人文与社会学科的一般性理论，用以涵盖其社会结构，思想变迁的内部逻辑，以及它们与学系、期刊等其他知识制度之间的关系。但正如我要在下一讲讨论的，我2000年后的著作转向了更加一般性的理论。这让我开始以更加一般性的方式思考知识及其结构，而正如我关于专业的研究，我开始将学术生活的实体性问题作为探讨更加一般性的理论问题的背景。在某种程度上，这不但修正也扩大了我之前的理论。所以我将开始回顾我这两个阶段的贡献。

A. 早期理论

我早期理论的基础在于解释两种简单现象的尝试，对于这两种现象，我一方面作为社会科学家来取得第一手的认识，另一方面也作为社会科学史学家来取得第二手的了解。其中第一种现象是，社会科学中的每一个人似乎都拒绝承认一系列基本的二元对立关系：叙事与分析，诠释与实证性解释，冲突与共识——我可以列出更多。不仅有数十种关于这些术语的论点存在，而且任意两位社会科学家在关于上述术语的理解上都会有所冲突。而如果有第三位社会科学家在场，他们两位可能就会突然形成完全的共识，因为他们都不同意这第三个人的观点。第二个事实是，在一般性的理论层面上，绝大多数的社会科学似乎都是再发现。例如，"社会现实是建构的而非给定的"这一思想在20世纪80年代主要归功于福柯的贡献。而在20世纪60年代，这种思想则主要归功于伯格和卢克曼。在20世纪40年代，这主要归功于卡尔·曼海姆。而在19和20世纪之交，大家则认为这主要是美国实用主义者的贡献。所有这些学者在这一点上的思想大体相同，但这种思想却总是被"重新引入"（brought back in），如果允许我使用这个在美国的几百篇论文标题中出现的极具刻板印象色彩的短语的话。

我曾经进行过一系列关于二元对立概念及其再发现的案例研究：一个是关于紧张状态的文献中实证性解释与诠释的二元对立，一个是历史学和社会学中关于叙事与分析的二元对立，还有一个是越轨行为研究和科学社会学中的现实主义与建构主义的二元对立。通过将这些内容组合到我的专著《学科的混乱》（Abbott 2001a）之中，我主张这些二元对立都是分形性的（fractal），其中我认为最清晰的中国式的例子是阴与阳，因为阴中仍有阴阳，阳中也有阴阳，如此循环。我认为这种分形性的对立概念使得学者不必从线性维度来了解它们之间的区别，而这种对立概念在认知上是高效的，但在根本上是模糊的；事实上，它们是通过根本上的模糊性来达到认知上的高效性。分形性的区分也解释了再发现的现象，因为二元对立概念中某一元的胜利总是会导致某些学者最终以失败一元的名义进行挑战，因为胜利的一方往往会变得自满，从而产生不可避免的内部分歧，依此循环往复。[13]

这个理论同时解释了各个学科如何得以保持彼此独立，即

---

[13] 已发表论文 Abbott 1990c 及 Abbott 1994 被组合为（并且修订为）《学科的混乱》的一部分。关于现实主义和建构主义的对立的案例研究是为该书新撰写的，尽管正如我许多其他论文一样，其稿件已在发表的数年前写作完成了。

便最终它们仍然经常研究相同的话题、交换方法论并借用理论。它也解释了社会科学中理论性定义的不可避免的滑坡与不准确性。另外,这是一个纯粹的内部视角理论。它不需要任何外部利益驱动(职业发展的需求除外)。而且,据我所知,它是自库恩1962年关于科学革命的著名著作[*]之后,出现的第一个严肃的关于知识变迁的内部视角理论。

分形性区分产生了一种复杂并有规律地脉动的文化体系。在这个文化体系之下,我察觉到了一种更加稳定的作为社会结构的学科生态。这里生态的概念从根本上讲是从《职业系统》中借鉴的,但为了适应学术语境,进行了一些宽松处理。我指出,各个学科从根本上讲是劳工市场,而它们是在一个如编织篮一般的社会结构中被制度化的。一个学系既是一所大学的部分,也同时是一个学科的一部分。这个篮子的结构意味着,学科体系作为一个社会结构,几乎是无法被撼动的。你可以毁灭一个学科,但整个结构仍然存在,因为所有其他(学科的)学系仍然保持不变,并且会接过被毁灭的学科的研究工作。学系——作为一个群体——也是无法被撼动的,因为在毁灭一个学科后,保留下来的学系仍然能够从其本身的其余学科或其大学中寻求支持,这取决于它们需要与谁斗争。

我认为,各个学科的确提出了总体性的主张,但这些主张往往针对于其他学科并未认识到或主张的领域的知识。所以,语言学家主张了所有写下来作为语言的事物,正如文学教授主张了所有是文本的事物,社会学家主张了所有社会性的事物,而经济学家主张了所有拥有稀缺性价值的事物。每一个主张都

---

[*] 即《科学革命的结构》(*The Structure of Scientific Revolutions*)。——译者

是抽象且普适的；它们都是控制所有知识的主张。但说到底，没有人对于这些宏大的主张给予多少关注。而且，至少在美国的大学中，这些学科都已经以完全传统的形式存在了整整一个世纪。

学科体系中的关键要素当然是学系，而这是美国大学在19和20世纪之交的一种行政发明。简单来说，学系将两件事物制度化了。第一件，如我所述，是学科的劳工市场。各个学系从其所训练的博士或从其所发源的学科中雇佣劳动力。第二件则是一部分本科学制。如我在《学科的混乱》中用大量篇幅所论证的那样，也如我在一篇仍未发表的历史论文中所述，学系与主修专业的概念紧密相连，而主修专业则是美国本科学制中的核心结构之一。

除了这个一般性理论本身，我也探讨了该理论在一个特定案例中的应用。这个案例就是我本身所在的学系，这个学系为我提供了触手可及的无与伦比的历史分析资料。在我的专著《学系与学科》（Abbott 1999a）中，我完成了四项工作：我回顾了关于我所在学系的文献，费力地分析了其历史上的一个重要时期，以时间顺序追溯了其期刊的发展，并对其主要理论主张做了综合性的阐述。除去理论综合阐述，我对芝加哥学派（包括上书及其他）的研究都是以微观视角出发，基于大量手稿材料进行的详细历史性分析。但是在理论层面上，这本书脱离了《学科的混乱》中结构分析所隐含的生态性方法，并回归到我思想中关于叙事与序列的一面（关于此我会在下一讲更多说明），因为这项详细的历史性研究提醒了我时间持续性的重要性，特别是个体行动者及其记忆如何成为历史延续性中最重要的资料库的重要性。而由于《美国社会学期刊》的历史一直延续到当下，并由此涉及我十分熟悉的同事们的生活，这强调了当下作为一种开放性设定的重要性。在这种开放性设定之中，许多事情都有可能发生，而这些可能发生的事情中的一部分确实发生了。这些确实发生了的事情不可避免地形塑着各种叙事，而这些叙事则为当下的下一个开放而不确定的时刻提供了起点。这一教益在一年后变得更加强烈，因为那时我自己成为了这份期刊的主编。在历史决定和当下决定的关系上，没有什么可以比被邀请成为一个我刚刚完成写作的叙事中的中心人物更有教益的事了。

B. 后期理论

我对于"个人在联系过去与当下中的作用"这一问题的兴趣，在一系列类似的微观历史研究中继续：对于系内杰出教职员工的研究，对于芝加哥学派研究中已消失的派别的研究，对于单一时期事件如第二次世界大战对于美国社会学的影响的研究。正如莫里斯·贾诺维茨（Morris Janowitz）一样，我通过回溯芝加哥学派的历史，在一定程度上成为该学派的领军人物。但和他不同的是，我曾尝试给予芝加哥学派一个理论核心。在《学系与学科》的最后一章中，我认为芝加哥学派代表着一种完全关系性和过程性的社会学，其中所有的事实都被同时置于社会时间和社会空间之中。[14]

但我关于知识的研究主题在 2000 年后脱离了芝加哥学派社会学的细节。我开始同时研究人文学科与社会科学的文化与社会体系。在文化方面，我的主要关注点是关于累积的问题。社会科学和人文学科并不真正进行累积，人们对此似乎毫不

---

[14] 未发表的论文包括关于芝加哥学派与城市规划的论文，及关于芝加哥学派在 1892—1930 年间与业余社会学的关系的论文。《学系与学科》的最后一章也见于 Abbott 1997（略有不同）。

怀疑。早在《学科的混乱》中，我就曾指出我称为代际范式（generational paradigms）的规律：库恩意义上的单位会持续20—40年，并衰退消失。一群兴奋的年轻学者可能会创造一个新的领域——如我之前所述，往往是通过"将某些内容重新引入"，但有时也可能有全新的思想或方法。他们及其学生会在该领域崭露锋芒，有的时候他们可能会将他们面前现有的思想或方法一扫而空。但他们的学生并不会如此激动人心，而在"孙子辈"的学者登上舞台时，新一代的年轻人就会将这种范式定义为一种行将就木的理论或方法，并将其否定。在社会学及其他领域中，这样的例子数不胜数。很明显，在这些范式中存在累积，至少在一段时间内存在累积。但这些累积似乎是自我局限的。

所以我发展了一个关于人文学科与社会科学知识的三层概念。在基本的数据层级当然存在累积：事实不断堆积。而在中层，即刚刚提到的代际范式层级，在一段时间内存在累积，但也仅仅是一段时间。我研究了这些累积停止的机制：无法吸引新的年轻学者，试图将范式扩大到超出其所能提供最佳解释的经验领域，及放宽旧有假设的尝试等。在定量研究中，支持这一概念的一个有用线索在于，随着范式的发展，所有的子文献总是使用越来越多的控制变量。最终，所有的文献都在模型中加入了几乎所有的变量。有区别的仅仅是哪个变量是因变量，哪个是自变量，而哪个是调解或控制变量。[15]

但在代际范式层级之上，在最为一般性的理论层级上，我认为在人文学科或社会科学中不存在累积。相反，其中存在几种宏大的思考框架。我在第一讲中提到了五种最突出的框架：

---

[15] 这一系列论文中的第一篇是 Abbott 2006b。

个人主义、社会突生论、冲突理论、过程主义和符号分析。在这个一般性理论层面上,我们的研究著作通常以结合这些框架或尝试以新的清晰、优雅的方式阐述这些框架的形式出现。这些观点中,没有任何一种会被证明是错误的。它们也不可能被完全调和在一起。每一种框架都可以变成其他框架的一种子情况,但仅仅是部分意义上。

但如果这个结论正确的话——如果在最高层级上不存在累积——那么我们对于社会科学随着时间推移应该如何发展的问题,就没有规范性指导原则了。在一系列的论文中,我提出了这样的一个指导原则,并制定了三个重要的目标。第一个是丰富,我们应该努力穷尽讨论社会世界的可能途径。另外一个是多元,我们发现社会世界的角度越多越好。第三个是重现,我们不希望任何用以思考社会生活的一般性框架消失太久。毋庸置疑,其他学者会有不同的意见,但在我看来,在社会科学中并不真正存在累积的经验案例十分有力。而基于这个情况,我们有责任提出一些其他可以评判我们成功与否的标准。⑯

我最近关于知识的工作中的另一个重要领域,是过剩问题。我曾经主张,我们需要一种社会理论,用以解决过剩问题,正如经济学细致处理了短缺问题一般。使我开始认为过剩问题十分重要的,是知识和图书馆的世界。关于短缺的理论和启示,无法告诉我的学生在图书馆八百万部藏书中选择阅读哪些书籍。而在我自己关于图书馆的历史研究中——我将在下一讲讨论这项研究——我意识到知识过载其实有着十分悠久的历

---

⑯ 除了 Abbott 2006b 和 Abbott 2014b,我大部分关于累积和理想型知识(knowledge ideals)的成果都没有发表,但我正在完成一部将其综合起来的专著。Abbott 2015 中有一个对于我观点的总结,网上也有一个我 2011 年在法国社会学会全体讲座的视频版本总结,只可惜它是用法语讲述的。

第二讲 关于职业、专业与知识的实体性社会学研究

史。你们一定明白我的意思,毕竟几个世纪以来,中国文化拥有收录成千上万卷书籍的百科全书。所以网络上的信息过剩并不是什么新生现象。

从理论和实体的角度来看,关于知识过剩的核心问题,在于如何在两种应对这种情况的重要方法中进行取舍:精读典范,或是广泛涉猎。这两种方法一种强调深度,另一种则以广度为目标。问题在于,不同学科分别选择了哪种策略?它们何时做出了选择?又为什么做出了这样的选择?这些问题是我当下正在研究的开放性问题。但是,正如我在第一讲中所述,关于广度和深度的问题早在本科学制中就开始存在了,而它对研究生和教授同等重要。关于过剩的问题充分体现在以下的现象中:只要过了一定的年龄,每一个学者所面临的实体性问题都开始具有方法论和理论层面的涵义。⑰

最后,我应当提到一系列关于知识的社会结构——学科、学科目标及类似事项——的研究。我曾经就这个领域写过很多不同的论文。我早先所述的关于相互联系的生态系统的分析,对于实践性专业人员进入学术群体及学术人员进入实践性专业群体的努力,进行了详细的考察。考察的结果显示,不同生态系统的逻辑倾向于摧毁任何想要保持其间制度性桥梁的努力,而跨过鸿沟进入对面生态系统的桥头堡,则多会被吸收融合。的确,先驱者往往会在他们跨过鸿沟后马上摧毁桥梁。另外,我在2001年于英国科研评估(Research Assessment Exercise)发布的对关于"什么是好的研究"的回应的内容分析显示,除统计学外,不论是人文学科、社会科学还是自然科学,几乎所

---

⑰ 我关于过剩问题的核心理论论文是Abbott 2014c。我关于典范的观点,是从一篇我正在写作中的关于这个话题的论文中提取的,但该论文尚未发表。

有学科的所有成员都认为好的研究需要满足三项基本内容。第一，研究是否优秀，不应该由领域之外的人评判，这一项内容包括统计学家也同意。第二，只有领域内的人才能发掘研究的优秀之处。第三，优秀的研究总是涉及创新。我将这些结论作为证实我的分形理论的论据，尽管他们强调创新，而我的分形理论在很大程度上否认了这一点，因为过剩情况的存在会使四十年前的著作很快被人忘记，快到如果有人将其改头换面地重新生产出来，我们还以为它是新的。[18]

我最近也完成了一个对于知识分子生涯一般设定的生态系统分析。美国社会并未给知识分子提供多大家园，而我曾经主张，知识分子在20世纪历史性地在大学的集中并不反映知识制度的自然向好发展，而只是反映了当时生态系统的紧急状态。在19世纪，美国大部分支持知识分子生活的资源都来自大学之外。在当时的"巡回讲座"（lecture circuit）中，像我这样的人可以给来自全国的成百上千的观众做讲座。当然，那时的讲座不像我现在正在做的讲座那么技术化。在大型博物馆和图书馆中工作的知识分子也为数众多，在新教神职人员中也存在大量业余知识分子，在大学中工作的知识分子反而相对较少。而在1900年左右新式的美国大学创立之时，知识分子看到了新的机会。他们也涌入了出版业和报业，这在当时都是重要的产业。但出版业大本营并没有持续多久，而大学则因为大量的政府资金支持和灵活宽松的资源，成为了知识分子的天堂。[19]

---

　　[18] 如前所述，我有两部专著是讨论学科的，即 Abbott 1999a 和 Abbott 2001a。其他已发表的讨论学科的成果包括 Abbott 2002b、2004a、2005a、2005e、2014b。

　　[19] 这个论点仍然处在工作论文的阶段，而我关于知识的专著正在写作过程中。

第二讲 关于职业、专业与知识的实体性社会学研究

而现在，情况可能会改变。大学越来越将重点放在劳动力的职业准备上，而学术研究社区本身则被并不有利于严肃知识分子生活的方式管理着。所以我们可能会看到一些改变。因此，我的这项工作是《职业系统》中的整个生态系统分析框架在新领域的应用，而这个领域就是一般性的知识分子生活。

所有我讨论的这些研究一起构成了我当下关于人文学科与社会科学本体论的研究。于是我们来到了关于知识这一领域的最终问题：关于价值的问题。在这个领域，我刚刚开始整合我的研究工作，所以我只能简单描绘一下我当下的观点。在实体范畴中，关于价值的问题似乎有两个：第一个是内在于所给定的文化的，而另外一个则涉及文化之间的联系。两个问题都很直截了当，但的确也很令人困惑。

内部问题如下。由于社会过程本身是一个价值过程，而大部分"制度"或社会的稳定部分在任意给定时间都是过去一些价值决定的结果，所以人文学科与社会科学不可避免地会有涉及价值的组成部分。而如我在第一讲所说的那样，问题在于，如何在不压倒科学成分的情况下，为社会科学正式地引入价值成分。而外部问题则同等困难。由于世界上存在各种大型的文明区域，而这些区域在许多基本价值方面都相当不同，那么我们要如何想象一种社会科学，使其可以在自身内部包含这些差异？

关于第一个问题，我用了政治理论这一学科分支作为模型。在美国，政治科学拥有社会科学中唯——个明显带有价值导向的学科分支，那就是政治理论。我已经开始呼吁在美国社会学中也建立这样一个学科分支。所以，我在最近的一篇论文中指出，美国社会学中广泛论述的关于不平等的概念，在逻辑上是与"社会建构的自我"这一大多数美国社会学家的基本假

设相悖的。如果我们拥有一个规范性的学科分支，这样的相悖就能得到严肃和缜密的分析。我不会将其独立开来进行考量，将其当成一只牛虻或者一种批判，而是要将其放入一个积极主动的研究传统之中。正如我在第一讲中所述，法律和法学学术研究为我们提供了一个很好的例子。它们证明了，在一个拥有内部一致性和结构的传统中，完全可能严谨讨论规范性原则。在社会学中，我完全看不到不纳入这种讨论的理由。[20]

而第二个问题，如我所述，是如何应对一个事实，即世界范围内关于以下问题的理解存在根本性的差异：在社会生活中，什么是有价值的？什么是公正的？什么是可行的？我对如何解决这个问题并没有任何答案。正如20世纪中期的人类学家一样，我相信，先去了解这些差异的程度和性质，至少是解决这些问题的一个开始。而正是出于这个原因，我才开始进行芭芭拉·赛拉伦特项目（Barbara Celarent Project），这个项目旨在对世界上各种社会思想进行认真阅读与思考。但就算我已经完成了这个项目，我也仍然没有准备好进行下一步，并将从这个项目中得到的洞见整合成系统性的论述。在完成这一步之前，也有更容易达成的任务，比如我关于过程社会学的一般性理论。所以，就如何想象一种严肃的跨文化社会学这一话题，我无法给你们一个结论。[21]

总而言之，我关于知识的研究，和我在开始写作《职业系

---

[20] 本段基于一篇题为《规范性探究的多样性》的论文（Abbott 2018）。讨论不平等的论文见 Abbott 2016d，该文也是《过程社会学》的第八章。

[21] "芭芭拉·赛拉伦特项目"指的是《多样化的社会想象力》一书，芭芭拉·赛拉伦特著，安德鲁·阿伯特编（并撰写序言）。它包含36篇关于世界上各种社会想象力的有趣著作的评论文章。我在 Abbott 2012b 和 2016e 中也讨论了这些问题。

统》时关于专业的研究情况类似。我发展了许多一般性理论的片段，但还需要将这些片段完善地组合起来。显而易见，这种组合将会是生态性的，也会是过程性的。但同时，它也将会是规范性的，因为我决定规范性地开展关于知识的研究计划。从这个意义上讲，我即将出版的关于知识的专著会超越《职业系统》，并尝试解决——如我之前所述——曾经影响过《职业系统》这本书的知识异化问题。

第三讲
方法论的哲学与实践

I 导论

据说，知识是严谨性与想象之间的对话。但把这个说法进一步扩展，或许会对我们更加有所裨益：这个对话所发生的场所就是方法论。正是在方法论王国之中，想象从理论中走出，驯服实体的复杂性；也正是在方法论王国之中，实体通过严谨的分析这一媒介告诉我们，我们的理论是否需要加以更好的规训。简言之，正是在方法论王国之中，我们调整理论和实体，以此来生产一种对话，而非一种论证。想象和严谨性是我们对这一对话的两个方向的命名，我们用"想象"来标记理论对于实体的刺激，而用"严谨性"来标记实体对于理论的反刺激。

所以，正如上一讲所述，在某种程度上，存在一个方法论的蜀国，来作为富有实体的吴国和北方富有抽象的魏国的中介。但今天，我们需要研究蜀国本身，而蜀国正好——如其在《三国演义》中的起源一样——宣称自己是曾经一统天下的社会科学汉室正统的后代。然而，如我们即将看到的，在这些王国之间会发生许多斗争，而我自己的研究也有许多以侧重方法论开始，最终却转向理论，或者相反，就像在三国的漫长历史中改换门庭的许多将领一样。

方法论的王国——蜀国——在实践中是一个古怪的组织。在社会科学中，我们常常将方法论看作一个"连续统一体"，意指方法论是单一维度的。我们往往认为，这个维度就是"严谨性"的维度，从定性到定量，或者从文学性到数学性，又或从民族志到统计学方法。但方法论中一定不止一个维度，因为在20世纪60年代，结构主义者将数学性和文学性分析的方法结合了起来，而20世纪80年代的世界体系学派（world-systems school）将案例分析和统计学结合了起来。

另外，各种不同的方法论实际上并非分布于一个线性维度上，而是分布在一个闭环中。一个关于法律专业人员的民族志，可能会因为不考虑宏观的人口情况变化而被批评，但这个人口情况变化的分析本身，则预设了"律师"的定义不随时间而改变。一位历史学家可能会证明这个预设是错误的，因为在历史上的各个时期，存在好几种不同类型的律师。但另外一个民族志研究者可能又会主张，历史学家对于过去律师的种类的理解，则是被历史学家与其他法律问题的学者在当下的争论所形塑的。所以在这个例子中，民族志被人口学批评，人口学被历史学批评，历史学又被民族志批评。我们就这样进入了一个闭环。[①]

只要你曾经跳出狭义的学科对话，这样的例子就俯拾皆是。实际上，可以想象我们在社会科学中使用的各种方法分布在一个球面上，或者一个更加复杂的表面上，比如莫比乌斯环。每一种方法都和其他所有的方法有所联系，每一种方法也都可以被其他所有的方法批评。不存在关于方法论的完美等级

---

① 这几段的论证取自《发现的方法》（Abbott 2004b）前两章。

制度；相反，每一种方法都适合解决某一些问题，而不适合解决另外一些问题。

如果你回顾我关于理论和实体的第一讲，你会想起，那一讲的核心主题之一是我们必须在学术生涯中不断地转换联系理论和实体的方法。否则，我们就会陷入纯粹的专门研究，我们的研究也会最终失去与社会科学中富有活力的问题的联系。但正如我刚才指出的，方法论正是理论和实体发生碰撞的最普遍的场所。所以，我们可以想见，我们一定会在生涯中不断地转变方法论。我们对于定量方法中的这种转变已经司空见惯了。在我自己的生涯中，我见证过定量方法一个接着一个出现：普通的最小二乘法回归、路径分析、对数线性分析、事件-历史分析、对应分析、多层线性模型、序列分析、泊松回归、倾向分数匹配，等等。有些人认为较为晚近的方法更为优越，但实际上这些方法之间的区别不那么在于其出现的时间，而更在于其适用的环境。这些方法大部分都适用于某几类实证环境，但不适用于其他环境。它们之间并无优劣之分，只有适用性之分。

而对定性方法来说也是一样。让我们考虑历史学的情况。曾经作为标准操作的档案内容细节层级早已成为历史。此前史学家邀请三四个同事阅读自己的手稿来检查错误的常规操作，如今已经大大减少。对于小时空范围做极为细化的一般性考察的操作，已经在绝大多数历史系中消失。与历史学研究中的这些改变同时的，是通过人文研究艰难发展出的各种理论框架，以及它们相应的方法论解决方案：结构主义、后结构主义、本质主义、解构主义，以及许多其他方案。当然，伴随着这些"主义"的，还有同样多的"转向"：文化转向、叙事转向、语言学转向，等等。

第三讲 方法论的哲学与实践

我把这么多时髦的方法论罗列出来，并不是为了嘲笑它们，而是为了说明，在一个方法论可以循环、模式相互批判的世界中，这些方法论永远不会汇聚成一个最佳的方法。学者会总是复活旧的方法，进行新的方法结合，并且回顾以前的批判。而出现这种情况的原因，并非是汇聚的失败。实际上，汇聚的失败是注定的，因为事实情况是，正如此前的讲座所述，在最一般性的层面，社会科学可划分为五种不同的思想框架，而这些思想框架有着截然不同的方法论意涵。所以对社会科学的方法论汇聚为任何一种方法策略的期望，是完全不切实际的。相反，方法论的不断变化正是因为，我们作为学者保持活力的方式正是不断地修订方法论。如果我们的漫游偶然将我们带回了刚开始的方法论立场，我们也会因为曾经探索过许多其他方法，而大大加深对这一立场的理解。当然，许多学者的确在其整个学术生涯中只使用一组方法，这一般是在其年轻时开始变得十分重要的方法。但也会不断地有更多刚刚入行的年轻人选择新的或者被复活的方法论，因为他们想要做出重大的新成就。在一个充满竞争的世界中，方法论上的变化会比重大的实体层面的成就来得更加容易。

但最优秀的学者一定在不断地调整其方法论，这是他们在学术上成长的信号。在今天的讲座中，我将要讨论如此参与方法论辩论的三种模式。在大部分内容中，我在此不会考虑方法的日常使用。对我，也对所有学者来说，这种日常使用是生产实体性研究的各种成果的方法。所以，我使用历史学方法和案例分析来完成我大部分关于职业的研究与著作，并使用常规的定量分析来得到一些流动性研究方面的成果。这些应用并不需要在这里讨论。相反，我今天想要讨论我研究中自觉地带有方法论性质的一部分。

想要自觉地涉及方法论，有三种主要方式。第一种是方法论批判。根据批判对象是自己的著作或是其他人的著作，这种方法有两种形式。对于自身方法的批判——内部批判——是在自己采用的方法中找到弱点，并将其修复。我们时常采取稳定化假设来解决这种难题。这些假设从一个角度来说是限定性的，因为它们作为假设必然忽略一些重要因素。但它们从另一个角度来说也是促进性的，因为它们帮助我们越过了可能会阻止方法进一步演化的障碍和难题。这样的新假设的必要性可以用一句英语格言来概括："想要做好蛋卷，首先要打破鸡蛋。"但是，假设不可避免地是特殊性的，而外部批判的形式正是以这类假设为目标，攻击其他学者的方法论。这种外部批判一般会主张，蛋卷中使用的鸡蛋有几个是变质的。

第二种涉及方法论的方式是发明，即发展新的方法。在社会科学中，新的方法论时常是从其他领域借鉴过来的。例如，社会学中的大部分方法都是从其他领域借鉴而来的。回归分析最早发源于农业科学，路径分析和主成分分析发源于经济学，社区研究和社会制图发源于社会改良主义，档案研究发源于历史学。在此举一个其他领域的例子：菲利普·米洛斯基（Philip Mirowski）曾经优雅地展示，微观经济学的规范化大量借鉴了热力学。这种借鉴是一直以来丰富的多学科文化的一种信号，它鲜活地证明了跨学科刺激在各学科的历史上是一种常态。所以，学科在过去保持着清晰的分界，故我们必须创造新的跨学科性的观点是不正确的。在学科存在伊始，它们就相互借鉴各自的方法论。我们在当下必须创造跨学科性，不是因为我们从来没有过跨学科性，反而是因为我们一直都有跨学科性，而这种跨学科性成就了许多。

在方法论批判和方法论发明借鉴之后，第三种涉及方法论的方式是在面对外界威胁时为自身的方法辩护。正如我在前一讲中，在讨论我对知识社会学在实体层面的贡献时说明的，各学科都持续地将注意力引向自己的领域。在有些时候，这种入侵无关紧要，但在有些时候，它们生死攸关。在相当长的时期内，各学科可以在不发生激烈冲突的情况下研究同一个主题。但有时，有必要激烈防御入侵者，不论这种入侵是对某个人的方法论基础的直接攻击，还是入侵者声称可以在完全转变学科方法的情况下更好地研究某个人的实体层面的研究领域。

批判、发明和辩护就是三种涉足方法论的基本方式，它们在我的学术生涯中也如此依次出现。但这个顺序并不普遍。很多方法论学者是从针对外部攻击而为他们偏好的方法进行辩护开始的；而应对这种攻击正打开了完善方法论的大门；最后，这种完善就演化成了发明。在很多情况下，发明是十分有力的，而且想要将这些发明扩散到其他领域的欲望，最终会引致对其他方法的外部批判。

我的情况是，我的博士论文使用了历史学分析的方法，而这是一种在当时的社会学研究中不普遍的方法，它也招致了美国主流定量社会学家的敌意。根据进攻就是最好的防御——就如《三国演义》中一样——的原则，我第一次涉及方法论的重要研究正始于对于标准化方法的外部批判。这样的攻击是足够成功的，它导致我的定量同事们要求我——如我们在英语中所说——"要么自己上，要么闭嘴"。也就是说，我要么发明一种可以解决我在他们的方法中找到的问题的方法，要么就停止方法论批判的写作。所以我开始进行发明，在20世纪80年代早期研究事件序列的过程中转向了计算方法。有大约十五年我积极地向社会学界介绍计算方法的简单原则，之后我将这个领域的细节补充留给了年轻的同行，因为方法论研究将我的兴趣引向了基础的社会理论，2000年后我也转向了这个领域。

但在那时突然出现了对于我自己偏好的方法论——图书馆研究——的攻击。所以我回到了方法论的领域，这一次是为传统的人文与历史研究方法的严谨和出色辩护。对于这些方法的攻击来自多个方向：图书馆员、计算机科学家，以及新近被计算方法吸引的同行。我很久以前研究过计算方法，而它在那时已经过度发展了。所以，我自己在方法论上是从批判到发明再到辩护，而非通常的从辩护到发明再到批判。

应该说，相比于其他各讲，这一讲的内容更多是年表和个人叙事。如我之前所述，由于各种方法之间相互具有一种闭环关系，所以方法论并没有一个特定的发展方向。相反，讨论方法论，正是讨论一个人的思想是如何发展的。所以这一讲就采取如前所述的顺序：从方法论批判开始，然后是发明，最后以辩护结尾。但批判和发明对于我自己的理论化历程有着重要的内涵，所以我会在谈及方法论辩护之前，对这两部分内容进行总结。

II 方法论批判

正如我之前指出的，我对方法论的初次研究始于20世纪80年代，是对于社会学的标准化定量方法的外部批判。但是实际上，就算是这个项目也源于此前的项目，源于一个对历史社会学方法论问题加以系统化的尝试。在1980年，我为一门历史社会学研究生课程撰写大纲，在大纲的开头我写道：

在当下，尚不存在一个完全自治的名为历史社会学的分支学科。有历史学家使用社会学的方法，也有社会学家撰写传统的历史，还有分析马尔科夫链的建模者，以及多元回归的使用者等。

这门课程包含了六个主要主题：叙事（narrative）、诠释（interpretation）、解释（explanation）、社会建构主义（social constructionism）、事件（events）和偶然性（contingency）。但如果不自己选择一个重点，就无法厘清这个领域。所以，我重点关注了在我看来将历史学方法与社会科学方法区分开来的最核心的问题，也就是叙事，即事件的发生存在一个特定顺序，而这个顺序会对事情的发展产生影响。在社会科学中我们一般关注平均经验，通常也必须假设因果效应的序列在每一个案例中都是相同的。没有任何历史学家承认这一点。历史总是关于偶然性的，也可能是关于各种偶然性的不同模式的。如我们已经看到的，这已经被证明是考虑关于专业群体的问题时最有成效的方法。但历史总是关于偶然性和意外，而非关于平均结果。

所以我的第一步探索需要横跨整个方法论的前沿，并且提问："在我们想象得到的所有方法论中，事件的序列和偶然性如何？"在20世纪80年代早期，当我第一次提出这个问题时，有许多历史哲学的文献都是关于叙事与解释的问题的。同样，在结构主义文学批判的文献中，也有一大部分考察叙事的基础。在数学中，也存在许多关于事物随时间变化的模型：比如微分方程和随机过程。在传播理论中存在反馈模型，在运筹学中有动态编程，而在经济学中有时间序列模型。同时，在社会学中也有许多多样化的文献会对叙事进行假设。有阶段和趋势的理论——所有以"化"（-ization）为结尾的词：职业化、理性化、城市化、工业化和现代化;有关于各种社会运动的研究;有关于生命历程的大量文献;也有各种各样的时间性定量模型:事件-历史分析、移动者-滞留者模型和其他马尔科夫模型,以及路径分析。在所有这些文献背后,是对于事件顺序的假设,以及对于该顺序是否会对结果产生影响的假设。我对所有这些假设都做了回顾与分类。[②]

这个最初的回顾展示了一种研究策略,对此我在关于图书馆研究方法的写作中进行了说明。这个回顾遵循了一种"样板"策略:查看非常广泛的资料,但只寻找一项非常特定的内容。在这个例子中,我查看了许多学科的文献,只关注一个十分具体的问题:这些文献是如何论述或假设事件的顺序的?注意,这个策略完全不能通过关键词索引来实现,因为这些各种各样的文献在谈论事件的顺序时,使用了许多不同的英文词汇与短语。这里仅仅举几个例子,这些词汇在非数学文献中可能是叙事、顺序(order)、故事(story)、偶然性、叙述(narration)和序列(sequence),而在数学文献中可能是顺序、序列、系列(series)、汇聚(convergence)、条件概率(conditional probability)和决策树(decision tree)。这里的大部分词语都是非常常用的英文词汇,它们在基本的关键词搜索中会返回数以万计的文献。所以,成功的样板研究的关键在于,要将这些词汇应用到高度集中的材料的子样本中,而研究者则需要知道这些材料中适当的内部术语。

尽管样板研究的策略有助于在一个研究项目中确立方向和话题,但它却完成不了下一步。下一步,我们必须在其他框架性的假设之中,审视关于事件顺序的假设。我们所有人都会进

---

② 这篇回顾文章已以《社会事件的序列》为题发表,参见 Abbott 1983b。

第三讲　方法论的哲学与实践

行假设，问题仅仅在于我们采用哪些假设，以及在什么时候采用它们。为了达成这个目的，另外一种截然不同的研究策略就很必要了。

为了实现这个目的，我们必须关注研究的具体例子，也就是具体的论文，并且要非常非常仔细地阅读这些论文。社会学论文并不会列出论文中所用到的假设，除了作者有时会列出论文中所采用的统计学模型的数学假设。一项研究的深层假设关注的问题诸如：这里所假设的社会世界的单位是什么？这里关于时间推移的假设是什么？这里关于社会变迁的性质和因果关系的假设是什么？也就是说它们都是对于关于社会本体论的基本问题的假设，我在第一讲的最后提到过本体论。对于作者来说，这一类哲学性的假设往往是不可见的，而它们对于读者来说一般也同样是不可见的。要想发现它们，就必须十分认真地阅读每部著作。这在定量研究中并非一个普遍技巧，但这在文学研究中属于标准化技巧，被称作"文本细读分析"。

我用很大的篇幅来描述这个技巧，因为对我而言，这是一个反思方法论的特别有效的方法。它的有效源于它正好处在两种明确的方法论写作的一般方式的中间。第一种一般方式是数学形式主义。它的优点在于逻辑和句法，但缺点在于其与现实世界联系的语义——即它的假设、它所忽略的元素，以及其关注的相应问题。另外一种是人文反思，其在哲学中有着形式化的一面[*]，但如今典型的人文反思却将未加定义的术语、引经

---

[*] 此处的"形式化"是哲学术语，指将一套特制的人工符号（形式语言）应用于语义体系以使其严格化、精确化的程序和方法，即用定理或公式解释知识真理的逻辑系统建构，与"形式主义"的含义不同。——译者

87

据典和优美语言混杂为了一个混合体。这种混合体往往能激发人的思维,却很难具体化。

文本细读分析介于这两种方法之间。由于它阅读的是固定的文本,所以存在一个清晰的共同讨论基础。由于它寻找的是具体的事物——假设、模式、符号——它也存在一个特定的结果。它有其形式性,但也有着可以发现并且有时保留多种意义和其他复杂性的灵活性与微妙性。我自己是从文学老师处习得这种技巧的,但却在方法论分析中使用得最多,曾用它写作过至少十篇论文。的确,认真阅读后写成的反思性报告,构成了我关于非欧洲社会理论的著作的整个文本。③

在方法论批判著作中,我应用文本细读分析以找到具有代表性的社会学假设。所以,最近的期刊论文成了合理的样本。我对于这些论文的细读分析揭示了美国学界内外的主流定量社会学的六项典型基本假设。④

前两项大部分社会学论文都会采取的假设是本体论性质的。第一,它们认为,社会世界由具有不同性质的固定实体构成:具有年龄、性别、种族和住址的个人;具有成员数目、成立日期和正式结构的社会组织等。这个假设可以追溯到耶尔基·内曼(Jerzy Neyman)对于统计学的定义:统计学是"总体数量科学"(population science),研究各具特性的给定单位的总体数量。这当然是对社会世界的极端简化。

第二项本体论假设是,"宏大的"社会事物倾向于造成"微小的"社会事物:比如长期形塑了短期,大尺度和群体的层级决定了小尺度和个人的层级。也就是说,社会世界存在等

---

③ 我使用文本细读分析的方法并不令人惊讶。我的本科专业正是一个结合历史学与文学的专业。关于非欧洲社会理论的专著是 Abbott 2017b。

④ 这里所讨论的论文是 Abbott 1988b。

级，有一些事物比另外一些事物要"大"——不论是在时间上，还是在社会空间上。如关于实体的讲座所述，这也是一个长期以来被质疑的假设。在职业研究领域，我本人对于专业群体的实体性研究就是一例。

另外两项假设涉及因果关系。第一，一个给定的因果变量在一项给定的研究中只能意指一个事物；它不能含有两种不同的影响，也不能以不同的方式影响两个单位。这是一个核心假设，值得我们仔细注意。它不仅仅在仔细阅读论文时十分明显，也在每一个特定变量在不同文章中令人惊讶的多样化使用中十分明显。如果我们考虑一个如美国综合社会调查（America's General Social Survey）一样的数据集里某个特定变量的多样化使用，我们就会发现，不同的研究使其意指数十种不同的事物。[5]但不走运的是，在数学当下的发展阶段，想要在任何一项研究中保持这种不同意义的同时存在，是十分困难的。计算方法曾经承诺改变这个现状，但其从业者在面对问题时既无知，又在理论方面显得太过天真。

在统计学层面上，这样一个"单一意义"的假设在实体上意味着，统计学家所称的主效应（main effects）才是社会生活的现实，而交互效应（interaction effects）则只是调节主效应的细节。有趣的是，这一重要性在"主效应"和"交互效应"这两个中文短语中十分明显。"主"在汉字中包含着"王"，而"交互"的"交"在汉字中包含着"父"！我们认为，王和父亲是相似的，但王却比父亲更加重要！

在英文中这种重要性的等级规则也十分明显，因为认为主效应更加重要的写作者，一般会将单位的性质（比如"官僚

---

[5] 对于这样的分析，可参看 Abbott 1997c。

主义")作为句子的主语,而将结果变量作为宾语:他们会说"官僚主义的程度会提升入狱率",或者"性别因素会拉低时薪"。当然,这些论文的作者并不真正相信这种人为物化的变量,如"官僚主义"或"性别"会如人类或公司那样主动采取行动。但语言习惯促使他们滑向这种信念,并忽略了研究这些效应的机制的必要性——而这个机制涉及的并不是抽象的行动者,而是复杂的个人。在实际的社会生活中,交互才是现实,而主效应只是统计学的构想。变量的性质并不能够采取行动,行动的是特定的人与社会实体。

标准化方法论的第二种因果假设是,事件的序列不产生影响,所有的案例都会遵循同样的变量因果序列。这个假设与叙事的概念正好对立,而后者主张社会世界是在个体故事之中发展的——人的生涯就是一个很好的例子,在这里,序列是产生影响的。

标准化方法论的第三组假设,关乎情境和案例的独立性。第一,常规的定量研究假设其研究结果独立于任何并未明显在统计模型中包含的空间或时间效应。而实际上,在医疗社会学等领域的大部分定量分析中,态度研究及其他类似研究在处理案例时,完全不考虑情境。在这类研究中,案例是被作为抽象均一空间中的抽象"案例"或"总体单位"处理的。

第二,特别假定案例本身都是相互独立的,案例之间不会相互影响。当年我第一次提出这个论证时,这个假设被空间自相关的概念部分解决了,但更加一般性的问题,即因变量的结构性限制,依然十分严重。只要一个国家产出的本科毕业生比起经济所能够吸纳的更多,那么一个毕业生的成就就一定不可能独立于另外一个毕业生的成就。我们知道,本科学位对于在美国的收入的边际效应目前仍然为正(也就是说对于任何美国人，拿到本科学位都是有利的）。但我们也知道，生产过剩意味着本科学位对于收入的平均正效应都必定在接下来的几年中减少。边际效应对于平均效应的预测是错误的，因为它忽略了结构性限制。于是经济学文献对于教育回报的讨论，就被这个致命错误所损害了。

总而言之，对于标准化方法的仔细反思，揭示了几乎所有定量社会学隐含的六种基本假设：关于各具不同性质的固定实体的本体论，宏大事物决定微小事物的信念，关于主效应的单一因果性的概念，对于事件序列影响的忽略，认为特定案例独立于未包括入模型的情境的观点，以及对于案例之间相互独立性的信心。尽管我在学术生涯中贡献了许多讨论这些假设的文献，但我对于方法论批判的主要贡献集中于第二项因果性假设，即"所有案例都遵循同一个故事"的假设。对于大部分其他假设和立场，都已有过一些研究。我已经提到了关于第三组假设的研究，即关于情境以及案例间独立性的研究。至于关于多重意义和人为物化的"主效应"，理性选择学派的理论家也指出，许多社会学论文缺乏可以在看似明显具有"因果性"的数据中真正创造"因果性"的机制。

的确，关于因果性的全部文献都有着众所周知的局限性。很大程度上，这些局限性来自一个事实："因果性解释"的目标更注重寻找改变社会世界的方式，而非理解社会世界。最典型地，我们想要找到必要原因，是为了找到坏事的必要原因以避免坏事发生。同时我们也会为想要推广的事物寻找强大而充分的原因，以期进行推广。应用社会科学因其研究目标，很少尝试进行真正的一般性因果分析。[⑥]

---

⑥　关于社会学中因果性的历史，参见 Abbott 1998b，另见 Abbott 2004b，第一章。

至于本体论假设，尽管针对固定实体和社会现实层级的假设并没有具体的批判性著作，但存在许多关于另外两种本体论的文献。第一种本体论是人口学的，其重点在于单位随时间推移的轨迹，以及单位产生其他单位的方式。人口学拥有十分完善和特殊的文献，它对时间推移的关注对于标准化方法的固定实体假设来说，就如釜底抽薪。我曾经在几篇作品中主张，人口学思想应该被充分整合入任何社会理论，并且我们需要将社会事物随着时间的持久存在更鲜明地进行理论化。（这个话题我将会在最后一讲中论述。）

第二种替代标准化本体论的方式是网络分析。在这里严肃地讨论网络分析并不合适。在 20 世纪 80 年代我刚刚开始写作关于方法论假设的内容时，网络分析是一个有趣的子方向，但三十年过去，它现在已经成为一个巨大且在一定程度上非理论性的产业。在我看来，网络分析的问题一直在于它对于时间不够重视。从根本上看，它是截面性的。将其放置于运动中的努力——例如 SIENA 程序——在根本上是精巧的基于主体的模型，这些模型存在大量的假设，而这影响了它们的一般效用。所有基于主体的模型都受困于一个问题：我们可以轻易地找到许多可以适配任何数据集的模型，然而在这些模型中找到真正切题的那一个却十分困难。

我在 20 世纪 80 年代认为，人口学和网络分析作为本体论，都与标准化定量社会学中"总体数量科学"的方法有着同样的问题。它们中没有一个对于时间有合理的考量。在进行使我得出以上结论的方法论批判的过程中，我开始发现，关于时间的问题其实比"严肃地看待事件的顺序"更加广泛。思考顺序问题成为一种开始反思时间的方法。但从 1981 年到 1991 年的十年里，我发现时间性问题的确太广大了。想要创造一种整合性的社会理论，一个可以同时拥抱作为特例的总体数量科学、人口学和网络分析的理论，我们必须从对时间的根本性分析开始。所以，方法论批判将我带到了过程理论的边缘，这个内容我将在下一讲进行解释。[7]

但是与此同时，我所批评过的同事们并没有默默地接受批评。他们说，如果他们所做的是错误的，我就应该向他们展示更好的方法。

III 方法论发明

现在让我转向我在方法论发明方面的探险之旅，即我在发明关于社会序列的新方法的尝试。通过许多偶然事件，我成为据我所知在美国社会科学中第一个利用以动态编程为基础的序列算法的人。这个算法此后成为远景（Alta Vista）、谷歌和其他网络搜索系统的核心。

A. 独特事件

在序列中寻找普遍规律的任务，取决于序列中是否存在独特或重复的事件。对于我来说，序列的问题一开始是一个实体性的、带有特定事件的问题。我上一讲讨论过关于专业化的理论主张，典型的专业群体都经过了一个事件序列，该事件序列在最后的"完全专业"状态下达到顶峰。在一篇1964年发表的使用案例研究数据的论文中，哈罗德·威伦斯基（Harold Wilensky）提出了这样一个序列：专业从全职工人开始，然后

---

[7] 更多这个方向的对标准社会学方法的哲学批评，见 Abbott 1990b、1992a 和 1992b。

拥有一个培训学校，此后又有了一个大学中的培训学校，然后是一个地方性的专业协会，然后是一个国家专业协会，然后有了一个国家性的资格获取规范，最后是一个专业操守准则。[*]威伦斯基将这些事件在每一个职业的历史中进行了排序，然后查看这些排序有多少和模型中的排序的不同之处。这些事件看起来的确遵循了模型给定的顺序。

我发现威伦斯基的结果十分有趣，但他只分析了六种完全的专业和七种半专业。另外，这些数据仅仅考虑了美国。分等次排序舍弃了具体的时间日期，所以也舍弃了很多有用的信息。

我的研究的其中一条主线，旨在解决关于"日期"的问题。我发现了一些方法来利用这些"日期"信息，这些方法是用来比较考古遗址中文物出现的顺序的，可以使用相似物的信息来标明不同种类陶器之间的"距离"。然后，将这些距离排列在一个矩阵当中，并且调整这个矩阵，使其尽量逼近另一个矩阵。在后者中，越靠近主对角线，元素就沿着行与列不断增加。矩阵的秩（rank）和列的顺序，就是对陶器类型所出现的历史顺序的最佳估计。我将这种所谓的"顺序排列"（seriation）方法应用在了关于专业化的数据上，并且用事件之间的时间段作为"相似物"的度量。我使用了比威伦斯基多得多的关于专业的数据，也使用了来自英国的数据。这个分析最初成为我的专著《职业系统》中关于专业化序列的两章，但此后我将其删除了，因为我意识到这部专著的主要主张是关于当下的专业间冲突，而非过去的事件序列。

---

[*] 此处所指论文应为其1964年在《美国社会学期刊》发表的文章《每个人的专业化？》（The Professionalization of Everyone?）。——译者

第三讲 方法论的哲学与实践

但是，威伦斯基的整个方法中还存在一个微妙的度量问题，这个问题让我对特定事件的序列数据的度量理论颇感兴趣。威伦斯基的分析以每一个系列的第一个事件为基准，将一系列事件进行排列。对于每一个专业，他考虑了第一所培训学校、第一所大学中的培训学校、第一个地方协会，等等。我在这个步骤遵循了他的办法。但一个系列中的"第一个事件"其实是一个具有很大问题的统计数据。"第一个事件"就是所谓的"顺序统计量"。最著名的顺序统计量当然是中位数，即在分布中处于正中间的量。然而，尽管中位数相比于平均数或众数所具有的令人艳羡的稳定性，使其能在很多诠释目的之下更加有用，但极端的顺序统计量——分布中的第一个或最后一个统计量——却存在恼人的不稳定性：它们同时也是一个关于统计所涉及的样本量的函数。假设我们现在从一个分布中抽取两个样本，而其中一个样本量远远大于另外一个，那么样本量较大的样本中的最大元素，很有可能大于样本量较小样本中的最大元素。这个效应在其中一个样本的样本量相对较小——小于等于 50 个案例——的情况下更加明显，而这仅仅是一个代数的人为产物。

所以，威伦斯基发现第一所培训学校的出现早于第一所大学中的培训学校，是因为他将大学中的培训学校作为培训学校的一个子集。所以培训学校的样本量在定义上就是更大的，而"第一所培训学校"在定义上就不可能出现在"第一所大学中的培训学校"之后。类似地，几乎只存在很少的全国性专业协会，但却存在很多的地方专业协会。就算两个样本在时间上的分布恰巧完全一致，威伦斯基仍然可能仅仅因为有更多的地方性协会而发现地方性协会是先出现的。

这个问题对我关于专业化的分析影响很大，以至于我从来没有发表过这些分析。正如威伦斯基的发现一样，我自己的发现也是人为加工的产物。但我的确为序列数据建立了一个一般性的度量理论，这个理论可以与态度测量数据样本（sample attitude data）的标准化度量理论相类比。在我的全新的观点中，"发生"是一种指标，用来度量潜在的但在根本上是假设性的"事件"。这正如在标准化文献中，表面的"指标"是用来识别潜在的但在根本上是假设性的"概念"，如"态度"或"幸福感"。此后，我将这个模型运用在了对基本福利计划的出现的分析上，并且揭示了这样一个"发生/事件"方法可以为我们所观察到的西方民主政体的政策演化序列提供最佳诠释。[8]

但正如上一讲所提到的，我自己的研究工作同时也让我对关于层级的规范性研究方法的各个假设产生怀疑。威伦斯基的论证存在度量问题的其中一个原因就在于，他的论证混淆了两个层面的分析：地方层面和全国层面。所以，我进行了一项关于几百个美国城市的当地医疗社区演化的分析，并对全国和当地的事件序列分开考量。我基于每一对给定的被观测事件所发生的每一对城市，计算出了事件间的平均时间性距离。利用这种计算方法，我使用了多维度的缩放来揭示当地和全国层级的不同规律。而通过改变"指标"结构（主要是通过"放慢"或"加快"时间节奏），我得以展示出，全国层面的扰动活动似乎往往会激发当地事件。最重要的是，就专业研究中功能主义者和权力理论学者的大辩论而言，我得以展示出，控制市场的尝试一般会先于各个层级上创造新知识制度的尝试。[9]

---

[8] 对序列的度量理论参见 Abbott 1984。关于福利的例子参见 Abbott and DeViney 1992。

[9] 这篇论文是 Abbott 1991b。

这一系列的研究树立了清晰考量特定事件序列的度量性质的重要性。它同时也强调以下原则的重要性，即研究者不仅应该将不同层级分别分析，还应该考虑这些层级之间如何相互影响。令我感到惊讶的是，这些研究并没有在这一领域的文献中产生很大的影响。关于时间与事件的主流文献，仍然和事件历史方法捆绑在一起，而这种方法仅仅可以应用在一类事件（而非事件的序列）之上，其所能够检验的也仅仅是某些事件发生之前的平均等待时间。与不同独特事件的典型序列相比，等待时间是非常简单化的结果。然而，事件历史学派从来都没有研究过前者，尽管前者对于社会世界是十分重要的。

但事件历史学派和我自己研究中的部分问题是，大部分事件既不独特，也非不可逆转。一个人不仅可以有一个孩子，还可以有很多孩子。一个人可以结婚，也可以离婚。一个人可以得到一份门卫的工作，也可以去做商店收银员或卡车司机。更重要的是，所有这些事情都可以同时发生，所以一个人的生涯——或在这个例子中，一个专业的生涯——的序列，是由不同的事件序列在生活的不同领域所组成的。这些事件并不独特，可以出现，也可以消失。

B. 周期性事件

在我严肃地转向关于周期性事件的问题时，我已经意识到，对于标准化方法的成问题的各个假设，我们每一次只能改变其中的一个。我知道叙事有着复杂的结构和多种路径，我也知道事件具有多种意义。但对独特事件序列的研究经历教会了我，就算是不承担进行其他改变的额外负担，单单是严肃地看待顺序问题，就已经十分困难了。所以，改善方法论的唯一可行策略，就是仅仅改变其中一个标准化假设，其余保持不变。基于这个原则，我想我应该专注于创造一套方法，来研究潜在周期性事件的单一链条的顺序。

对于周期性事件的序列，当时的标准化方法是马尔科夫链。马尔科夫链曾经是流动性文献的核心，而后者则是社会学中最重要的方法论文献中的一种。马尔科夫方法的失败，以及此后对数线性方法的失败，为我过去三十年来所倡导的阶级流动性和生涯研究中的序列方法提供了强大的动力。

我们可以简单地陈述一下流动性研究的核心问题。在过去五十年中，流动性研究着眼于，在不考虑社会结构影响的情况下，给定类型的个体在给定时间里的流动概率。做这样的探讨，是为了确认个体的各种性质（种族、性别等）对于流动机会的或好或坏的影响。这是一个经典的自由主义政治问题，一个关于是否在招聘、留用、财富管理等方面"真正存在"各种歧视的问题。

但实际上，个体层面的结果并不仅仅是某个给定时间内的个体变化，而是一个贯穿整个生涯的变化序列。这些变化发生在一个特定环境中，在该环境中，在一个个体的生涯的某些时间点上，其他个体可能会将其挤出某种理想的状态。在任何给定的时刻，统计学把戏使我们能够忽略这些（如其名称所示的）"结构效应"。而事实上，当我们研究过去几十年的流动性时，这些统计学把戏仅仅是将某个时刻的结构效应转化为了个体参数的表面变化。⑩也就是说，我们随着时间推移而观察到的个体转化参数的变化，其实大多只是我们在忽略个案间及结

---

⑩ 换句话说，因为我们用比例式调节来消除给定时间内的边际效应，所以我们观察到的"纯粹流动性"参数是无法随着时间推移进行严格比较的。

构性的决定效应的情况下所产生的假象。正如统计学家所说，个体变量最终成了结构效应的"代理"（proxy）。换句话说，由于结构效应随时间推移而产生的变化没有被纳入模型，所以在进行估测的过程中，本来与结构效应相联系的变量，反倒与某些个体变量联系了起来，而这些个体变量恰巧与未被估测的结构变化最为相关。所以，这些个体效应就被错误地估测了。然而，在社会过程本身之中，大部分人都经历着比由其个体特质所主导的"纯粹的"流动远远更多的结构性流动，即被社会结构变化所强制的流动。而将他们的生涯作为一个完整的工作或阶级地位或任何其他东西的序列来看待，显然是一种更好地思考随时间推移的流动性和公正性的方法。这种方法明显优于仅仅狭隘地关注由给定时刻下给定个人的特质所决定的转化概率。对于"某个时刻的转化概率"的关注是强加给社会学的，这种强加仅仅是因为这种"歧视"是政治干预流动过程的少数合法理由之一。

想知道为什么会出现这种状况，我们应该从马尔科夫链开始。一个马尔科夫链仅仅是一个随机事件组成的序列，其中对当前事件的期望是前一个事件的结果的函数。一个离散的马尔科夫链具有一个状态列表，以及一个对于概率的转化矩阵，该矩阵说明了从任意一个起始状态到一个终了状态所对应的概率。（事件历史方法在实质上是马尔科夫链的一个极其简单的子类型方法：两个状态组成的马尔科夫链，其中一种状态是"吸收态"，即一旦进入就无法离开的状态。）

马尔科夫链在20世纪50至60年代间，在社会学中得到了广泛的应用，主要用于研究社会流动性。我们可以假设有三种社会阶层，然后考虑父亲的阶层与子女的阶层之间的流动性。这里有一个3×3矩阵，其行由父亲的高、中、低阶层组成，其列由子女的高、中、低阶层组成。每一个单元都给出了在代际间从一个阶层到另外一个阶层的概率。因为每一个子女都必须达到某种状态，所以每一行的和都是1。在给定一个描述父亲的起始社会阶层分布的向量后，我们就可以将这个矩阵进行多次自身相乘，然后得出对于子辈、孙辈等的预测。

马尔科夫式的流动性文献决定性地证明了阶层是持久的：也就是说，纵观多代的情况，矩阵的主对角线始终低估着高阶层父亲拥有高阶层子女这一实际情况的概率，等等。许多经过修饰的马尔科夫模型也被学者提出，用以应对这些发现，并且将阶级的持久性进行理论化。

但这里存在一个问题。马尔科夫链的核心数学结果是，如果矩阵在与自身相乘（代表代际继承的过程）时的转移概率不变，那么矩阵的乘积就会迅速达到一个极限，该极限矩阵的所有行都相同。也就是说，一个马尔科夫过程忘记了初代父亲的社会阶层分布。不论祖先的最初社会阶层何如，在马尔科夫系统之下，其多代后的后代的社会阶层一定会变得相同。阶层的这种极限分布实际上就是这个转化矩阵的特征向量。

但是当然，并不存在一个一般性的原因，使得社会真正的阶层分布遵循通过观测流动性过程的转化概率推测而来的分布。众所周知，阶层分布是由劳动分工、工资系统、产业政策等因素所形塑的。但如果三个阶层的相对体量是由外于这个体系的因素决定的，那么个案就不可能独立了。随着上层阶层被填满，留给后来者进入的空间就越来越小。于是马尔科夫模型就困住了前述的那些秉持独立性假设的流动性研究者。流动性的对数线性模型是对于这个问题的一个回应，因为对数线性模型使用了"比例调节"的过程来控制并排除任何在阶层边际性分布过程中产生的变化效应。所以它仅仅处理了纯粹的流动性，而直接忽略了结构性的流动性。

但如我之前所述，尽管纯粹流动性可能是自由民主政体中的一个核心性的重要政治概念，但在这类社会中，人们的生活仍然很大程度上取决于结构性流动性。而在任何忽略结构性流动性的关于流动性的文献中，这一概念只有在（被错误估计的）个体流动性的参数随时间推移的稳定变化中才会出现。所以，整个关于流动性的文献都走入了一个想象的世界，在这个世界中，结构性限制并不存在。正是由于这个原因，序列分析——即对于个体的实际生涯的直接比较——似乎成为一种思考人类实际生涯经历的有用的替代方法。各种生涯其实才是社会过程的真实结果。我们没有任何人经历过纯粹的流动性。而我们生命中实际的职业序列，不仅记录着这个社会体系忽略阶层出身的能力，更记录着外部力量改变阶层相对比例的方式。

这就是我之前所说的"绕开关于流动性的文献，可以使我们对生涯的思考获得动力，使我们对整个职业或雇佣状态变化链条的思考获得动力"的意思。生涯，而非单个的转变，才应该是流动性研究真正应该关心的结果。

实际上，我自己是逐渐才意识到这种动力的。的确，自我剖析是十分必要的。我在1982年开始采用计算序列分析，真实的原因在于，当我开始了解计算机科学和生物学中新的序列方法时，发现它们是如此精妙，以至于我想要将其应用在我能想象的所有问题上。

让我们简单回顾一下这种计算序列方法。从大约1970年到1990年，对于周期性事件的序列分析，大多被生物学和计算机科学中的问题所引领。生物学家需要一种衡量DNA中核苷酸与蛋白质中氨基酸的周期顺序的相似性的方法。类似地，计算机科学家需要在大量文本中寻找错误。在这两种情形中，变化/错误都可能具有不同的长度，处于不同的位置，遵循不同的过程。由此，就出现了一种用来寻找序列类别或类型的一般性算法：首先，定义序列间距的概念；第二，估测一个数据集里所有序列对之间的距离；第三，将所得的距离代入各种已有的数据描述分析中，包括聚类分析、多维等级分析、模板分析，等等。于是，核心问题就变成了定义序列之间的"距离"。而在20世纪70年代中期，出现了一种关于这种距离的代数定义，这种定义基于嵌入（insertion）、删除（deletion）、替换（replacement）和调换（transposition）等可以使一个序列转化为另一个序列的基本操作。在一些情况下，这些操作可能是对于变化/错误的明显数学类比（调换就是一个很好的例子）；而在其他情况下，它们都是一般性的数学操作。人们可以用动态编程快速地选择一套步骤最少的代数操作，来将一个序列变成另外一个，而这套操作的步骤数目或"累计成本"就可以被视为所需的距离。

这个系统通常因为其核心的算法特征被称为"最佳联配"或"最佳匹配"。到20世纪90年代时，这个系统已经成熟，并以工业级别的规模被应用在生物学的许多领域中。所以，它可以在互联网开始发展后被直接嵌入谷歌或其他搜索引擎。此后，算法序列文献转向了远为更困难的、难以被这种代数方法解决的问题。因此到20世纪90年代晚期，先进的序列算法就开始寻求在无处不在的噪声中寻找极端模糊的普遍序列。这部分新的文献转向了蒙特卡洛马尔科夫链式算法，这种算法利用了马尔科夫链的收敛性质，来探索有限时间范围内的巨量数据空间。

我自己在序列分析方面的涉猎，始于最佳匹配系统，结束于此后更加概率性的方法。简言之，我将这些方法以及对于序列描述的严肃计算方法引入了社会科学。我从20世纪80年代初开始进行这项工作，在1986年发表了我的第一篇作品，并在20世纪90年代发表了四五篇实证应用著作，在1995年和2000年又分别发表了对于社会学序列分析文献的一般性回顾。此后，我就将这个领域留给了有能力的青年学者，因为我自己的理论兴趣正在推动我超越这个领域。

在我的借鉴过程中，我从一开始就认识到，这些方法背后的数学原则并不将数据序列视为嵌入时间的。的确存在将这些方法应用在时间过程的案例，但大部分应用是非时间性的。我自己使用非时间性的方法来研究时间过程的方式，就好比是为了制作蛋卷而打破鸡蛋。有时候，我就如又一个方法论者一样，对此颇感内疚。

这些年来，我在序列分析方面十分活跃，发表了一些分析时间过程的著作（关于福利制度的采用和德国音乐家的生涯），以及一些非时间性的著作（关于舞蹈肢体动作、民间故事的叙事模式和学术论文的修辞结构）。我也在1997年引入了新的概率论算法，并完成了社会学中吉布斯抽样（Gibbs sampling）的最早应用之一。后者是一个关于子序列的蒙特卡洛马尔科夫链式算法，最初是在生物学文献中发展出来的。[11]

此后文献的重点并没有落在这些后来发展的技巧上，而是更多保持在了前述的最佳匹配方法上。最佳匹配方法在生命历

---

[11] 关于时间过程的分析，参见 Abbott and Hrycak 1990 和 Abbott and DeViney 1992。关于非时间性分析，参看 Abbott and Forrest 1986、Forrest and Abbott 1990 和 Abbott and Barman 1997。吉布斯抽样算法的文章为 Abbott and Barman 1997。对于该领域的一般性回顾是 Abbott 1995 和 Abbott and Tsay 2000。对于涉及序列分析的问题的更加一般性的综述参见 Abbott 1990a。

程、时间使用和职业生涯研究等方面得到了广泛的应用。关于这些问题,有着极为丰富繁荣的应用性文献,这些文献与我都没有更多的联系,尽管我是使用这些方法的"鼻祖"。这些文献中一个主要的进步在于,尝试研究涉及个人生活的各种属性的序列,比如婚姻和工作状态。我曾经在关于福利国家的论文中,以及与罗伯特·桑普森(Robert Sampson)合作但未发表的关于犯罪生涯的研究中,进行过这样的分析。

正如许多研究工程一样,我的方法论发明产生了许多相关的探讨,但我没有时间去继续跟进了解。早年的技术性文献曾经探讨过如何使时间的节奏在不同的案例之间变化,这在英语中叫作"时间扭曲"(time warping),是设计声音识别软件过程中的一个核心问题。一开始,我在序列研究中使用了几种不同的时间:标准时间、排序时间(忽略状态持续长度的时间)、记录时间(log time),等等。但读者对此并不是很感兴趣,他们更感兴趣的是将生命、典型日常活动或阶级流动的序列进行归类的能力。我也曾经探究过如何将"时间扭曲"作为一种比较时间序列的方法,但没有完成这个课题。[12]

总而言之,我这一讲所讨论的方法论批判使得同行们要求我做一个实证性的回应。如果我认为他们的成果存在谬误,我就应该给出更好的解决方法。在十五年间,我努力地完成了这个任务。而在此后的十五年(即我最初转向序列方法整整三十年后),我的新方法终于站稳了脚跟。但我自己已经继续前进了,因为从根本上讲,我的方法论批判和方法论发明都是为了挑战社会理论的基本本体论问题。一旦我接触到了这些问题,我就不再对方法论批判或方法论发明感兴趣了。尤其是,我对

---

[12] 大部分这些著作都没有发表过,尽管 Abbott and Hrycak 1990 探讨过几种不同的时间概念。

于更进一步将序列研究打造成一个完备的方法论范式并不感兴趣。这种努力需要一些独断但又实证性的假设,而这种假设会使得文献中成千上万可能的应用缩减为少数几种框架性、限定性的方向。我将这个工作留给了年轻学者。

对我来说,理论反思更具必要性。这个必要性反映在了此前讲座所述的原因当中。到2000年,我的方法论研究项目已经得出了与我的实体性研究项目完全不同的结论。在方法论方面,如前所述,我将社会学的标准化方法与时间性问题做了分离,并提出了能够解决部分问题的新方法。我应用了我的新方法,将它教给其他学者,并为它开发了两套小型软件。我揭示了叙事与序列在社会生活中的核心重要性,展示了我们的标准化方法是如何忽略了它们,也展示了在标准化方法之外的其他可能性。

然而我的实体性研究,如前一讲所提到的,持有一个完全不同的立场。正如我们已经看到的,我在对于专业的综合性分析中论证过,专业的动态变化更多地由目前世界上其他与该专业形成竞争的专业来决定,而非由专业的叙事与历史来决定。所以,在方法论上,我树立了叙事与故事的关键性地位。但在对实体问题的研究中,我的主张却恰恰相反。

我十分坚定地相信,我研究的两条主线都是正确的。于是我就又一次遇到了一个自从我由本科历史专业转到研究生社会学专业以来就萦绕在心头的问题:我们能够想象一个什么样的社会世界,其中历史学和社会学同时都能成为对于事件的可行解释?在这个问题背后,隐藏着大量本体论问题:这个社会世界的单位是什么?它们如何随着时间而变化?它们又是否在网络之中、层级之中或其他一些有规律的结构之中互相关联?

我的实体性研究的结论和方法论研究的结论之间的矛盾,

揭示出这些问题都是纯粹理论性的。所以，研究这些问题的最佳方式，是做形式性乃至公理性的论证。所以我就开始了这个必要的形式性分析，并且写作了一部关于时间与社会结构的理论性著作。[*]这部著作的稿件我在接下来的几十年中修改了数次，所以直到现在我才最终收尾。这一潜在的矛盾为我提供了大量的动力，使我开始开展对芝加哥社会学派的细致的档案工作，并写作了许多关于专业与职业的著作。

但正如西天取经的旅途一般，我在这条理论道路中被各种恼人的困难所阻碍。其中的一个困难使我又一次回到了方法论的领域。但这一次，我是方法论的辩护者，而非批判者或发明者。

IV 从发明到辩护

于是在2000年前后，尽管我的兴趣已经转向理论，但仍有必要对我之前的方法论研究做整合与总结。关于方法论创新的日常工作教会了我，所有的方法都存在框架性的假设，不管是我的还是其他人的。所以，我以一种比平时更为平和的口吻结束了这个方法论的章节。在《时间之重》中，我整合总结了我的方法论批判与相关理论。与此同时，多年的教学经验帮助我写作了专著《发现的方法》，在该书中我从社会科学的严谨性一面转向了创造性、发明性的一面。相比于《学科的混乱》，《发现的方法》对于社会科学的内容和关系[**]的描述更加轻松

---

[*] 该著作尚未出版。——译者

[**] 此处原文为 geography，但无论译为"地理"或"地貌"，对读者而言都不易理解，故遵从作者的建议，将 geography 一词意译为"内容和关系"（contents and relations）。——译者

温和，并且对我之前提到的思想进行了详细的阐述：方法论批判是循环性的，所以方法论并不会简单地积累或汇聚出"正确答案"。我的这一转变为我此后关于知识的实体性研究贡献和规范性理论化过程奠定了基础，我曾在前一讲讨论过这些内容。

但《学科的混乱》和《发现的方法》同时也是关于社会科学认识论和社会科学作为严谨的研究工作所具备的规范性特点的著作。尤其是《发现的方法》，它不仅仅是一部关于如何创造新知识的著作，更是一部关于什么样的知识是好的知识的著作。由于各种实际原因，什么样的知识是好的知识这个问题成为我在2000年前后的主要实体性关切。在1999年，我成为系主任已经三年。2000年，我成为《美国社会学期刊》的主编，并担任这一职务直到2016年。2005年，我成为大学图书馆理事会的主席，也成为为图书馆设计未来的专项团队的主席。作为这项工作的一部分，我进行了一项关于学生使用图书馆行为的问卷调查，得到了5000人次的反馈，并撰写了一份60页的关于我们大学图书馆的专题研究。[13]

不用说，帮助实体图书馆抵御数字化的不断入侵是耗时费力的。大学管理层越来越倾向于支持理科。理事严肃地考虑过将大量图书馆藏书送到馆外，而这会摧毁进行严肃的图书浏览和其他传统图书馆研究实践的可能。在学术实践方面，搜索引擎似乎在代替阅读，学术研究也正在被产业化。图书的流通率在下降，正如教职员工在图书馆露面的频率也在下降。另外，图书馆也面临着营利性企业——不论是作为供应者还是管理者——对于其传统世界的侵袭。各个公司发现，它们可以集

---

[13] 图书馆报告参见 https://www.lib.uchicago.edu/about/thelibrary/surveys/taskforce/abbott/。

中学术资料的存取，并且收取垄断租金。于是，学术群体从一个公社和合作性质的团体，变为一个新自由主义的工厂系统，这个系统刺激着学术腐败和对于公共资源的掠夺行为。与此同时，学校管理层仍然坚持严格的图书馆资料与数据库使用原则，虽然这并没有多大的意义。

我对于方法论的最新涉足，就是为饱受攻击的人文学术传统辩护。令我惊讶的是，我发现并没有多少思想武器可以用来进行这项辩护工作。就如蜀国在山川的阻隔下保持长期的安逸一样，在方法论这个领域中，并没有人哪怕稍微思考过构筑防御工事和组建军队的需要。蜀国的定量省份是饱受战乱的小型省份，序列分析的军阀年复一年地攻击着对数线性模型的军阀。所以定量学者是全副武装的，他们都是经验丰富的战士。但定性学者并非如此。然而，外部环境和力量的变化，包括天气、收成、供给，却突然使得其他人开始垂涎长期以来属于蜀国治下静谧的定性省份的资源。这些资源为其他领域的人所垂涎，并且这一省份产出的主要作物会很快被新的庄稼代替。所以你们可以把我想象成一个小刘备，我正在尝试保护蜀国长期以来保有的资产。

然而我并没有现成的防御工具。学术界从没有出现过任何关于传统图书馆研究实践的严肃而详细的辩护。从没有任何人曾经构建过理论，来解释为什么这些实践产生了好的知识，甚至也没有人解释过它们是如何产生知识的。有几部著作是关于如何进行图书馆研究的，而其中一两部也谈到过如何构建宏大的论证和可辩护的观点。但没有人曾想过要去探讨，许多人文学者的合作行为如何能够创造出大于其个人学术成就简单加合的学术成果。

另外，关于如何为人文学科和人文性社会科学针对新的批

第三讲 方法论的哲学与实践

评做辩护的思想，也没有真正出现过。可是批评为数众多：有些人认为这些领域在生产方面效率太低，有些人认为这些学者的研究是重复累赘的，有些人认为网络工具能使初学者直接达到 20 世纪中叶最优秀学者的学术水平，也有些人预测人文研究将会完全自动化。所有人都觉得在这个领域，知识生产越快越好，越多越好。当然，这些主张都没有任何真正的证据。但正如我所说，也没有任何真正反驳它们的证据。

我们面临这些批评时，正如面临最一般性的问题时一样无助。这个领域并没有如科学哲学那样丰富的文献，不论是对人文研究做严肃探究的实证性文献，还是讨论这些工作为何重要的规范性理论文献。当然，有很多声音宣称这些工作十分重要。但这些观点都是仪式性的，它们完全空洞无物。

这个问题最令人绝望的信号在于，在绝大多数人文学科与社会科学领域，没有人提出过评判研究是否取得"进步"的标准。例如，人们可以主张新的搜索引擎并不会为研究工作带来裨益，因为它让学者不如以往认真，也不如以往容易发现缺陷和错误的方向。但"裨益"的标准是什么？实际上，没有人真正知道人文学科与人文性社会科学应该做些什么。除开同行与同事的认可，在人文学科与社会科学中，并不存在对"好的知识"真正的理论性界定。当然，没有人会接受自然科学的标准，即好的知识就是那些与已经精心搭建起的知识体系相吻合的知识，或在其基础上进行积累的知识，正如在物理、化学或数学中那样。同样，在自然科学中，我们通常也可以用研究是否能提供做某些事的方法——如将人们送上太空或治疗疾病——作为评判研究质量的标准。但在人文学科与大部分社会科学中，我们不太清楚是否存在这样的评判标准，也没有人对于这些领域的知识应当如何演进提出任何行之有效的替代概

109

念。当然，大学的管理者（尤其是数据库供应商）会谈论引用数据，但每一个认真研究过引用数据的人都知道，它们作为广义上衡量学者的工具是毫无意义的，尽管在比较极窄的研究领域内的学者时比较有用。[14]

对我来说，当我在谷歌上搜索"图书馆研究理论"时，这种完全缺乏为本学术领域进行非仪式性辩护的情况变得十分明显。谷歌生成了五个搜索结果，而这五个都是我自己写作的。

在这种情况下，你可以想象我经常感到自己就如《儒林外史》第三十七回的杜少卿一样，正在给吴泰伯重修老旧的寺庙。但这个比喻其实是有问题的。杜少卿的庙被废弃了，但我不相信这会发生在图书馆上，或者即便发生，废弃的时间也会距离现在非常遥远。在方法论的蜀国中，真实存在着充满荣耀的定性研究省份，而我发现这个省份的防御力其实非常强大。作为一个想要撑起其防御的将军，我非常幸运地找到了几种重要的资源。

首先，我十分了解我的敌人。我的敌人有以下几个。首先是新的资料存取形式的推销者：垄断了期刊发行的出版商，贩售不客观的数据和糟糕的文献索引的数据库卖家，用荒唐的理由推销其数据挖掘工具的软件公司。几乎所有这些人都依赖着我自己曾经使用十多年的算法：序列分析算法、聚类算法、缩放算法等。我对这些算法了如指掌，自己编辑过其中的许多，并且在很多情况下亲自检验过它们的性质和功效。另外，我的妻子曾经领导几百个员工开发过一个美国主要无线网络的运行

---

[14] "好的知识"标准的缺失，促使我就人文学科与人文性社会科学中"有益知识的概念"的演化历程进行了写作，这个话题我在上一讲结尾做了简单的讨论。正如上一讲结尾所说明的，这些成果大部分还未出版成书，书稿中有一部分内容总结了我在这一条主线上的研究。

软件。我对于设计能够满足其所宣称的功能的大规模软件所需要的资源了如指掌,而我十分确定,考虑到这些推销者开发新"搜索工具"的巨大困难和代价,这些产品几乎一定是有严重缺陷的。

我对于学界也颇为了解。正如上一讲清晰指出的,在我开始为传统研究形式辩护之前,已经写作了两部关于学科的著作,一部关于社会科学中的定量方法,一部关于社会科学中的创造性方法。我已经担任一份世界闻名的期刊的主编逾五年。对于学术知识作为一个工作体系的性质,我要比新自由主义的经理们知道的多得多。

我在我要为之辩护的研究方面也是一位专家。我是一位图书管理员的孩子,而我的本科训练来自历史学。档案研究在我的本科毕业论文、博士毕业论文、《职业系统》的实证部分、《学系与学科》的大多数内容以及我正在开展的关于芝加哥学派的研究中,都处于核心地位。我曾在本科毕业论文、博士毕业论文、《学科的混乱》中的两章以及部分关于芝加哥学派的研究中,对大量的文献数据做过传统的内容分析。而来芝加哥大学之后,我实际上也曾多次教授关于图书馆研究的实践课程。

在两篇重要实证论文中,我最终利用这一方法论专业知识,分析了所谓的新研究技巧。在其中的一篇中,我分析了对1870年到1945年的英国诗人使用关键词索引分析方法(1945年时计算机关键词索引开始被使用)的效果。我在其中说明,没有证据表明关键词索引分析能够促进学术研究,产出更多的学术研究,或者提供其他任何在实际学术研究中的特定帮助。恰恰相反,和大多数关键词索引合集一样,这些索引主要是初学者在使用,而非专家在使用。专家通常会对诗人构建关键词索引，但这是因为对他们来说，关键词索引的意义在于它使他们对诗歌文本更加熟悉。构建一个关键词索引能得到许多回报，但拥有一个关键词索引系统则无足轻重。[15]

这个事实突显出一个关于图书馆研究的更加宽泛的问题，即真正产生优秀图书馆研究的是联系，也就是我曾在第一讲中提到的话题。有序的思考和有序的数据会在随机的碰撞中将联系最大化，尽管方式略有不同。联系性的思考需要结构性地利用这种随机性。讽刺的是，在计算机领域，效率过剩一直是众所周知的问题：高效地寻找最优化结果，自然一定可以找到局部最优解，但未必能找到全局最优解。在我们寻找真正的优秀解的过程中，贪心算法几乎总会犯错。

我的另外一篇关于图书馆研究的重要实证论文，是第一篇关于20世纪美国学者对研究型图书馆的实际使用的严肃历史论文。尽管有许多有趣的图书馆专业论文也部分涉及这个问题，但没有人曾经尝试过还原20世纪图书馆研究的演化历程。我自己的分析建立在为期大约半年的细致的档案研究工作之上，这一分析揭示出，谷歌所做的项目其实由来已久。正如当下的数据库销售者一样，从大约20世纪20年代开始，图书管理员就尝试将所有的知识倒在一个大垃圾桶中，然后为学者（和任何其他人）提供一个通向这个大垃圾桶的通用存取索引。20世纪20年代的学者拒绝了这个项目，而20世纪以来基于图书馆的研究的惊人成功，也证明了学者，而非图书管理员，才

---

[15] 这篇论文是 Abbott 2013。在人文学科与人文性社会科学中完成一项学术任务经常比仅仅得到这项任务的结果更加重要，这成为《数字论文》（Abbott 2014a）的中心思想。进行研究的过程教会了人们许多研究结果中并不包含的内容。

是正确的。[16]

除了这两个实体性的贡献，我对于图书馆研究方法的辩护也产生了两篇具有理论性关切的文章。第一篇文章展示了人文领域许多个体学者的工作如何被联系在一起，从而提供一个可供人们进行发现、进行更好诠释以及否定无效诠释等的体系。也就是说，它为人文学科中集体工作的合理性和成功提供了一个理论性理据。[17]

在论证中我将人文学科比作神经网络。个体学者从堆栈的材料中选择输入的内容，处理这些内容，并向堆栈反馈新的输出。这些步骤是平行的，该过程中不存在顺序。例如，在写作一部关于中国古典小说或清代中叶的中国的著作之前，我们并非必须要有一个对于《红楼梦》的完美分析。众所周知，这样的一个网络可以成功完成任何一个线性结构计算机程序能够完成的任务。但这有一个前提，即我们要认真研究学者在堆栈中输入和输出材料时，藉以对这些材料做联想与组合的过程参数。显然，目前生产过剩的学术系统鼓励坏的参数，并且正在遗忘其之前的发现。

所以我给出了第一个关于人文学术研究如何在与自然科学研究完全不同的情况下仍能成功生产知识的一般性理论。在《数字论文》一书中，我更加详细地讨论了这个理论的细节。这部书源自我的图书馆研究课程，这门课程我教授了许多年，而在这期间学生的需求和知识储备发生了很大的变化。20年前，我可以假设学生知道什么是真正的主题索引。而现

---

[16] 这篇论文是 Abbott 2011b。这篇论文的写作在进行"民族志化"后收录于 Abbott 2014a，第二章。

[17] 这篇论文是 Abbott 2008b。

在，我必须假设他们把所有的索引都当作关键词索引，也必须假定他们不知道语词与概念之间的区别。20年前，我可以假设他们知道图书馆的书籍都按照主题存取摆放，从而便于浏览。而现在，他们并不知道图书馆的书籍如何存取摆放，不清楚系统性浏览的重要性，而且往往从未有过在图书馆使用书籍的经历。

我的这部著作涵盖了图书馆研究的所有方面，并将其一一理论化。这使得该书比学生能够接受的篇幅更长。但实际上来说，这部书更像一部关于知识的性质——或者说好的知识的性质——的学术专著，而不是像一部真正的研究手册。它将学术实践中的操作，如浏览、索引编写、分类、组织、概念化、速览、整理存取等一一进行定义、理论化、举例和指导。它讨论了下列事项的必要性：减少认知负担，在随机性有用时利用随机性，以及在辛勤地关注微小的细节有用时去辛勤地关注微小的细节[*]。尤为重要的是，它侧重于图书馆研究的平行性质。在图书馆研究中，我们总是逐渐地对理论和实体做双向调整。随着数据将我们引向新的方向，我们的一般性问题也会发生变化。随着问题使新的事物变得与我们的研究相关，我们的数据也就需要相应变化。这本书从多方面详细讨论了理论和实体在长期研究项目中具体是如何进行调整的，它是一本关于我曾在第一讲中提到的那种研究的手册。所以，最终它完全不专门局限于图书馆研究，而是在网络研究甚至是大部分自然科学研究中都能得到应用。从根本上讲，它是我对于"什么是好的知

---

[*] 此处原文为 relentless application，但若直译为"不懈的应用"，对读者而言不易理解。故遵从作者的建议，将 relentless application 意译为"辛勤地关注微小的细节"（laborious attention to minor detail）。——译者

第三讲　方法论的哲学与实践

识"的规范性探讨的开端。

所以，一个强加在我身上的方法论辩护的研究课题，在理论和实体方面都取得了进展。行政责任、学生知识储备的变化，以及我自己对于保护重要学术资源的需求，促使我积极地为图书馆研究方法辩护。而前人在该领域严肃著作的缺乏，促使我同时开始了实体性的实证探究和理论分析。我对知识的一整条研究路径，以及我在第一讲中关于"作为一种认知模式的联系"的讨论，都是从方法论辩护中发展而来的。蜀国的方法论问题又一次被证明，其对于吴国的实体性问题和魏国的理论问题也都有裨益。

总而言之，在我的学术生涯中，我曾经研究过三个重要的方法论问题。第一个是分析标准化定量社会科学的哲学假设。在这项任务中，我的理论体系得到了很大的发展。我会在下一讲即最后一讲讨论我的理论体系。在这个任务中，我也意识到了转向方法论发明的必要性。第二个问题是创造一种对社会序列进行分类的可行方法。在此，我借鉴改造了自然科学中的方法，并将其引入社会科学，此后这些方法在社会科学中得到了广泛的应用。第三个问题是为传统图书馆研究和以图书馆研究为基础的知识辩护。这个任务将我引向了理论方面新的焦点：知识的种类，求知的模式，以及尤为重要的，对"人文学科和社会科学中什么构成了好的知识"的规范性分析。的确，对于我而言，正是在探讨方法论问题的过程之中，我在理论和实体方面的追求得以不断地重塑和更新。

第四讲
过程社会学理论

I 导论

今天我们最终来到了魏国,也就是理论的领域。今天,我不会用《三国演义》作为引子,而是用《红楼梦》来引出讨论。在我看来,这部小说中有一个篇章抓住了社会理论中过程性立场的根本。你们可能记得,在第六十六回中,柳湘莲在外游历一段时间后回到了京师。而在前一次来京时,他在薛蟠的怂恿下与尤三姐订下了口头婚约,将祖传鸳鸯宝剑中的一把留给三姐作为信物,而三姐也在千里之外一直热恋湘莲五年。一切似乎都很美好。

然而,当湘莲回京面临将要兑现的婚约时,他犹豫了。在与宝玉商议他的顾虑,却发现宝玉意外地对此十分冷漠后,他将自己的担心告诉了贾琏。而贾琏为了躲避其妻子王熙凤的监视,正与三姐的姐姐二姐偷偷同住。三姐偷听到了两个男人之间的谈话,正如你们所知,她从自己的房间中走出,当着两个男人的面用祖传宝剑自刎而死。湘莲悲痛欲绝,在恍惚中,他被一个小童领入了一间婚房,在那里他梦到了三姐。但他醒来后,却发现新房变成了一座破庙,一个跛腿道士正在他面前捉虱子。湘莲问道:"此系何方?仙师仙名法号?"而道士却回答:"连我也不知道此系何方,我系何人。不过暂来歇腿而已。"

在我看来,这个道士与众不同的评语,正是整部《红楼梦》的中心思想。他拒绝承认任何关于他在何处和他是何人的知识。所谓的"何方",仅仅是此地和此时,一个他将要从此处出发前往他处的"当下"。这意味着,这个道士自身也仅仅是生命过程中的一个此地和此时,他什么都不会留下,除了其人格不断变动过程中的一些痕迹。没有什么是恒定的,不存在一个标记了"某一点是X"或"我们在何处"的世界地图,不存在一个说明我们是谁的人物名单,也不存在一个告诉我们现在是何时的行事日历。相反,只存在此地(不论此地是何地)、此时(不论此时是何时)以及经历此地与此时的一瞬间的我们自己。即使是令人敬畏的王熙凤本人——她绝对是本书中最有权力的人物——也只如项链上的珠子,是各种事件中的一条线,而这条线将会在四十八回之后,随着她结束自己生命的幻象而结束。金陵十二钗中的所有人都几乎走向了类似的悲剧结局,而贾家本身也会消失在废墟中,仅仅因高鹗所续的不自然的结局而免于覆灭。另外,也许最重要的是,曹雪芹本人穷其一生,也仅仅是将其所经历的正在消失的过去重新恢复一点而已。如果我们将这个看法反求诸己,我们也可以说,今天在这个房间里做演讲和听演讲的我们,本身也只是前往另一所在的路途中的事件而已。

所有这些都听上去很有道家的意味,也有万事万物皆转瞬即逝的意味。那么我们如何能将这样一种过程性的观点,想象为社会学理论的基础?我们能否建立一种完全基于变化的理论?还是说,这样的努力是尝试在瀑布上建起一座楼阁?

这个问题的答案是,我们只有非常少的选择。实际上,我们并没有其他地方可以建起这座楼阁,因为现实就是一帘瀑布。这个推断基于如下这个简单的逻辑问题：社会科学的目标是寻找关于社会生活的通则，但社会生活的基本规律明显随着时空的变化而变化，而这种变化正好与寻找通则的想法背道而驰。另外，就算我们发现这种变化仅仅是一种假象，而在社会生活中似乎存在普适的规律，这些规律也无法从逻辑上解释其本身的变化。一个固定的规律体系只有经历了破坏或失败，才可能产生根本性的变化。所以，我们要么必须从一开始就认识到根本性社会规律中的多变性，要么就只能假设一个本身在定义上便无法解释任何形式的基本变化的社会规律体系。所以，我们的结论是，"变化"并不是一个固定而稳定的体系所能够偶然解释的结果。

相比之下，创造这样一种对稳定（或至少是暂时性稳定）的解释在逻辑上是可行的：即，将其视为永恒变化所产生的结果。这个事实在物理学中早已不新鲜，驻波、共振和干涉图样等概念都是由此产生的。这些现象都属于微观结构永恒变动，但宏观结构动态恒定的系统，而且它们能够产生在短期内看起来十分稳定的规律。当然，当这种动态的宏观稳定性变得普遍时，我们就倾向于认为其真正稳定。所以，许多社会学家将动态稳定性看作一种偶尔变化的固定"社会结构"或"稳定制度"。但长期来看，屈就于"社会在根本上是稳定的"这一思想倾向，是相当致命的，因为这种屈就让我们回到了一种在逻辑上无法成立的情况：我们尝试将变化解释为稳定系统中的暂时性、决定性的结果。如我们已经看到的那样，在纯粹的逻辑的基础上，这是无法做到的。

这个逻辑问题在社会科学史上也很常见。在19世纪末经济学领域著名的方法论之争中，这是争论的核心。卡尔·门格尔（Carl Menger）主张我们应该寻找永远放之四海而皆准的普适性经济学规律。但相反，历史学派主张这种规律并不存在，也不可能存在。在威廉·文德尔班的描述中，这个争论成为普适与独特的对比，与"律则式"（规律所决定的）和"个殊式"（独特性的研究）之间的对比。这种"方法论争论"，如其名称所示，是关于抽象和具体的关系的争论，这个话题我曾经在第一讲中详细阐述过。如你们从第一讲中所得，我相信抽象和具体——或者以更社会学的术语描述，理论和实证——有着极为紧密的联系。

的确，我在整个学术生涯中都不愿意在这两种视角之间做出选择。我的大学生涯从个殊式的、具体的历史与文学世界开始，但研究生阶段的研究却植根于一般认为是律则式的和理论性的社会学世界。我并没有在这两种视角之间做选择，而是将发明一种包含这两种视角的社会本体论概念作为我的目标。这种概念会将历史学和社会学，会将个殊式的学科与律则式的学科，作为这一更加一般性的视角中的特殊案例或方面。所以，我将在接下来的四十五分钟内，勾画我对于社会世界真正的单位、结构与关系的想象，并且论证，这种本体论可以同时包含历史学与社会学的视角。

让我首先快速总结一下我的主张，从而让你们对我的思路有基本的了解。我的社会本体论从关于过程的概念开始。社会世界并不由现存的实体构成，而是由不断成为过去的当下事件构成。这些事件有时被各种行动和意义关联到事件的"谱系"（lineage）当中，而这些"谱系"正是组成我们一般意义上微观和宏观概念的人格和社会实体。不过，在过程性的论述中，不存在微观与宏观。人格和社会实体不断地被社会过程重塑，它们各自被同一系列的行动和意义所创造，这些行动和意义则同时产生了各种人格和社会实体作为其结果。这种同时性是可能的，因为正如我们自己处于各种家庭谱系之中，事件也可以处于各种事件谱系之中。进而，正是这种谱系的形成，使得开放性的当下被整合进封闭的过去，并从可能出现的潜在未来中创造一种新的当下。最后，这个关于事件的社会过程拥有一种"拓扑结构"，即一种对处于时空中某位置的事件的特定安排。这种拓扑结构的一般性质产生了人格和社会实体的许多重要特质，而我们一般会将这些人和社会实体当作"事物"（但我已经告诉了你们，它们其实是事件的谱系）。

简言之，事件、谱系和位置是形成我们一般看作微观或宏观的人与社会实体的亚微观元素。我们一般认为的具有等级的层级，其实是各种事件的相互作用，而它们实际上是不具有等级的，是自然浮现的。而如果不通过一种植根于当下的事件关系理论，我们就无法理解事件之间的关系，因为当下才是给定时刻下所存在的一切。

由这些基本的讨论，我发展出了一种方法，通过这种方法，我们可以想象出能同时包含历史学和社会学两种探究模式的社会过程。更重要的是，这种方法能够解决两种探究模式所共生的弊病：律则式的社会学无法解释法则的变化，而个殊式的历史学则无法将其叙事一般化。

另外值得注意的是我主张的基本来源。关于过程和位置的主题来自社会学中的芝加哥学派。对于事件经由当下而从未来向过去转化的关注，来自芝加哥学派的乔治·赫伯特·米德、法国哲学家亨利·柏格森，以及尤为重要的，英国哲学家和数学家阿尔弗雷德·诺思·怀特海。但除此之外还有两个来源。首先，如我第一讲所示，我的理论思想是由实证问题引领的：如何解释专业群体的演化，如何将学科人员组成与学科思想的变化相关联，如何理解知识模式的演化，等等。第二，与我从

第四讲 过程社会学理论

实证研究中得到的教益并行,我也从第二讲中提到的我所参与的方法论争论中得到了启发。如我们所见,这些论争最终使我得以创造一种可以使叙事一般化的严谨方法。我从这些努力中也学到了许多。

总而言之,你们即将听到的本体论拥有一定的理论来源,但同时也具有实证社会科学和方法论哲学分析方面的来源。在这种情况下,我认为从实证和方法论的世界寻找一些例子,可以有助于我们理解这种本体论。这些例子能帮助我们从令人迷惑的抽象世界中寻找过程性本体论立场的核心——我为这种抽象性道歉。在当今的社会学中,我们这些过程论者是如梁山好汉一样的法外少数群体,寻找通往我们的道路是艰难的。你们会从我关于方法论的第三讲明显地注意到我们的"法外"地位,因为过程论立场的必要性,正是通过攻击标准方法论立场在方法论哲学舒适区内的堕落而得以建立的。所以,通往过程论的道路是艰涩而抽象的,而举例则能帮助我们具体说明调和历史思维与社会科学思维的主要困难。

一个有用的例子来自关于工作和职业的社会学。想象所有出现在人口普查上的职业类别:这样的职业类别在美国有大约五百个,在中国应该也差不多。现在我们转而想象劳动力市场中的所有个体。在任何给定的时刻,你都可以想象个体是被归类在其职业之中的。这看起来足够简单。但随着时间的推移,职业的特点会发生变化:它们会获得新的功能,也可能会被技术变化摧毁,它们可能会与其他职业融合,也可能获得新的技能并要求不同的训练。也就是说,职业的实际性质是在变动之中的。所以,用1940年乃至1980年的人口普查职业类别来描述2010年的情况,是十分愚蠢的。

但与此同时,个体本身也在变化。2016年的资深教授安德鲁·阿伯特和1966年的高中生安德鲁·阿伯特、1976年的研究生和退役军人、1986年刚刚取得终身教职的副教授、1996年的教授和副系主任,乃至2006年的首席教授和癌症病人,都是不同的。随着年龄越来越大,他可能变得更加睿智,也一定变得更加悲伤。他积累了一些资源,但也丢掉了另一些。

所以我们如何同时应对变化的职业和变化的个体呢?我们不能固定职业从而系统性地研究个体的职业生涯,因为如果这样做,职业的实际变化就会被错误地诠释为个体的变化。但与此同时,我们也不能固定个体从而研究职业的历史,因为职业中的个体是随时变化的。他们不仅在职业之间流动,自身也在发生着变化。这就是二元性的难题。个体和社会结构是二元的,它们是一个事态的两个不同方面。

第二个例子是关于重合的。尽管专业群体和工匠都被清晰严格地定义了,但劳动市场中的大部分职业都无法清晰严格地被定义。零售售货员和理货员在所有的零售业态中都等同吗?我们是否能够真正准确区分劳动力市场中各领域的一级管理职位,尤其是在它们在不同行业中任务、管理人员数目和个体责任不断变动的情况下?如这些问题所示,在实践中,大部分职业都与大量其他职业相融合,哪怕在给定的时间中也是如此。而考虑到职业随着时间的变动,职业之间的区分程度也在不断变化之中。这就是关于重合的难题:社会世界中鲜有清晰的边界。

提到时间和空间这两个维度,我们就发现了第三个问题:范围问题。时间范围的问题我们是熟悉的。假设我们寻找第一次世界大战的原因,这个原因是斐迪南大公被刺杀(一个瞬时事件)?还是军事动员的过程(在一周的时间范围内)?还是"巴尔干火药桶"(在几年的时间范围内)?又或是两大同盟的对立（在几十年的时间范围内）？所有这些都在1914年8月起了作用，但它们在时间上具有完全不同的深度。

社会空间方面也存在不同的范围。举个例子，我们知道，任何一个社会场景下的事件都会受到其他社会场景中事件的影响，正如这个讲座作为一个事件，是由北京大学"大学堂"顶尖学者讲学计划、北京大学在中国大学体系中的地位以及世界学术工作者的竞争性市场形塑的。这些因素都是尺度各有不同的社会结构，但所有的结构都在此刻同时形塑了这个事件。所以和时间范围一样，也存在空间范围。

我们也不能假设——在两个案例中都不能——这些不同范围是同心圆结构的。恰恰相反，一个给定事件的不同时间和空间范围仅仅需要包含当下时刻即可，而并不需要以该时刻为中心。举一个时间方面的例子，这场讲座可以同时被以下因素所形塑：它处于我职业生涯的后期，处于"大学堂"顶尖学者讲学计划的中期，以及处于你们这些听众中某些学者生涯的早期。所有这些元素都形塑了这个事件，尽管它们并不遵循同心圆结构，但它们的范围都包含了这场讲座的时刻。这就是范围的问题，以及在此之下的同心圆结构的子问题。

对于范围问题的讨论，使得任何可行的社会本体论系统都必须满足的另一个必要限制条件变得清晰起来。这个限制条件必须被加于我们已经看到的限制条件之上：将世界假设为处在变化中的必要性。这第二个限制是，世界上不能存在距今遥远的、由过去延伸而来的、而仍然在当下以某种神奇的方式存在的历史性行动。只有当下是存在的。理性的狡计，或者用佛教术语来说，即因果报应，只能是一种表象。这种表象是由遥远的过去穿过当下的链条所留下的痕迹创造的，这种痕迹连接了遥远的过去和当下。过去本身已经消逝，但值得注意的是，它的痕迹可以一直延续。我们铭记着许多事，而我们所处的环境铭记着更多。但我们必须意识到，所有的因果都发生在当下。只有过去留在当下的痕迹可以对我们施加影响。

最后一个难题是关于意义的，我在之前的讲座中提到了这一点，即"多义性"的问题。如果我们衡量一种给定的社会性质，如宗教信仰的强烈程度，我们并不能对于这种社会性质在社会因果方面"意味"着什么作出固定的理解。或许它影响了其他的事物，如对于移民的态度。或许它由其他事物所决定，如父母的宗教信仰或所处社区的宗教信仰。或许它是一个群体或宗派的特质，又或许它是一种个体的特质。或许它只关乎宗教态度，促使我们直接考量宗教实践。又或许恰恰相反，它是某种更大的态度体系，如保守主义的一种标志。实际上，宗教信仰的强烈程度可以是这些元素中的某一个，也可以是它们中的所有，或者它们中某一些的组合。没有任何一个社会现象只存在一种意义，它们都有着"一大家子"意义，但在这个家中哪一个成员才是一家之主却并不清晰。这就是社会意义多重性的问题。

以上就是一个本体论学说所必须解决的难题：二元性、重合、范围和多重性。另外还有两条基本限制：我们必须假设世界是变动不居的，非此我们无法发展出一套解释变动的方法；同时，我们必须将所有的因果关系看作是当下发生的，因为过去本身已经消逝了。[1]

---

[1] 这一系列的问题部分溯源于我对于标准化方法所隐含的哲学思想的研究，这一部分我在上一讲已经讨论过。另外，它们也溯源于我对于过程性方法相关问题的零星的纯理论讨论，包括社会实体的起源（Abbott 1995c）、拐点的特质（Abbott 1997b），及时间的无限可分性（Abbott 1999b）。所有这些内容在经过些许修改后，都重印于《时间之重》（Abbott 2001b）一书中。

II 事件

接下来让我开始正式的讨论。

首先让我们考虑二元性的问题。(在我的例子中，这个问题有关于在认识到个体和职业都在持续运动和变化的情况下，如何讨论关于工作的世界)。我们可以很容易地看到，西方社会理论的两大家族，即英语国家的自由主义和欧陆国家的社会涌现论*，都尝试通过矮化二元体系中的其中一种来解决二元性的问题。自由主义中，社会的突生事物是附加性的、不重要的。而在涌现论中，个体是附加性的、不重要的。如我之前所述，这两种方式都无法奏效，因为它们都将附加性体系中的变化误认为是其所关注的主要体系中的变化。

所以，唯一的前进道路，是将两个系统的交叉部分作为分析单位。在我关于职业的例子中，分析单位必须是一个特定职业中的特定个体。但是，由于个体和职业都随着时间变化，我们就必须附加一个条件，使得研究单位变为一个特定时刻的特定职业中的特定个体。这显然不是一个社会事物，而是一个社会事件。十分明显，这样的事件是一个有效的社会本体论中唯一可能的基本单位。正如乔治·赫伯特·米德所述，世界是由事件组成的世界。所以这意味着，"社会世界"或"社会"并不真正存在。真正存在的是"社会过程"。

请注意，在最传统的本体论中，系统之间的关系，如个体

---

* 涌现论（emergentism）是一种基于涌现的哲学观点。一个系统的某种性质是涌现的，意味着它是该系统中其他性质的互动造成的新性质，这个性质是无法从原本性质中预测、推理出来的。作为一种哲学思想，涌现论与还原论（reductionism）相对立。——译者

与社会结构（在这个例子中是职业）的关系，是等级性的。也就是说（根据自由主义社会理论中的习惯规则），我们认为个体是寄宿于职业中的，而职业又寄宿于职业类别中，依此类推直到"社会"这一层级。我们这里主张的本体论否定了这一点。个体和社会结构（职业）并不以等级性的方式相联系。它们是"共面"的，我用这个数学术语来描述它们的关系。如果两个位置处在同一平面，它们就是共面的。将个体与社会结构称作是共面的，我指的是，社会过程是一个事物，而我们可以从两个方面看待它：我们可以从个体的方面看待社会过程，并将它们在某一时刻的职业位置看作它们的性质；或者我们也可以从职业的角度看待社会过程，将这些职业当下的从业个体作为它们的性质。而我们从何方面来看待它，实际上是任意独断的。

接下来，我会将这些看待社会过程的不同视角叫作"秩序"。个人和社会结构明显是两个这样的秩序。另一个秩序是身体。身体与个体并不相同，因为身体作为一种物理实体，与个体人格并不完全相同。后者是一种社会实体，与身体紧密关联，但并不等同于身体（也不受限于身体）。这种身体与人格之间的不同，在任何有残疾或潜在致命疾病的人身上，表现得十分明显。这就好像个人认知与社会人格的区别，当与故人久别重逢时，或与仅闻其名其作之人初次相遇时，也同样会表现得十分明显。

请注意，各种秩序有着不同的特点。身体是排他性的：一个身体和另一个身体完全不同。相比之下，人格是不排他的，因为一个人的人格完全是由与其互动的人形塑的。并且，我们找不到明显的理由，来赋予一个人在没有直接社会交往时所经历的人格以某种优先权（尽管事实上我们都会这样做)。社会结构更具相互渗透性,因为任何一个给定的社会实体,都与其他许多社会实体有着大量的重合。我在这里做这个演讲,这并非一件发生在某个单一社会实体上的事件,而是发生在诸多社会实体上的事件:美国人、教授、社会学家、男人、父亲等。

但另外一种秩序包含所有符号象征。通过这些符号象征,我们与世界邂逅,而这种秩序就是我们通常所称的"文化"(在英语中是如此)。同样的,文化与群体等社会实体的区分是足够清晰的:婴儿潮一代是一回事,而婴儿潮一代的自我意识是另一回事,正如马克思在关于阶级的问题上意味深长的论点一样。而我们也可以继续详细说明其他各种不同之处。

关于秩序,相当重要的一点在于,它们是松散地相互区分的,是不分等级的(即共面的),也是独立的(即不可归纳的)。不言而喻的是,整个社会科学都是建立在"任何社会生活都可以被归纳为这些秩序中的一种或另一种"的思想之上:经济学将一切归纳为个人行为,人类学将一切归纳为文化,心理学将一切归纳为身体的通则,等等。但我所主张的是一种一般性本体论,在这种本体论中,所有上述看法都是片面的。任何特定的观点都将我们带入了一种错误的认知,正如前述个体与职业的例子那样。这种错误认知在(部分)加深我们对某些现象的认识上,或许有一定的价值,但它仍旧是一种错误认知。

对各种社会科学的对比,会让我们清晰地了解另一个重要事实。从任意给定的秩序的角度出发,其余的秩序都一方面表现为限制,而另一方面表现为促进。因此,各种专门化的社会科学并不会忽略那些它们没有选择关注的秩序,而是会将其视为外生于所研究的因果体系的"结构性自变量"。这个事实解释了最近人类学关于具身化的研究，以及经济学家最近对心理学和网络的痴迷，等等。从根本上来说，这些研究都关注其自身学科所基于的秩序之外的毗连秩序，而这些毗连秩序组成了对该学科所基于的秩序加以限制或促进的一般性体系。所以，在自由主义政治理论中，传统上的重点是社会结构如何限制个体行为。但实际上，把个体的特质看作社会结构的限定也同样容易，而这就是劳动力规划这一学科的重点。

秩序的概念很大程度上解决了二元性的问题，它也消除了不符合逻辑、问题百出的层级和归纳概念。秩序之间的关系毋宁说是一种给定案例下的实证问题，因为一个事件碰巧在几种秩序中的每种里都占有一席之地。所以，一个特定个人在一个特定时刻中的一个特定职业所对应的这个事件，就在个体和社会两种秩序中发生。如果这个职业碰巧有身体方面的体现，则也会带入身体的秩序。如果这个事件中存在沟通和理解的需要，则它在文化的秩序中也会占有一席之地。这些秩序中没有任何一种是以等级化的方式凌驾于其余秩序之上的，而每一个秩序也与其他秩序相互制约。（例如，你无法仅仅让你身体的某一部分参与工作，尽管新的移动通信技术使你得以身在曹营心在汉！）另外，很显然，每一种秩序都具有其自身内部的因果逻辑，就如同流行病学会考虑身体的逻辑，而人类学会考虑文化的逻辑，等等。

另外一个概念会对解决重合问题有所帮助，这就是公差的概念。公差是一种具备反身性和对称性，但不具备传递性的数学关系，一个例子是"大概一样高"。A 和 A 大概一样高，这是反身性。如果 A 和 B 大概一样高，则 B 和 A 也大概一样高，这是对称性。然而，如果 A 和 B 大概一样高，B 和 C 大概一样高，那么 A 和 C 大概一样高就不一定成立，这就是说这个关系并不

第四讲 过程社会学理论

一定具备传递性。总而言之,公差代表任何具备反身性和对称性,但不具备传递性的关系。

考虑一个例子,某个人可以理解另一个人使用的语言。方言学家告诉我们,在欧洲的任何一个地方,至少是在当代移民潮之前,一个给定个人的语言一定可以被半径五十英里范围内的另一个人理解,尽管他们的"官方"语言可能不同。这并不意味着住在马德里的人可以理解住在雅典的人的语言,但这意味着你可以从马德里到雅典构建一个公差链。在这个公差链上,不存在任何语言理解上的清晰界限,不论官方语言的界限如何。*

公差这个概念十分有用,因为尽管我们有一些典型的假设,但大部分社会生活都不存在清晰的界限。正如以上例子所显示的那样,许多清晰的界限都是民族国家等社会实体所创造的。但正如语言和职业这两个例子所示,社会生活本身就是模糊的。请注意,随着时间的推移,这种模糊性会尤为真切。当我30岁的时候,我可以感受到与本科年代的直接联系。当我45岁时,我可以对我30岁出头时的尴尬事解嘲一笑。但当我现在68岁时,本科年代的那个我似乎已经成为了一个陌生人,甚至在我阅读当年的书信和课程论文时也会这么觉得。

---

* 此处作者借用了语言学中著名的"方言连续体"的概念,即在分布于一个广阔地理区域的诸多方言中,地理位置极其接近的方言间差别极其微小,但随着地理距离的增加,不同地区方言间的差别越来越大。作者在此处的说法大致正确,但或有夸张。在欧洲,五十里范围内的居民的语言互通大致可以在各语族内部实现,如在罗曼语族内部的意大利(意大利语-北意大利语)—法国南部(奥克语)—西班牙(加泰罗尼亚语-西班牙语)地区。但在罗曼语族、日耳曼语族、斯拉夫语族、希腊语族等语族的分界线上似乎很难实现。在近代以降的数百年中,随着工业革命、城市化与欧洲在政治、经济、文化方面的一体化进程,语言互通变得更加容易了。——译者

总而言之，社会过程是由事件组成的，而每个事件都处于几种秩序中，但这些秩序并非以等级的方式相关联。这个过程中不存在固定的层级，尽管在每个任意给定的秩序中，其他秩序会根据研究重点展示出限制或促进的作用。同时，在社会过程中几乎不存在清晰的界限，这个问题可以通过公差的概念来处理。

在这个过程中，是一个接一个事件之间的联系（linkage）创造了社会过程表面上的稳定性，包括人格、社会实体、文化对象乃至身体表面上的稳定性。的确，身体提供了一个很好的例子。身体在不断地代谢自身的化学成分，而其中各种器官的细胞都在以令人无法忽视的速度进行更新换代。血细胞仅仅在几天或几个月内就更新一次，而脂肪与心脏细胞则以更缓慢的速度更新。但整个身体的细胞结构的更新则是较为稳定的。然而，这个自我再生产的系统就是通过这种方式，来保留过往疾病的记录和大量交错的记忆。

我们所知道的人格、状态、关联和社会运动等现象，都由类似的、随时间发展并且相对持续的联系构成。但也有许多并不稳定的联系现象是我们不知道的，因为我们的文化系统是围绕稳定的而非转瞬即逝的事件组织的。例如，一系列求婚活动曾发生在芝加哥大学方庭中央的长椅上，而我也（毫无疑问）是成千上万在这长椅上向心爱的女子求婚的男人中的一员。鉴于求婚者相近的人员构成，他们的教育、年龄、社会地位，以及长椅围绕一个中心点的摆放方式，这样的求婚甚至具有了一种特定的持续性和稳定性。但我们无法把这个谱系转化为一个事物，它一直是一系列转瞬即逝的事件构成的序列（也就是说，这个序列是由一系列非常暂时性的、几乎昙花一现的事物所组成的）。

事件之间的联系有两个宽泛的种类，即体悟（apprehensions）与力迫（forcing）。这是我从怀特海处借鉴的术语。体悟包括看待、认识、知识、名声等。与之相对的，力迫包括限制、决定和结果等。如果我们考虑"创造一个职业"这一事件，其中体悟可能对应于一群人认识到他们在以相同的方式做相同的工作，而力迫则可能对应于为这群人安排一个会议来创造一个行会或期刊。

一个事件可以被定义为某些体悟和力迫交织在一起，并形成一个有特定结果的事物。这个事物会发出信号而被体悟，并产生因果效应被人承受或接受。也就是说，事件并非如我最初关于"事件"的例子所暗示的那样，完全是简单的事态，或者说是一个特定个体在一个特定时间的特定职业的位置。在发生的意义上，它们是事件。我不会对此做更多的赘述，你们只需记住，这个交织的过程倾向于将社会过程稳定为一个恒定的事件谱系，这就是我们一般认为是社会过程基本单位的人格和社会实体。

我需要强调的是，与个体人类器官相关的谱系，其表面上极大的稳定性来源于任何人体中都存在的强有力的记忆与意识对联系建立过程的促进作用。相比之下，社会组织如这所大学一样，有着分散的记忆与意识，所以它远比人格更加漂浮不定。但与此同时，它们有着一个个的个体所不具备的优势，即它们可以在某个特定的身体死亡后延续。

III 地方性

迄今为止我为你们解释了秩序和共面性，解释了重合与公差，也解释了事件与联系。我现在即将触碰我论点的最后部分，即产生常见社会理论所假定的表面稳定性的谱系现象。但进一步深入讨论"联系"这一概念之前，我需要为你们讲解一个关于时间和空间的理论。

一个给定的事件相比于某些事件更接近另一些事件，我将此作为一个基本假设。即使在股市上的几纳秒之内，也有一些人比其他人更接近市场。事件之间存在不同的距离，这一事实使得我们可以讨论事件的"位置"。当然，我们首先的倾向是为社会空间假设一种笛卡尔式的维度系统，其中时间是第四个维度。你们当然可以这样做，但这只能应用在我之前提到的其中一个秩序之上，即关于物质实在的秩序。我们将会看到，对于社会时间和空间，笛卡尔的方法在逻辑上是行不通的。

但还是让我们从笛卡尔空间中存在的物质实在开始。笛卡尔空间不存在逻辑问题，但物质实在在时间维度上仍然存在微妙之处。时间不仅仅是第四个维度，因为我们从热力学第二定律得知，时间存在一个相对于物质事件的方向。时间不仅仅是一个顺序——从一个角度来看是 ABC，而从另一个角度看是 CBA。时间是不可逆的，它是一个从过去到当下再到未来的永远运动的维度。

过去、当下和未来有着相当不同的特性。第一，过去和未来都不可以如当下一样被直接体悟。它们只有通过它们（对于过去而言）在当下留下的痕迹或（对于未来而言）当下所代表它们的预测和计划才能被体悟。第二，未来无法发出力迫性的联系，而过去则已经发出了力迫性的联系。第三，只有过去可以发出新的体悟性或力迫性的联系。这三个事实通常可以总结为，在物质实在的任意给定的时刻中，都只存在当下。过去在物质性的当下留下了记录与痕迹，但除此之外它就不存在了。当我们再次发现过去的一些事物，并将其当作一种力迫性联系来作出反应时（例如当我们发现一份丢失的遗书将财产留给某人时），这个事件是在当下发生，而非在过去发生。这就是为什么我们在逻辑上其实不能说"《儒林外史》的作者生于1701年"。吴霖起的确在那一年生了一个儿子，但这个儿子尚未成为这部著名小说的作者。类似地，未来也在当下存在一些痕迹，即大量的预测、希望和梦想。但真正起作用的是这些当下的梦想，而非未来本身。所以，时间并不仅仅是事件的顺序。时态现象意味着牛顿时间中的每一个绝对时刻都是从与未来相关的特质开始的，然后会具有与当下相关的特质，最后会具有与过去相关的特质。

由于只有当下是存在的，所以所有表面上由历史过程造成的影响——不论是过往的阴魂，还是理性的狡计，所有这些19世纪西方进行过深刻思考的历史事物——都必须通过即时性的当下演替来实现。所以，当下世界的物质、社会和文化结构必须包含过去留下的任何记录，因为这是记忆的唯一途径。由此我们可以得出一个惊人的结论，即社会时间和社会结构的问题实质上是同样的问题。这是因为，既然社会结构决定了当下各种人互动的概率，那它就是"记忆"的主要途径。所以，我们最重要的任务是，找出社会结构的某些特定方面是如何得以穿过这个未来变为当下而当下又变为过去的永恒迭代，却在这个过程中并不发生太多变化。

我将这个问题称为历史性（historicality）问题。对于有数学背景的人来说，这个概念可以和傅里叶变换问题类比，即不把一个长时间序列表示在时域中，而是将其表示为单个时刻的一组谐波函数的加权频率。在社会生活中，成功的历史性的最明显例子是关于物质身体的。今年26岁的人数自动决定了下一年27岁人数的最大值。又例如，由于这种历史性，我们可以得知，1918年后整个欧洲女性的独身率都增加了，这是因为大战几乎杀死了所有潜在能成为其丈夫的人。其他类型的历史性远为更复杂，但实际上它们都是社会过程中我们所希望理解的主要实证现象。

要理解历史性，我们必须细致地考察通路（passage）这一现象。通过通路这一过渡，刚刚逝去的过去创造出新的当下，而新的当下转而又成为新的刚刚逝去的过去。这种考察从我们之前已经提到的一个事实开始，即不同事件之间的距离是不同的。现在，我们要将这种距离视为社会空间中的距离，而非社会时间中的距离。

一个给定的事件离一些事件比另一些事件更近，意味着我们可以思考事件所处的邻近区域。这种邻近区域代表了一个"此时此地"的集合，而这些"此时此地"则是能够涵盖整个当下的公差。

一个比喻在这里会有所帮助。我会用围棋棋盘来解释我的论证。我们只关心棋盘上的线。请不要考虑围棋的对局和棋子，或者如何创造双眼，或者其他的因素。（没错，我的确会下围棋，但围棋对局本身在此并不相关，我们只关心棋盘。）

所以，想象一个棋盘。我们将其当作一个关于事件的图表，其中时间由左向右递进。每一条纵线都代表一个牛顿时间的当下时刻，而这条线左侧都是其过去，右侧都是其未来。每一条横线都代表一个事件谱系。所以一个棋盘上有19个谱系，并有19个牛顿时刻。每一条横线上的19个节点代表着19个事件。

再假设棋盘的纵向维度代表社会空间中的"距离"。如我所述，处在绝对当下的事件之间的距离总是存在不同。围棋棋盘为这些不同的距离提供了一个非常简单的例子：我们把纵线之间纵线的数目加一当作事件谱系之间的距离。棋盘的左上角如图 1 所示。

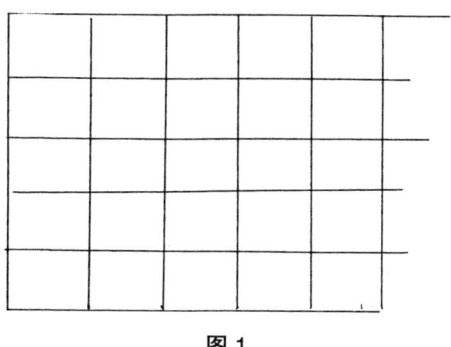

图 1

现在考虑事件联系。棋盘已经有了横线，棋盘上的横线代表着事件谱系中一个事件与下一个事件之间的联系。我们可以把它们想象成一簇穿过棋盘从左向右的箭头。于是我们就得到了图 2 所示的情况。

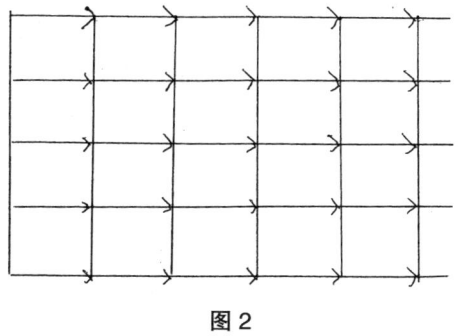

图 2

但现在我想要加入另外一组联系。假设每一个事件都对其相邻的事件谱系中的下一个事件有影响，这就意味着我们可以将整个棋盘的对角线都填满，并从每个事件出发都分别构筑一个指向位于其之上的事件谱系和位于其之下的事件谱系的下一事件的箭头。在你们的脑海中应该已经填满了所有交叉点之间的对角线，我们也就得到了图 3 的情况。

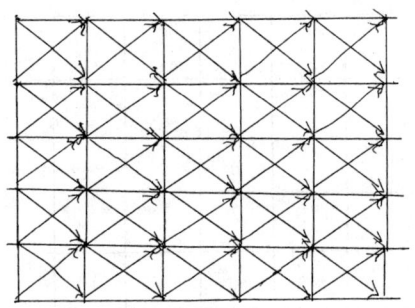

图 3

所以你们现在应该可以想象，一个围棋盘上所有 361 条线之间的空格都被呈 X 状的箭头网格填满。这些箭头或指向右上，或指向右下。每一条横线现在都是由 19 个从左到右的小箭头组成的系列。现在你们要进一步改动这个棋盘。我们从横线开始。我们现在在已经填满了棋盘上所有的对角线，但我们必须将纵线全部擦除，因为没有任何事件可以影响在当下绝对同时发生的其他事件。因果性的发生实际上是需要一定的时间的，尽管这个时间可能极短。这是我们假设事件之间有不同"距离"的必然结果。

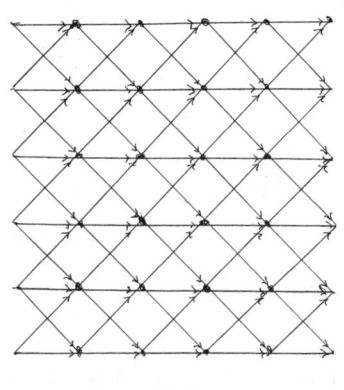

图 4

第四讲　过程社会学理论

所以现在棋盘上已经不存在纵线了。现在，一个给定事件谱系上的"事件"，是由对角线箭头和横向箭头之间的交点来标记，而非由纵向箭头和横向箭头的交点来标记。你们可以想象一个由 19 条横线或横向箭头组成的棋盘，而其中每一条横线都被 18 个从左到右的 X 状小箭头网格相互分隔。所以，在棋盘上从左向右存在 19 个纵向的（即同一牛顿时刻的）事件谱系，而每一个事件谱系都从一个事件开始。除了棋盘顶端和底端，每一个事件都发出三个箭头，一个指向本事件谱系的下一个事件，一个指向位于其之上的事件谱系的下一个事件，还有一个指向位于其之下的事件谱系的下一个事件。（顶端和底端的谱系仅发出两个这样的箭头，其中一个沿着自身的事件谱系，而另一个分别指向位于其之上的或位于其之下的事件谱系。）

类似地，第二个时间点上的每一个事件都会接收一个从其自身事件谱系发出的关联，一个从位于其之上的事件谱系发出的关联（如果存在的话），和一个从位于其之下的事件谱系发出的关联（如果存在的话）。连续的时间点从左到右分布在棋盘上，代表一个个连续的"当下"。除第一个时间点外，每一个时间点都拥有一个"之前"的时间点；除最后一个时间点外，每一个时间点都拥有一个"之后"的时间点。

[这个模型中隐含着一个假设，即每一个时刻或（音乐中的）节拍都相隔着一个规律的时间，所以每一个事件谱系都在同一个时间点经历一个事件。这个假设并非必要，只是能够方便我们进行想象。]

请注意，这个比喻性的棋盘已经包含了事件的"邻近区域"的思想。通过允许相邻事件在一个时间间隔内影响一个事件谱系，我实际上已经断言，任何事件谱系的一步邻近区域是其相邻事件谱系，而其两步邻近区域是其两端各自的两个相邻事件谱系，等等。请注意，邻近区域在时间和空间意义上都是"当下"的，而在这里时间和空间是等同的。对于每一个事件谱系来说，其在时间上的一步内可以影响的事件谱系，也同时是其在空间上相邻一步的事件谱系。所以，时间和社会结构在本质上是等同的。通过选择一个事件可以在一步内影响到的"距离"，我们为时间和社会结构构筑了一个"比值"。如果我们知道这个比值，同时仅仅知道当下的社会结构，我们就可以构筑一个当下的时间结构，反之亦然。

同时也请注意，邻近区域是一系列的公差。"位于同一个邻近区域"是一个具备反射性和对称性，但不具备传递性的关系。另外请注意，在任何给定的时刻，围棋盘上只有一条纵线存在，也就是说，在社会分析中，我们需要用社会结构来推测时间结构，因为我们并不能真正看到时间结构，因为我们自己在这个社会结构中也拥有一个位置。我们只能看到"当下时刻的社会结构"。据此我们可以得知为什么时间和社会结构是等同的。

我们自己在棋盘上拥有一个位置，这一事实非常重要。我们可以向上移动到顶端，而我们的某个朋友可以向下移动到底端。但我们之间所传递的消息在一个时刻间隔只能移动一个事件谱系。如果你位于系统底端的朋友报告了他看到的某件事，而在你收到消息的那个（牛顿）时刻，他所见的情况可能已经改变了。换句话说，在消息传到你这里的期间，他自身的情况可能已经完全不同了。我们在写纸质信件的年代都非常熟悉此事。我们给一个朋友写信抱怨某事，但当你得到回复时，这件烦心事早已解决，而你又有了新的麻烦，而你朋友的回信已经和这件新麻烦不相关了。

这种不同时性之所以发生，是因为牛顿意义上的当下——即物理时间的一瞬——的确是普适且绝对同时的。但因为力迫与体悟从社会空间的一部分传递到另一部分是需要时间的（而这是因为事件之间的"距离"是各不相同的），所以社会的当下是不可能绝对同时的。另外，这种同时性的缺乏是对称性的：你的通信者很可能也如你认为他延时一样，认为你是延时的。因此，社会的当下真正具有一个牛顿意义上的持续期间。社会的当下不是瞬时的，而毋宁说是"厚重"（thick）的。这绝对是社会空间/时间的一个根本性的特质。社会空间/时间并不具有任何瞬时的当下，它是一个厚重的当下。围棋盘的高度正象征着这种厚重的当下。

但这还不够。正如一个假定的牛顿时间中当下的事件之间的社会距离为社会的当下提供了厚重性一样，事件之间的社会时间也为社会空间提供了一个类似的特质：社会空间同时具有顺序和一种与时态等同的元素。通过一个在古老的非网格状的城市路网中从 A 开车到 B 的例子，我们可以轻易地看到这一点。由于单行道、建设活动、交通和其他类似因素的存在，从 A 到 B 所需的时间几乎从不会与从 B 到 A 的时间相等。这种非对称性说明存在一种对社会空间的纯索引性考察方式，即一种通过特定个体的当下视角来认识社会空间的考察方式。这种视角对不同的个体来说是不同的，不管是关于两个个体之间的距离，还是关于它们到第三个个体间的距离。所以，当我们问"从这里到那里需要多长时间"时，一个欧几里得意义上的地图帮助并不大：你必须知道其路程的方向。所以，社会空间存在一个可以与时态类比的特质，我将其称为"位态"（disposition）。位态是体悟和力迫的结合，这些体悟和力迫定义了一个个体在社会空间中的当下"所在地"。

当然还有另外一种社会空间的考察方式,即所有这些位态的平均值——从A到B所需时间与从B到A所需时间的平均,等等。而这个平均社会"距离"可以和"顺序"的(似乎也是可逆和瞬时的)时间相类比。我们可以将这个考察方式称为"位置"。在以上的例子中,位置很可能等同于欧几里得意义上的驾车距离,但当然,在社会空间的一般情况下,欧几里得意义上的驾车距离是不存在的。

对于社会空间和社会时间,这些简化版本,即"位态"对应的"位置"和"时序"对应的"时态",都分别是笛卡尔和牛顿意义上的空间和时间得以发明的基础。但这些时间和空间的概念都是发明出来的。在现实中,社会空间存在位态,而社会时间存在时态。

所以,我们有了顺序性的和时态性的时间视角,也有了位置性的和位态性的社会空间视角。请注意,这些考察方式都是关系性的。"关系性"的意思是,在每种视角中,事件的意义都由其"邻近区域"决定。在时间的意义上,这意味着社会时间存在"叙事性"。它不仅可以叙事的方式被讲述,这是不言自明的。它更在本质上是叙事性的:是力迫和体悟定义了新事件,而它们都只能从之前的事件中产生。这些之前的事件在定义上处在这个新事件的时间邻近区域,因为只有处在时间邻近区域的事件才能在当下向过去的立即流逝中"触及"这个新事件。所以,社会时间具有本体论意义上的叙事性。简言之,今天发生在我们身上的事件的意义,在很大程度上是一个关于昨天发生在我们身上(或身边)的事件的函数。类似地,社会空间具有本体论意义上的"在地性",因为力迫和体悟在定义上必须来自社会空间附近的事件。再简言之,发生在社会空间中特定位置的事件的意义,在很大程度上是一个关于发生在其邻近区域的事件的函数。(请注意，这意味着邻近区域的定义是很宽泛的，而且其包含了对社会过程的实证考察中的大部分重要问题。)

所以，我们现在进行了一个对于社会空间和社会时间中的社会"所在地"的分析，这个分析建立在"社会空间中的事件之间存在不同距离"这一经典论断之上。由于一个世界中事件之间的不同距离是物理意义上的，即牛顿意义上的，而非社会意义上的，我们现在有了一个关于社会距离远近的概念，也发现了社会时间和空间在什么意义上是等同的。我们可以将这些观念加入关于规则和共面性、关于重合和公差以及关于事件与联系的概念之中。所有这些概念对于完成过程论的主要任务都十分必要，这个任务就是解释为什么社会过程在如此大的程度上都显示了表面的稳定性。这就是关于谱系的问题。

IV 谱系

我们已经初步接触到了谱系这一问题，现在是时候正式开始对其进行考察了。我已经论证过，由于只有当下是存在的，所有过去对当下的影响，都必须通过过去在当下留下的痕迹来施展。如果我们观察到了一个看似由长期历史力量决定的现象，这就说明过去的痕迹一定在以某种方式被不断地再生产，循环往复，因为社会过程的迭代已经超出这个"过去的原因"一开始出现时的初始当下了。

这个再生产过程具有三种宽泛的载体。第一个载体通过外于社会过程本身的秩序出现，即人格、社会结构和文化。第二个载体通过社会过程中或多或少有意的记忆过程出现。第三种载体通过社会安排和临近区域这些简单事实出现。

我们从最简单的外部路径开始——我将其称为物理和生物的历史性。物理环境,不管是已建成的还是未建成的,都具有其自身的记忆的逻辑。我在芝加哥的住宅有120年的历史,而其空间安排、设施和维护要求,都为其历史上住客的生活提供了大致稳定的促进或限制,而这只是因为其物理性质保持了相对稳定。从更大的层面上讲,城市的物理结构是由物理世界的巨大惯性维持的,其定居者仅仅在其中起到了很小的帮助。但是这个物理环境对于其定居者来说,有巨大的决定性作用。

类似地,尽管我自己没有付出过任何努力,我的身体有对下列事项的相当可靠的记录:我得过的所有重大疾病,我孩提时代的营养与照料情况,以及我许多的社会经历,包括性接触以及所接触的社会与环境方面的病症。它也包含着一个真正巨大的收藏——记忆。当然,最后这些(身体的记录和记忆)也是其他两种其他社会过程中的秩序的一部分:它们都在很大程度上被文化框架与结构所记录,并且在很大程度上被保留在社会过程本身的力量与活动之中,如讲故事、回顾财务交易等。然而,我大脑的神经机制对于形成这些记忆是必要的。这个机制促进或限制着它们的形成,并通过将它们集中在同一个位置,形成维护这些记忆的巨大规模经济。

总而言之,物理与生物的持久性为社会过程带来了相当一部分历史稳定性,它们从未受到社会过程的影响。但个人的记忆有效地将我们带到历史性的第二种一般类型,这种类型由内生于社会过程本身,而非简单通过其他秩序再生产的逻辑生成的记忆构成。认知与行动很大程度上是被社会过程有意记忆的:被写作、印刷、归档、总结、概要,等等。世界上充满了这样的东西，而其中许多在我们需要时都无法通过索引和算法完全准确地获得。

比如，我房中有大约四千本书，用写作的方式记录了至少两千人的思想，这些人的生活范围遍布整个有记录的人类历史。这些东西是由印刷它们的物理物体的绝对耐久性自动保存下来的，但它们只有在我阅读或翻阅时才能转为鲜活的记忆。它们是一个保存过去对现在的潜在影响的巨大蓄水池，但它们只有在当下我作出行动时才能变为真实。

书籍和其他记录形式利用了纸和其他类似媒介的历史持久性——这种持久性正在随着我们步入更易摧毁的电磁媒介时代而快速改变。所以这些记录形式彰显了物理历史性的社会运用。但也有整个一套文化系统有意涉及与过去的对话：如传统、口头史诗、专业和业余的历史写作等。当然，过去是如此的广阔，甚至所有的这些都远远称不上能涵盖过去的一切。正如哈布瓦赫所主张的，更重要的是，确实存在大量的集体记忆。但我们有必要注意，就算是如此大量的记忆，也并非是直接可用的。想要让这些记忆在当下产生实际结果，它们就必须真正被再生产：它们的语言要被记住，概念的改变要被解码，而过去的意义和语境要被重新唤起，所有这些都必须发生，我们才能开始理解这些保存下来的材料的可能意义。我们总是需要这种元史学，而这种元史学也不可避免地会切断过去与其发生的时刻之间的联系，并给予其在当下的全新意义。

20世纪80年代以来的社会变迁理论十分依赖这第二种理解历史性的方式，尽管它们是通过制度的角度——即非过程性的角度——来理解社会本体论的。这就是社会变迁理论的"文化转向"，它从根本上将符号文化（symbolic culture）理论化为了人类制度的宝库。这种理论认为，社会结构过于制度化、过于固定不变、过于缺乏想象力。文化可以解释稳定性（这是文化转向学者从米歇尔·福柯的观点中借用的论证），而同时也可以提供新奇性和变化性。但在福柯的观点中，充满了隐含的制度性假设，而文化转向也并未逃脱制度的框架。所以，这些社会变迁理论成了这个制度框架未能认识到"稳定性而非变化才是社会过程中需要解释的核心问题"的牺牲品。反过来，这些理论也未能认识到历史性的第三种也是最重要的（因为它同时也是最微妙的）载体，我将其称为编码（encoding）的过程。

在最广泛的意义上，编码仅仅指的是下列在实证上可观察到的事实：在社会生活的不间断的迭代过程中，某些社会结构似乎是保持不变的。也就是说，编码仅仅是一个逻辑上必须存在的过程的简单名称，以便我们观察随时间推移的稳定性。但逻辑同时也告诉我们，并不是社会结构具有某些规则使其得以进行自我再生产，才导致了这种保持不变的现象。否则，变化的唯一真正途径就是打破这些规则。而随着时间的推移，变化的模式就将长期保持停滞，只是间或才会被总体社会结构的变化所打破。但这并不是我们所观察到的模式。我们所观察到的模式是，持续有微小的变化，有时是定向的（漂移），有时是停滞的（制度化），也有时是从一个模式中脱离，但又马上落入新的松散的模式中，而这些新的模式也同样会漂移。

所以，编码的核心问题在于，在持续的微小变化下，仍能有产生相对静止的机制。存在几种产生这种模式的再生产模式，比如伴有微小变化的重复、连锁变化的恒定规律（这在两党政治体系中最为明显）及温和的等级制度。通常，编码是通过一组社会结构连接成一个宽松的网络而形成的。在这个网络中，每一个部分都松散地支持着其他部分的存在，而要产生重大的变化，则必须要所有这些部分都同时出现故障。

这一现象的一个很好的例子，是美国核心家庭的文化建构。在几乎整个19世纪末，核心家庭的现象都与当时的经济必需品和地位标志联系在一起。而在20世纪，它也和其他稳定因素联系在一起，如离婚禁令、已婚女性在劳动力中的缺位，以及在女性缺乏对避孕手段的控制的前提下发展出来的性活动行为规则。但后面这三种稳定因素都在20世纪的背景下悄然变化。到了20世纪70年代，当它们都完全完成改变时，作为一种"普适性文化现象"的核心家庭突然快速瓦解，尽管专家和公众都认为它几乎坚不可摧。关于纯文化角度的社会变迁理论就到此为止。一旦所有阻碍变化的结构性力量都同时被消除，文化对于社会结构的变化就失去了防御力。

但对于编码而言最重要的事实是，对于我们讨论编码时所需要的所有抽象概念而言，乃至对于所有涉及保持编码的文化可见性的抽象概念而言（在核心家庭的例子中，如情景喜剧之类），编码最终是通过松散地维持一种现象所对应的成千上万的微小日常行动而发生的。比如，在我的大学和其他大学，都不存在关于如何组织课堂的准确规定。老师们都在课堂上做许多不同的事情：有些会点名，有些不会；有些记住了学生的姓名，有些没有；有些为他们自己布置的论文打分，有些不会；有些会提到当下发生的事件，有些不会。这种多样性是交错杂乱的，而使得这所大学维持在看似稳定状态下的一个重要原因是，并没有人真正关心这些有巨大多样性的行为，而这些行为最终会在加以平均后，或多或少导致一个被叫作"课堂"的事物的再生产。只有当新的课堂行为系统性地席卷许多老师时，才会有人开始思考如何才能真正上好一节课。比如说，当许多老师开始教授身份政治，仿佛身份政治成为了一门严谨的、可验证的学问时，课堂立刻发生了重大的改变。由于这个改变，过时的、从个人偏好出发的论点在课堂上变得普遍起来，而美国学者的学术生活也发生了某种根本性的改变。但这个变化只会在地方性行为与更大的运动统一起来时才能发生。否则，随机性的微小改变反而会阻碍更大的变化，尽管它可以与"稳定"现象中的大量漂移兼容。

这种编码可以被想象为一个巨大的网，它由持续发生的行动和微小变化组成，而这些行动和微小变化从过去之中创造出新的当下。这个网深刻地形塑着什么人与什么人谈论着什么，以及什么人与什么人做什么。时不时的，沟通及共现的革命可以重新形塑这些联系，但这些联系的新模式会在很短的时间内变得明晰，并稳定下来。要发生重大的变化，就必须要使沟通的变化与许多连锁的、脆弱的编码机制保持一致，并使一些行动者能够看到以新的、不同的方式重新联系各群体的潜在可能。我们在政治改组中可以最明显地看到这一过程，其中政治行动者采用早已存在的政治统合方式，稍微将其重新安排一下，然后将世界连接为一种看起来新式但却稳定的政治安排。法西斯主义和民粹主义都是这种行动的例子，而它们在短期内的成功或失败，在很大程度上取决于之前的各种编码机制有多么脆弱，以及进行重新安排的行动者如何能够聪明地将新的持久的联系糅合在一起。但重要的是，在这些微小的日常安排中，在社会结构中，在各种地方性的和一般性的文化要素中：在所有这些之中，过去被编码成当下，并成为行动的根本条件。只有通过这种方式，过去才能影响当下，并在很大程度上使当下稳定下来。而十分遥远的历史性行动是不存在的。

编码、有意的记忆以及物理和生物的历史性结合在一起，就强大到足以产生长期历史力量和遥远历史之外的行动的表象。我在这个问题上已经举过一个合适的例子，但想要证明这三种历史性真的能够产生这种表象，是一个远远更长期的，也需要更多实证研究的工作。但我的分析已经说明了，略有重复的过程所组成的松散链条就已经足够产生这种表象，尽管这些过程同时也为决定性的行动留下了大量开放性的可能。

重要的是，由于所有的再生产都是时时刻刻发生的，所以过程性的视角为行动留下了巨大的开放空间。的确，在过程性的视角中不存在"结构与能动性的问题"。能动者面对着当下的各种限制和促进，但在他们可能可以做的所有事当中，他们可以做任何自己选择做的事。他们不会被涂尔干意义上的内化规则或马克思意义上神秘的"生产关系"所"束缚"。值得注意的是，他们是被自己和其他行动者关于社会的真实信念，以及各种真实的社会行动所围绕的。但如果他们可以想象某些使得这些信念与行动自我瓦解的行动，就可以自由地采取这样的行动。分散式的重复会使这个过程变得困难，但并不会阻止它。

今天，我没有时间来详细阐述我的观点，即为什么人格会形成强大的谱系，尽管很明显，在本质上人格是一种社会实体，这种社会实体利用了人类个体身体内存在的限制和促进，来产生一种混合结构。这种混合结构，部分是身体，部分是社会性自我。它相比于组织、类别、友谊团体、产业、宗教和其他社会实体，有着很大的竞争优势。它在社会空间中既不庞大，也不广泛。但随着时间的推移，它远比其他各种社会实体具有更大的稳定性，尽管这是建立在死亡并最终消失的代价之上。[2]

人的身体从其出生开始就积累社会经验，而人格就是在这

---

[2] 关于个体的这一论点的初步论述，见于 Abbott 2005c。

个过程中被创造的。正如许多心理学家所主张，逐渐形成的人会不断地从环境中吸取事物，将这些事物与其自身建立联系，并且——如果使用 J. 马克·鲍德温（J. Mark Baldwin）的著名术语——要么通过内在变化适应外界，要么将外界的某种变化形式融合进一个变化远更缓慢的自我。每个新的经验都要么变成自我的一部分，要么变成自我的修饰过的一部分，或是被自我拒绝。这个过程当然会受到身体的限制（我很遗憾没有一个可以让我成为短跑运动员的身体），但身体也在提供限制的同时提供了机会，而曾经是负担的个人特质也可能最终变成优势。所以，在我的生涯中，我成功把自己注意力持续时间短的问题转化成了"极大的创造力"这一优势。

　　社会实体本身——比如一个学术期刊——远更清晰地展示了社会谱系得以维持的真正机制。比如，在写作《美国社会学期刊》的历史时，我得以知道，这部期刊的编辑、作者和审稿人都在不断地将新事物编织进期刊的谱系，并去除和拒绝了其他事物。这部期刊刚开始在一定程度上是一个宗教期刊，并且这一特色至少维系了三十年。与此同时，周遭环境的变化也常常赋予它其他的特色。比如，它并没有选择评估年轻教授取得终身教职这一功能，但这是一件它无法逃避的事情。一个谱系是一个持续进行这类编织的过程，这个过程中有不同的人，以不同的原因，在不同的环境中进行着编织的工作，并呈现出不同的限制和促进作用。这份期刊看起来像是一件存在了 120 年的单一事物，即几矮擦期刊杂志。但事实上，它在这 120 年中具备几种相当不同的社会和文化特性，而这些特性实际的连续性，甚至比这些期刊的物理外观更加脆弱稀薄。③

---

　　③　关于这段历史的细节，参见 Abbott 1999a，第三至六章。

V 结论

最后，我希望指出过程性方法的一些主要优势。首先，它避开了社会理论所面临的许多传统问题。它不会受到"逻辑上无法解释变化"的致命批评。它并不把历史性力量具体化，而是将其看作当下社会结构中可分析的安排。它不存在结构与能动性的问题。它不假设"结构性结构"（structuring structures）、"结构化"（structuration）或任何其他神秘的现象，而是使再生产成为在当下的流逝之中的一组特定的可能规律，从而使再生产成为一个实证问题，而非一个神秘的术语性问题。它可以解释偶发的大变化，以及持续性的小变化。[4]

第二，现在已经发展完善的社会分析都可以轻易地被看作过程性方法这种一般性分析的子案例。历史学构成了对特定谱系的追溯，这些特定谱系通过连续不断的当下所构成的迭代网络而产生特定的结果。经济学研究社会过程里特定空间中某种尤为稳定的（同时也是严格执行的）文化规律是如何起作用的。实证主义社会学及其相关学科则研究一些系统，而在这些系统里，社会实体谱系被文化规律和强制性社会结构强迫纳入了严格的再生产过程。诸如此类。很显然，在有些情况下，人们不需要更一般性的分析。而且，具体说明到底是在什么情况下不需要更一般性的分析，也确实是详细阐释一个一般性的过程性解释

---

[4] 我目前关于过程性方法的总体陈述，参见 Abbott 2016f。这本作品汇集并修订了过去的一组论文，以便形成一个对过程性立场的连贯的——如果不是公理化的——阐述。其涉及的早年论文包括 Abbott 2005a、2005c、2007a、2011a 和 2014c。而这本书的后半部分又汇集了一组类似的论文，旨在阐述社会过程规范性的方面，这些论文包括 Abbott 2005e、2007c 和 2016d。

框架的基本任务。但一般性的分析一定隐含在这些内容之后。⑤

第三，过程性的解释框架强迫我们重新思考我们在社会分析中所认定的主要实证问题。例如，它强迫我们认识到并且模拟社会结构和个人的二元性变化。我们再也无法写出一部讨论社会流动性的文献，以"职业永远不变，不同职业之间的相对比例也永远不变"为基础。过程性的解释框架也强迫我们认识到清晰社会边界的缺乏，并放弃这种对于社会边界的错误假设所带来的数学上的便利。通过坚持我们应将定位长期和短期的先行事件的方式以不同的办法编码入厚重当下的社会结构，它为我们提供了解决不同时间跨度难题的理论工具。这与我们传统上解决时间跨度不同问题的手段截然不同。如我在上一讲中所述，传统上我们叙述"原因"时，会遵循从长远到晚近的顺序。

这些实证分析层面的变化幸运地与科学方法论的趋势相吻合。不论我们自己的选择如何，过程论正在迅速发展壮大成为科学分析的一种一般方法。大规模计算机技术已经使得许多基本的过程性研究技巧得到普遍应用。大规模模拟、实时因果分析，以及不断更新升级的预测方法，现在已经成为人们所熟知的方法。结合海量的实时人口数据，这些技巧第一次使得对于社会生活的严肃过程性分析成为可能。如果我们这些老派社会科学家没有为这种分析提供理论支撑，我们最终会发现，这个理论将会作为计算社会科学学者已经广泛使用的方法的抽象转译版本出现——这类现象时常发生——而实际上这些学者对我们的研究对象几乎一无所知。

相比于我们迄今为止所见到的传统因果分析，未来的社会

---

⑤ 这个论点在 Abbott 2016f，第三章中有详细阐述。

科学可能会更像天气预报。天气涉及云、风暴、锋面等暂时性现象。它涉及诸多的时间尺度，从日间温度变化，一直到几个世纪的气候变迁。它涉及多种极为详细的信息，以及多样且相互竞争的模拟过程。在此之上，它最终也需要持有一种美学视角的专家来对其进行诠释。这类方法在社会科学数据的商业分析中已经十分常见，我们自己也应该开始运用它们。

最后，我想要指出的是，过程论也意味着社会科学写作体裁的变化。我们目前的形式分析修辞框架，是一种将各种原因分开阐述，并赋予其独立权重的框架，而这种框架在过程论的语境下几乎没有意义。无论如何，该框架在西方主要是由政治制度对一种法律上可行的不平等"社会学"的需求而驱动的。这一任务就要求建立一种幼稚简单的因果关系观念，使选民和政客都能理解。对于这样的因果性叙事而言，过程论会代替构筑谱系的历史，正如我自己在我关于《美国社会学期刊》的专著中，以及在《学系与学科》中所做的那样。类似地，当下时间的因果性的核心重要性，意味着生态决定的核心性，这隐含于与我的《职业系统》有类似内容组织的著作中。过程论中关于空间范围的问题，意味着两种体裁的对话。其中第一种体裁，即当下的民族志的体裁，捕捉到了一个谱系在某个时刻的全部内部复杂性，我将其称为"抒情社会学"。而另一种可能是一种并置式的体裁，它将截然不同的社会案例整合进一个对话之中，但这个对话并不能被外加的理论所解释。这就是我托名芭芭拉·赛拉伦特所著的一系列文章的体裁。[6]

---

[6] 关于抒情社会学，参见 Abbott 2007a。如前所述，芭芭拉·赛拉伦特的系列文章收录于《多样化的社会想象力》（Abbott 2017b）。与这一论点相关的其他规范性工作，包括 Abbott 2016b 和 2016e。

有了这个体裁列表,我总结出了一种看似全新的社会科学方法。现在让我回到刚开始的讨论,即关于《红楼梦》第六十六回的讨论。我是否在强烈地主张我们应该像柳湘莲一样,放弃这虚幻的生活,并积极地追求道家所称的长生,外于人间烟火,就如宝玉最终所做的一样?我并不这样认为。因为尽管我们作为社会科学家,在某种程度上是社会世界的旁观者而非创造者,但我们的目标是理解社会过程。而想要理解社会过程,就必须成为其中的一部分。就让我来做一种我认为是非常反传统的诠释吧。

在我看来,作为社会科学家,我们在《红楼梦》中所扮演的角色群体并不是贾家,而是那些旁观、维持且偶尔挑战贾家的人,而这些人在最后比贾家活得更长久。对于一个来自西方的读者而言——这本小说我现在已经读了五遍了——这个群体的核心例子是花袭人。她是这部小说中的一位主要人物,但她并不属于精英阶层。她是宝玉的大丫鬟,但除了第六回中初试云雨情外,她并不是宝玉关注的中心。纵观整部小说,她往往是这个充满激情与缺乏节制的世界中那个冷静而明智的声音。她也是小说中最后一个退出舞台的主要人物,而她在118回前就出场了。固然,由于在宝玉失踪时没有自杀,袭人被贬入了"又副册"。曹雪芹并不欣赏她,且批评了她在道德层面的懒惰。不,袭人找不到合适的时机自杀,所以她只能继续活着,并嫁给了另外一个见证了贾家衰落的外人蒋玉菡。

某种程度上,这是一个更加勇敢的选择。可能只有袭人——虽然她自己没有意识到——理解了第一百二十回道士甄士隐对不明白的贾雨村所说的那句话。甄士隐说:"太虚幻境,即是真如福地。"他在"人文学科的事业是幻境"这一点上是正确的,在"由于这是我们唯一的事业,所以它必须是真实的"这一点上，也是正确的。人之为人，正是要加深、拓宽乃至或许改善我们的幻境。然而为了达成这个目标，我们必须活下去。也许这就是这部小说中假与真的无尽纠缠的真谛。也许这也是过程性理论无尽地寻找着下一个美妙幻象的终极意义。今天下午在此处的每一个人，的确只是前往另一所在的路途中的一系列事件而已。

……或许，我们也是时候上路了。

第二篇

社会学中的过程与结果

关于结果的思想[1]

在电影《周末夜狂热》开始，托尼·马内罗（约翰·特拉沃尔塔饰）请求五金店老板福斯科先生（萨姆·J.考伯拉饰）预支给他工资，来为周六晚的活动购买一件漂亮的衬衫。福斯科拒绝了，并告诉托尼，应该为未来做好规划。"X他妈的未来！"托尼说道。"不，托尼，你不能X未来，"福斯科说，"是未来在X你。"[2]

---

[1] 本章的第一部分是我收到彼得·比尔曼（Peter Bearman）关于2001年9月21日哥伦比亚大学举办的保罗·拉扎斯菲尔德百周年大会的邀请时完成的。由于航班行程的变故，我无法出席这次大会。比尔曼宣读了论文，此后我也得到了一些评价。我不仅仅要感谢这些听众，也要感谢在耶鲁大学、普林斯顿大学、密歇根大学、牛津大学和西北大学的听众对这一章节的评价，以及迈克尔·豪尔特（Michael Hout）、戴维·梅尔策尔（David Meltzer）、雷·菲茨帕特里克（Ray Fitzpatrick）和阿夫纳尔·欧弗尔（Avner Offer）的个人评价。艾琳·约克（Erin York）为我提供了研究上的帮助。这篇论文被《美国社会学评论》（American Sociologial Review）和《社会力》（Social Forces）双双拒收，当然也不可能提交给我担任主编的《美国社会学期刊》。最后，在2005年，该文以《美国社会学中关于结果的思想》（The Idea of Outcome in U.S Sociology）为题发表于乔治·施泰因梅茨（George Steinmetz）编纂的《人文科学方法论中的政治》（The Politics of Method in the Human Sciences）一书的第393—426页。在这里，我删除了上述版本第二部分中的一部分，并大量修订了剩余的部分。我将原版本献给我逝去的朋友与同事，天赋卓绝的罗格·古尔德（Roger Gould），他在我撰写本文期间被恶性白血病夺去了生命。令人感到讽刺的是，我并不知道这一篇关于结果的认真反思能否在我自己面对癌症时很快被证明是有用的。[本章为《过程社会学》（Abbott 2016f）第六章。——译者]

[2] 剧本来自 Wexler 1977。

发生在托尼与福斯科之间的问题，是关于现在与稍后的问题，是关于当下与未来的问题，是关于瞬时与结果的问题。如果我们把电影的情节转译成经济学家惯用的简单术语，那就是托尼在边际上（marginally）更加理性的斯蒂芬妮·曼加诺（凯伦·格尔尼饰）的帮助下，他的折现率（discounter）变得稍微没那么夸张了：他开始稍微严肃一点地规划自己的未来了。

但他并没有选择福斯科给他的结果。在稍后的电影情节中，托尼要求额外请假，福斯科就开除了他，但之后又重新聘用了他，并说："你在这里得到了未来。你看哈罗德［他用手指着］，跟着我十八年了；迈克［又用手指着］，十五年了。"镜头移动到迈克身上，他是一个面无血色、迟钝麻木的中年男人，然后又移动回了托尼惊恐的表情上。这可不是托尼想要的未来。他最终的选择是一个更加开放，同时也并不确定的未来，而这始于他搬到曼哈顿，并且不再仅仅将斯蒂芬妮当作一个性伴侣，而也将她视为一个朋友。在电影结束时，他仍然是一个处在发展过程中的年轻人。

福斯科和托尼的争论，捕捉到了我们构思我们的研究时的一些重要方面。在上一章的分析中我们了解到，很多社会学研究是关于事物的结果的。从很久以前直到当下，社会学研究中的典型因变量都是一个结果或产出，即福斯科所述的概念。用弗兰克·克默德的说法，社会学拥有着"结尾的意义"。*

相比之下，经济学家似乎常常研究没有结果的事情。国际收支、失业、证券价格等，它们都处在无尽的波动之中，没有

---

* 弗兰克·克默德（Frank Kermode，1919—2010），英国著名文学批评家，著有《结尾的意义：虚构理论研究》（*The Sense of an Ending: Studies in the Theory of Fiction*）等作品。作者此处即化用了该书书名。——译者

结束，也没有最终的结果。相反，在长期变化或短期的——有时是相当巨大的——波动过程中，有一个松散的平衡状态（或者说可能有一个稳定趋势）。

大部分社会学是关于结果的，而非关于中间过程的。这个事实并不应该使我们感到惊讶，因为社会科学中许多部分是关于个体的：他们的社会地位、收入、财产、教育、职业，等等——这些都是福斯科先生脑海中所想的事物。另外，与国际收支和失业不同，个体的状态不会永远处于波动。对于个人来说，只有一个真正的结果变量，而且它还没有方差。[③]一定程度上，这就是托尼在上述交谈之后不久所说的："今晚就是未来，我正在为它做规划。"对他来说，过了今晚就相当于死亡，不管是他的傻朋友波比从维纳萨罗峡谷大桥上掉下来的真正的死亡，还是像五金店里的迈克那样变成行尸走肉。我们之中拥有相对平缓的折现曲线的人会明白，死亡来得并没有那么快。许多关于人的变量会具有一些足够短期的结果，以至于它们和失业这样的不断变化的经济变量颇为相似：消费模式、约会习惯，等等。但社会学家关注的主要重点并不是这些，而是更宏大的事项，是重大的结果，如社会经济地位、婚姻持续的时间和教育。而它们的重要性恰恰在于，它们是不可挽回的，我们只有一两次机会。

在这一章中，我会分析"结果"的概念。我会从追溯社会学中"结果"概念的发展开始。首先，在社会学方法论奠基人之一保罗·拉扎斯菲尔德（Paul Lazarsfeld）20世纪中期的

[③] 对这种悲观说法的一个标准的回应，自然是去研究结果到来前的时间段的变化。在凯恩斯的作品《货币改革论》中，这句著名警句的完整形式是："但是这个长期尺度是对于当下事务的误导。在长期尺度下，我们都死了。"（Keynes 1923: 80，着重为原文所有）。请注意这里对未来做折现的强假设。

语料中，我们第一次发现了这个概念。第二部分将扩充这一讨论，并覆盖此后一些标杆性的社会学著作。第三部分会将这一社会学的视角与经济学中的结果概念进行比较，并由此转向哲学性论证来澄清其中的差异。第四部分，也是最长的部分，会提供一个对于结果的可能概念的辑录，我将会根据在前文讨论中出现的理论维度，来组织这个辑录的框架。

我的结论很简短，因为这一章并没有最终得出一个关于结果的"正确"概念。这一章的结论在于，并没有这样一个真实而客观的概念。我们关于结果的概念的选择，不可避免地带有价值判断，不管我们是决定遵循还是蔑视传统的框架。我们必须要做的是自觉地选择我们的价值。

保罗·拉扎斯菲尔德关于结果的思想

首先，我想要考察保罗·拉扎斯菲尔德的几部重要著作中关于结果的概念。通过这个总结和反思，我将介绍我对下列主题更广泛的探索，即我们思考过程的方式及过程在社会科学方面产生的影响。

我将从拉扎斯菲尔德多次重印的论文《对于消费者行动的分析》（The Analysis of Consumer Action）［与威廉·考恩豪斯尔（William Kornhauser）合著］开始。这篇论文展示了他对于购买行为的分析。对他而言，购买是一个典型的人类活动。拉扎斯菲尔德认为，一个个体受到许多影响因素的制约，而购买过程产生于某种影响因素将他转化为"一个新的人"——比如"一个对Y型号的汽车有好感，或认为X牙膏可以保护其牙齿的人"——的过程。过了几周，"这个改变后的人听到一位朋友热情地评论这款产品"。这个过程创造了另外一个人，他现在"进入了一种从容的、鼓励思考的情境。在这个情境中，他仔细思考了关于新车或牙膏的问题，并且最终决定去购买……"。但是只有当他发现自己"置身于一个含有某种促进性因素来诱使自己购买的情境中"时，他才会最终屈服，并购买产品。④

拉扎斯菲尔德强调事件的顺序，并坚持认为达成购买行动的是一系列有着严格顺序的经历。在这篇论文之后的部分中，他列出了可以导致"购买肥皂这一简单行为"的一系列现象。首先，有三件事处于"时间线上十分久远的位置"：

a）为什么这个消费者要买肥皂
b）为什么她喜欢某一种具体颜色、气味和硬度的肥皂，等等
c）为什么她相信所有肥皂的质量都一样好

此后列表上又有七件事，它们"在某种程度上更加接近购买的决定，也更加具体"：

d）为什么她买 X 类型和价位的肥皂
e）为什么她就买 X 肥皂
f）为什么她只买一块，而不是几块
g）为什么她在此时购买

---

④ 所有的引用都来自 Kornhauser and Lazarsfeld 1995: 397。这个关于行动的框架与柏格森在讨论选择时的话惊人地相似。柏格森认为，我们"并不是有两种倾向，或者甚至是两种方向，而是有着一个自我。这个自我在各种犹豫中生存和发展，直到一个自由行动从中掉落出来，就如一个熟透的果实"（Bergson 1910: 176）。关于柏格森的讨论，请见《时间之重》的第七章。

h）为什么她在此地购买

i）为什么她不选其他月份和年度，要选择现在（这个月或今年）购买

j）为什么是她买（即为什么是她这类人而不是其他人来购买家庭用品）

（Kornhauster and Lazarsfeld 1955: 398）

在这里，结果是一个简单的行为：购买肥皂。这个分析和我称为"祖先图"（the ancestors plot）（《时间之重》，第144、291页）的分析相同，"祖先图"分析意味着寻找一个特定事件的所有（因果关系上的）前置事件。产品选择是一个结果，这个结果处在一个漫长的、向前发散的因果网络中的当下一段。它本身的结果并没有被考虑在内，也并不是某一个庞大事件网络中的一小部分。只有那个庞大网络中影响这个特定购买决定的部分才是重要的。

有人或许会猜测这个模型是拉扎斯菲尔德之后关于选举的研究的基础。然而《选举》（*Voting*, 1954）的读者会惊讶地发现，贝莱尔森（Bereleson）、拉扎斯菲尔德和迈克菲（McPhee）几乎完全没有讨论他们所研究的选举的结果，尽管1948年的大选从当时起直到现在，都被公认为极为特殊的情况。这种关注的缺乏，在作者提出用来揭示阶级问题的显著性和公众对于杜鲁门态度之间关系的著名的四维表格（sixteenfold table，SFT）中，体现得十分明显。四维表格本质上是一个关于以上两个二分变量的标准四重交叉表的两期转移矩阵。如果我们把它看作一个常规的马尔科夫链，然后将其乘方到其收敛，它就会预测出一个转向杜鲁门的结果。而这个结果无论是在这个转移矩阵的边际之前还是之后都是不可见的，它们都给出了54%

的杜鲁门支持率。而68%的极限值正好精确地预测了事实上发生了的杜鲁门的反转,所以四维表格在现在的读者看来,像是一个预测选举结果的秘密武器。⑤

但拉扎斯菲尔德忽略了这个关于选举结果的预测,而是坚持认为,对这个矩阵中的特定转移的反思决定了阶级问题的显著性能否影响杜鲁门的形象。所以这本书忽略了对"重大结果"的讨论,而是专注于局部的转变与其发生的过程。的确,这本书的主旨在于,全国总体选举数字随着时间推移的相对稳定性,掩盖了相当大量的波动和变化,而这些波动和变化在很大程度上集中于选民人口的一小部分。诚然,这就意味着一个相对较小的选民团体以他们自身决策过程的"小"结果决定了选举的"大"结果。尽管这本书转向了一个更加关注选举"最终结果"的观点,它的结论仍然在强调整个体系中巨大的长期稳定性,并认为(第315及以下诸页)当前双方的"长期预定向选民"(long-term precommitted voters)来自于另一个时代的争议与冲突,所以"投票选举是对过去政治情境的反应的一种'移动平均值'"(第316页)。是数以百万计的微小、次要的行动——即微小的行动、变化和时间推移的过程——导致了总体的稳定性。⑥

贝莱尔森和拉扎斯菲尔德对于选举的研究方法与他们在选举研究上的主要竞争对手完全不同,如由安格斯·坎贝尔

---

⑤ 拉扎斯菲尔德曾经参与过两项与选举有关的研究:《人民的选择》(Lazarsfeld and Gaudet 1948)和《选举》(Berelson, Lazarsfeld and McPhee 1954)。我在此处专注于后者,因为它更加完善。四维表格在该书第265页出现。

⑥ 不过,显然拉扎斯菲尔德认为,相对于其他因素而言,在因果关系里有某些主要因素(比如阶级问题的显著性)在整个过程中更为重要。这些因果力量以某种方式遍及了使他着迷的不断循环的、无止境的过程。从这个角度来讲,他对于结果的不关注让他以不同的路径走上了与其他社会学方法论者同样的(通往因果关系的)方向。

（Angus Campbell）领衔的密歇根学派，以及其他任职于调查研究中心（Institute for Survey Research，ISR）的学者。在他们详细比较 1952 年和 1956 年大选的里程碑式著作《美国选民》（*The American Voter*）中，坎贝尔学派构建了一个关于投票的"因果漏斗"模型。漏斗模型看起来非常像考恩豪斯尔/拉扎斯菲尔德的购买模型，只是投票代替了购买。

> 这个漏斗的形状是所选的解释任务的逻辑产物。漏斗中大部分的复杂事件都是由多种先前的原因造成的。每一个这样的事件自身也会产生多种影响，但我们重点关心的范围，会随着我们逐步接近被决定的行为而变得越来越窄。我们逐步消除了那些与政治行为无关的影响。（Campbell et al. 1980: 24）

所以，虽然坎贝尔等人知道还存在"其他影响"，如投票行为在因果关系上的"祖父母"的其他"孙辈"，但他们明确地将其放在了一边，视其为无关紧要。他们也并非真的仅仅将选举当作国家政治生活中的一个普通时刻。每一个因素都在漏斗中漏进了一个有着绝对至高重要性的特定时刻，一个特定的选举日，一个最终的结果。

另外，漏斗模型并不立足于现实的社会过程，而是立足于我们通常所称的"因果时间"。因为，尽管使用了"漏斗将选民导向一个特定的投票选择"的概念，密歇根学派却仅仅在大选前进行了一轮采访，而布莱尔森·拉扎斯菲尔德团队则进行了四次。密歇根学派认为，从选战到投票的各个时刻中，并不存在个人的实时进展，而是有一个因果结构。这个结构始于构成当下阶段的"重大的背景因素"，而这个阶段之中的各个

关于结果的思想

"小因素"则只进行次要的调整。[7]

拉扎斯菲尔德和调查研究中心在研究视角上的对比，突出了拉扎斯菲尔德在结果这个问题上的模糊立场。尽管他的著作偶尔会滑向"因果漏斗"的视角，但他仍然保持着对于周转和过程本身的兴趣，即对于各种变量随着时间推移的日常流动的兴趣。相比于调查研究中心学派，拉扎斯菲尔德远为更倾向于将一场选举视作构成国家政治生活的一系列样本中的一个，甚至将其视作一个早已被各种问题和疑问污染的样本："人民在同一场选举中投票，但并不是所有人都基于这一场选举而投票。"[8]

---

[7] 实际上，本书的论述在因果时间上是倒叙的：从"近期"的因素到"更大的背景"因素。它始于"对投票行为的直接心理影响"（如大众对于国家政治的印象，及个人对于政治承诺和效力的观感等）。而后，它"从两个方向之一来探寻[这些]近期态度的根源，即随着时间的推移，要么向漏斗的深处移动，要么就是逐渐远离了漏斗的政治核心"（118）。在这里，作者考虑了党派归属感、政治事件和事件的综合，以及选举法和选举系统。最后，这本书转向了所有这些"更加一般性"的政治因素的社会与经济根源：群体成员及其影响、阶级及其影响、社会经济地位的影响、地区和行业的影响，等等。这是一个简单且有益的练习：创造一种重组因果顺序的叙事，来将个体持久的政治信念变成一个形塑政党行为的大背景，而这个大背景则形塑了政治结构，并进一步形塑了社会经济地位和群体成员的结构。请注意这一分析和第四章中斯努克（Snook）关于友军误伤击落的分析之间的相似性。（斯努克的分析详见 Abbott 2016f 第 93 及以下诸页。——译者）

[8] 该处引用见于 Berelson et al. 1954: 316，着重为原文所有。（我们在之前的第一章分析个体的历史性时也遇到过这句引文，那里处理的是同样的问题。）需要注意的是，密歇根学派的学者也注意到了这个问题。的确，《美国选民》试图超越（讨论 1952 年大选的）调查研究中心第一份研究报告《选民决定一切》（*The Voter Decides*）中狭隘的选举态度的概念。但这个"超越"是由想象出一个更广泛的因果关系结构达成的，而不是通过转向对个体选民特质的实时变化的关注而达成的。

165

第二篇　社会学中的过程与结果

现在我转向拉扎斯菲尔德的第三部重要著作,《个人的影响》(*Personal Influence*)。这本书展示了八百位来自伊利诺伊州迪凯特市的女性对于四个领域(购物、电影、时尚和公共事务)的个人影响的结构。[9] 简言之,在《个人的影响》中看不到结果的影子。这里完全没有和选举相似的事项:不关心要买什么家电、看哪一部电影、选择哪一种发型或者支持哪一种政治观点的问题。这本书中只写了影响的流动本身:有且只有网络。卡茨(Katz)和拉扎斯菲尔德十分清晰地将他们的主张置于当时正在兴起的密歇根学派的问卷调查传统的对立面上:

> 大众媒体研究再也不能仅仅满足于由互不联系的个体作为应答者的随机样本了。应答者必须在其所属或其所关切的群体的语境下被研究。这些群体对于他们的观点、态度和决定都有影响……(Katz and Lazarsfeld 1995: 131)

所以,这本书只关注流动本身。当然,回过头来看,这给了这本书一种现在看来过于"平衡"的感觉。在这种平衡的感觉中,人们理所当然地认为存在一个影响在其中流动的结构,而

---

[9] 拉扎斯菲尔德在这些不同著作中的实际贡献,我们不甚明了,尽管他总是会在书前的致谢部分作出详细的说明。《选举》的一大部分原稿是由约翰·迪恩(John Dean)和爱德华·萨克曼(Edward Suchman)完成的。其他部分一开始是博士毕业论文,而贝莱尔森将第十四章的一大部分想法归功于爱德华·希尔斯(Edward Shils)。而《个人的影响》的三个部分的草稿似乎是(分别)由戴维·格莱彻(David Gleicher)、彼得·罗西(Peter Rosi)和里奥·斯洛尔(Leo Srole)完成的(见 Katz and Lazarsfeld 1955: xiii)。由于这种合作的创作方式,读者往往在将主要思想归功于拉扎斯菲尔德一事上感到犹豫。但为了满足我在这里的写作目的,我将拉扎斯菲尔德假定为这些著作创作过程中的天才领导,并在此基础上将大部分的思想归功于他。

关于结果的思想

人们不会期望这个结构以任何方式进行循环——既不会如社会运动文献中所述的网络那样自我激活，也不会如互派董事会文献中所述的那样自我固化。网络只是社会生活流动的媒介。

于是，在某种程度上，《个人的影响》将《选举》中对于结果的隐含立场自然而然地推向了极端。社会或多或少被看作一个稳态过程，这个过程摒弃了短期结果的影响。这里并没有一个关于最终结果的宏大叙事，并没有出现笑容满面的哈里·杜鲁门举着印有"杜威击败杜鲁门"大标题的《芝加哥论坛报》的场景。相反，这本书几乎完全是描述性的。[10]

所以，我们看到，在拉扎斯菲尔德的许多著作中，存在着一种忽略最终结果或将最终结果看作无关紧要的事物的倾向。拉扎斯菲尔德将结果看作某种变动不居的事物，它围绕某个价值反复而无休止地循环，永远无法达到一个决定性的最终结果。相比之下，《美国选民》中的分析有清晰的结果，这种分析也成为此后社会学中的典型范式。

超越拉扎斯菲尔德式的结果

尽管社会学大多遵循密歇根学派的"最终结果"范式，但

---

[10] 卡茨和拉扎斯菲尔德不仅通过与新兴的调查研究的对比来定义自己，更通过与大众/无组织的舆论观点的对比来定义自己。根据这种观点，大众媒体的爆发式发展正在创造一个"地球村"。他们将这个观点回溯到库利（Cooley）的《社会组织》（Katz & Lazarsfeld 1955: 16n1），并认为路易斯·沃思（Louis Wirth）和赫伯特·布鲁默（Herbert Blumer）是这种观点的当代支持者。然而，令人感到讽刺的是，这两位具有实证传统的哥伦比亚大学社会学家支持社会事实的地方化和扎根化，而他们所反对的两位芝加哥大学学者却刚好往往被认为是地方化和扎根化的倡导者（关于芝加哥传统对地方性的概念，参见《学系与学科》第七章）。

167

第二篇　社会学中的过程与结果

上述分歧一直以来都是社会学的一个突出特点。让我们来考察一些之后的例子。

想一想布劳和邓肯实至名归的名作《美国的职业结构》(*American Occupational Structure*)。这本书就秉承了典型的"最终结果"研究范式，受访者在1962年的职业声誉就是本书的终点。诚然，作者用了许多精心构筑的模型以专门解决这个变量问题，远比一个简单的因果漏斗更加复杂。但与《美国选民》一样，《美国的职业结构》落脚于一个清晰的最终结果。对于每一个受访者，作者在其生命中都假设了一个分层叙事，而这分层叙事则通过路径模型在分析中得以实现。相比之下，当贝莱尔森等人在《选举》中提到路径模型时，它们却被视为关于长期稳定性的模型（而且这也的确是经济学中使用这些模型的一般方式）。也就是说，它们并非是关于最终状态的模型，而是关于中间状态的模型。但在布劳和邓肯的著作里，它们变成了对于简单叙事的隐喻：一个关于原因的漏斗被塑造成一个路径分析的形式箭头，而作者们用这个箭头射向1962年职业状况的靶心。邓肯本人尝试利用合成世代分析将历史背景也带入研究，但我们从该书中得到的主要文献仍然是最终结果方法。[11]

这个关于"某一时间点的结果"的概念看起来似乎被限制

---

[11] 有趣的是，贝莱尔森等人引用了汀波尔根（Tinbergen）——一个研究商业周期模型的经济学家——作为他们的路径模型的来源（Berelson et al. 1954: 281）。在不了解塞沃尔·莱特于20世纪20年代已经发明路径分析的情况下，汀波尔根在20世纪30年代独立地再次发明了路径分析。迈克·豪特曾正确地向我指出，相比于拉扎斯菲尔德，邓肯在某种程度上更像一个"历史学家"，后者坚称系数如边际一般持续变化。但我在这里并不意在强调邓肯著作的实际情况，而是强调其后辈学者对其标准化的解读，毕竟其中许多学者的观点最终被邓肯本人所否定（见 Duncan 1984）。

关于结果的思想

在定量研究的范围之内，因为它在逻辑上紧密伴随着一个以回归分析为基础的方法论框架。然而，同样的观点在关于革命和社会运动的文献中也随处可见，但这些文献却以对于比较和历史方法的依赖而闻名。

例如，斯考切波关于社会革命的经典著作（Skocpol 1979）以两个尖锐的问题开篇："那么如何解释社会革命呢？我们从哪里能找到分析其原因和差异的有效模型呢？"（1979：5）。斯考切波将她的论点建立在对于成功的和失败的社会革命及其各种特质的比较之上。法国、俄国和中国的革命在这本书中占据了最重要的位置，因为它们是成功的革命，它们完成了"根本和持久的结构性变革"（161）。但是最受关注的结果——当然，是从之后文献的角度而言——却并非这些变革（即革命的长期结果），而是革命本身的成功（或失败）。这本书问道，什么时候革命就算成功了呢？斯考切波的著作当然充满了深思熟虑的历史学论证和过程性思考，但它关于结果的概念却更接近于最终结果——某一时间点的结果——而非拉扎斯菲尔德式的无尽过程。我们在关于社会运动的著作中能更普遍地看到这种研究方法。许多20世纪70年代关于社会运动的著作都回应或详加阐述了加姆森（Gamson 1975）对于成功社会运动的基础的研究，即对某种最终结果的基础的研究。

然而，通过在社会运动的故事中插入诸如政治机会、当局回应、运动框架等事项，基于结果的社会运动文献最终却创造出了关于社会运动形成和发展的更为详尽的故事。这种对根植于最终结果的概念的叙事性阐述，在整个社会学中都有出现。例如，关于紧张情绪的文献就从20世纪60年代和70年代对于"什么因素导致了紧张"的简单解释，演化为了80年代关于应对紧张、社会支持和一系列相关事项的更加复杂的解释。

但是，在这两种文献中隐含着的对于最终结果的关注（第一个例子中是社会运动的成功与否，第二个例子中是紧张），仍然留存于此后的研究中，尽管现实社会体系与生俱来的复杂性导致了对中间状态结果（intermediate outcome）或"阶段"的分析。例如，在社会运动的文献中，对成功的最终结果的兴趣转向了对中间状态的"成功"的兴趣，如运动参与者的增加、财源的获取、社会运动人员的职业化等。但是这些因素仍然被视为结果，即使它们仅仅是一个更加长期的通向"更大"的最终结果的几个步骤而已。所以，学界已经从某一时间点的结果转向了更加流动的关于中间状态的、偶然的阶段性结果的概念。然而，每一个关于"社会运动"的概念都不可避免地带有目的论的色彩，这一点仍然千真万确。运动仍然被理解为尝试要抵达某一个目的地，而在某种程度上，人们相信运动会在抵达这一目的地之后就停止。[12]

最终结果的概念在主流实证研究中一直保持着强势。快速浏览任何最近的期刊，我们就会发现，主流社会学中相当多甚至大多数的文章，都关注个体层面上某一时间点的结果。而当分析"宏观趋势"时，它们往往被解构成这些个体层面上某一时间点的结果的综合，然后再在一个个连续的时间点上被加以分析。但偶尔也有论文会采取（至少含蓄地采取）更加拉扎斯菲尔德式的观点，并考虑到一连串结果的波动。

例如，帕克斯顿（Paxton 2002）就采取了一种过程性的视角来研究民主在各国的兴起。在其模型（即一个互为因果的设计）的核心，是国家的两个特质：民主水平（一个定距变量）

---

[12] 关于紧张情绪的文献，参看 Abbott 1990c。叙事中不可避免的目的论特质，在第四章中已经做过详尽的讨论。

关于结果的思想

和社团生活水平（在这里是通过在本国设有办公室的国际非政府组织的数目来衡量的）。每一个因变量都被假定可以决定其自身和另一因变量这两者的滞后值。除了这两个内生变量外，模型中也含有一些常见的外生变量，如能源使用、在世界体系中的地位、学校入学率、种族同质性，等等。模型中有四个时间点，因此作者估计了三个变化方程式。

所以，这个模型隐隐含有马尔科夫式的过程视角，一种情况的下一步状态是其当下状态的函数。从经典的马尔科夫理论，我们得知，这样一个设计只在两种情况下才具有最终结果。其中一种是因为，整个过程具有"吸收状态"（absorption state），只要进入这个状态，就无法离开。第二种是，如果阶段到阶段的参数永远不变，这个过程就会具有一个最终结果，即处于不同状态中各种情况的比率会变得稳定。如果两种情况都不成立，那么这个（隐含的）过程就只会根据随时间变化的转化规律而不停地变动。

于是，在这种设计下，我们没有得到一个真正的结果。相反，我们有了一个拉扎斯菲尔德意义上的过程，这个过程持续地产生新的结果。诚然，这篇文章的理论框架隐隐将民主当作了一个最终的吸收状态，但其分析实际上并没有解决这种吸收的概率问题，而是宁可在传统的某一时间点的结果的框架下，来考虑达到这种状态的每一个细分步骤（正如拉扎斯菲尔德绕过其四维表格的转移矩阵特性一样）。在长期结果方面，我们还要注意，我们可以在原则上将一个国家在民主状态下经历的时间的百分比作为因变量，而非直接考虑最终的民主化（即这篇论文中隐含的长期因变量——这显然是作者希望能够达到的一个吸收状态）。特别是，如果这个过程的参数一直变化，我们就没有理由期望出现收敛的结果，所以历史上的各个案例在各种民主或非民主状态所持续的时间的比例,可能比它们在某一个时间点的"最终"状态有趣得多。[13]

现在是时候将我们迄今为止讨论的各种关于结果的概念及其理论,做一下区分汇总了。拉扎斯菲尔德的分析产生了一个将社会过程"想象为暂时结果的连续序列"和"想象为最终结果的不连续序列"的对比。此后的文献普遍会通过插入暂时结果而从后一种想象转换到前一种,但仍然会避免提出一个完全持续不断且只含有暂时结果的社会过程的概念。注意,暂时或过程性结果和最终(不可逆)结果的对比,与短期结果和长期结果的对比类似,但并不完全等同。我们通常认为,暂时结果涉及长期稳定状态内的短期变化(不论短期变化在一时间有多大),但是不可逆的结果则意味着由短期不稳定所造成的长期变化。实际上,似乎在两种结果中都存在长期和短期的尺度。

---

[13] 有技术倾向的读者会注意到,我在一篇内生变量是连续的文章中,滑向了不连续的语言描述,尽管在如此高的抽象程度上这并不是一个问题。马尔科夫链提供了一个思考"最终结果"和"暂时结果"区别的形式方式,既作为事实,又作为思考问题的框架。在常规的马尔科夫链中,我们构想了暂时结果。如果这个马尔科夫链是不可复归的,那么每一个状态都会在某一时刻被达到,并且实际上是会被无数次达到,尽管在各种状态下所持续的时间的比例是由转化概率决定的,并由对转化矩阵的乘积极限的横比例而估算得来的。所以这里并没有最终结果。在吸收马尔科夫链时,存在一个或多个最终结果,而我们的兴趣在于达到这个结果之前的整个过程在不同状态下所持续的时间。这些时间部分上是一个关于瞬变状态中的转化过程(可以完全决定一个常规链条的状态间概率)的函数,但在相当程度上也是一个关于转化为吸收状态(或多个吸收状态)的概率的函数。如果要通过构想最终结果来认识世界,就必须关注这些概率,即发生不可逆变化的概率。在现在这个例子中,请注意,并没有一个特定的机制可以解释为什么"民主"状态是吸收的,并且存在许多实证例子与这一观点背道而驰。

关于结果的思想

将这些特质都混合起来,我们就得到了另外一个关于结果的概念,一个关于社会和个人的概念。我们往往认为,个人层面的"最终结果"产生了社会层面的"暂时结果"的诸多过程。不论社会层级的现象是否是突生的,其结果的特点都不需要和同时发生的个人层面的过程相同。我们很轻易就可以合并这两个层级。

最后,我所称的暂时或过程性结果,是由无数个体事件所建立的长期稳定性:这些个体事件包括某一特定阶段的失业问题,和前文所述的选民立场的转化。但这些次要的地方性结果并不一定会导致长期的稳定。在最终时间点结果和真正的平衡性结果之间,存在着一种我几乎未有提及,但实际上却在许多社会学文章中隐含存在的结果。我将其称为"趋势性结果"(trend outcome)。趋势性结果的概念在变量中是普遍存在的,例如住房不平等和教育回报率。对于这些变量,分析者并不期望有一个最终结果或是一个无尽的平衡状态,而是期望有一种中间状态,即一个向某个方向持续运动的趋势。

当下的很多社会学研究都关心趋势性结果的问题,典型的例子如我们将在第八章看到的对不平等趋势的衡量。分析者通常不会在诸如住房不平等或职业区隔这类的变量上关心一个最终结果,但他们同样也不期望一个随时间推移的稳定平衡状态。一般情况下,他们将一个通向平等的趋势当作"期望之中的",这明显是基于规范性而非实证性的考量。就如近期的布鲁斯·梅修(Mayhew 1990)通过对其"人类不平等的基准模型"的不完全接受现象所发现的那样,大部分社会学家认为持久稳固的不平等,甚至是通向平等的趋势被阻止,才是需要解释的问题。所以,趋势性结果在当下的社会学中处于中心地位。

综上所述，社会学家似乎有三种关于结果的总体概念：过程性结果（或者说暂时结果或平衡性结果）、趋势性结果和时间点上的结果。我们在个体或社会层面上考虑这些概念，有的时候也同时在这两个层面上进行考量。另外，我们也在短期和长期的不同时间段层面上对其进行分析。

折现与决策

尽管存在这些内部分歧，社会学在形式传统上是研究最终时间点结果的，即一个被研究过程的最终结果。为了将这种对于结果的观点置于社会学的特殊语境中，我们可以将其与经济学中普遍接受的，与此截然不同的关于结果的概念进行对比。经济学家同样通过研究时间中的一个点，来衡量价值的变化历程。但对他们来说，这个点并非最终结果发生的时间点，而是决策进行的时间点。与结果不同，决策不考虑过去，但要考虑将来；经济学家着眼于未来的潜在收益，而非过去的沉没成本。请注意，这与社会学的祖先图正好相反。后者回顾过去，着眼于通过因果漏斗造成最终结果的原因。经济学家并不着眼于一个时期的结束，但却着眼于一个时期的开始；他们不研究造成一个结果的原因，但研究一个决策的后续结果。为了完成这个着眼于未来的任务，经济学家将未来可能发生的结果折现，按照概率赋予权重，然后将它们从未来带回到当下的时间点，计算其在该时间点（即当下）定义下的价值的总和。

折现的概念建立在下述原则之上，即在其他条件等同的情况下，一个给定数目的当下价值，要高于其在将来某个时间点的价值。这一信念主要以两条哲学性理据为依凭。其一，当下所拥有的金钱可以被投资，以在当下到未来的这段时间中增值。注意，这个"投资"的理由自然地引出了一个观点：我们应该使用负指数函数来进行折现，因为折现和投资正好可以通过复利相互换算。[14] 相比之下，折现的第二条主要理据，是从当下到将来任一时间点的不确定性，而这种不确定性可能会减少未来收益的价值。我们的品味或许会变化，我们或许会失去健康甚至丧命，这成百种不确定性都可能在未来收益被享用之前产生影响。所以，对我们而言，未来收益的价值低于我们马上可以享受的收益的价值。值得注意的是，在这两条主要的理据中都存在一个假设，即决策者是一个寿命有限的个体，而非一个由诸多短暂的个体生命绵延而成的社会结构。正如我们已经看到的，社会和个体层面的结果是可以完全分离的。[15]

---

[14] 请注意，尽管关于投资的论点是为了解释我们将未来的资源价值做折现的行为，但实际上它更能帮助我们在未来结果的基础上，判断一个当下投资路径的价值。我们在当下想要投资，是为了在未来获益。从这个角度来说，折现仍然考虑了一个最终时间点上的结果。参看科林·普莱斯（Price 1993）的杰出著作，能找到极为有趣的关于折现的讨论。

[15] 这两条理据实际上更偏向于实证而非哲学。当下的资源能被投资以获取（一段有限时间内的）未来利润的情况，并非总能发生。另外，用负指数函数来为折现辩护，也假设了我们可以对收入进行持续不断的再投资，而这种再投资在实际操作中和在原则上往往都是不可能的。在时间偏好上，有十分可信的证据表明，个人的时间偏好并非指数型，而是双曲线型的，这种偏好的价值衰减在较近的未来比指数型更快，但在较远的未来比指数型更慢。学界有大量的关于跨期选择的研究，它们可以追溯到卡尼曼和特沃斯基（Kahnemanm and Tversky 1979）广为人知的前景理论（prospect theory）。至于双曲线型折现，目前研究最完善的学者可能是艾因斯利（Ainslie 1992, 2001）。经济学家考虑了各种关于结果的有趣问题，比如当下的消费决策如何使决策人在将来享受其所选效用时性情大变，以及在决策人不再享受其所选的未来（社会）效用或负效用时会发生什么。有一些经济学家转向了衡量整个消费序列的问题。令人毫不惊讶的是，首选的序列是一个逐渐增加的序列（Loewenstein and Prelec 1991, 1992）。

这种对结果的折现方法可以在健康状况的成本效益分析中得到很好的说明。该研究起源于 20 世纪 60 年代的商学院决策理论，一开始被应用在临床决策上，后来则被转而应用于稀缺医疗资源的分配问题上。到 20 世纪 70 年代中期，相关研究已经集中于"质量调整寿命年"（quality-adjusted life years，标准缩写为 QALY）这一概念上。QALY 以一套正式的估算过程为基础，这个估算过程从衡量各个疾病状态下的健康相关生命质量（health-related quality of life，缩写为 HRQL）开始。之后，在标准的决策方式下，各种可能的医疗轨迹被组合成由决策、事件和偶然事件（每一个偶然事件都有相应概率）构成的树状序列序图。HRQL 与每一个枝杈的长度有关。从每一个枝杈的叶端（死亡）到树干进行反算，并基于产生各 HRQL 的结果的逐次概率，将各 HRQL 根据其时长与可能性进行加权，就完成了成本效益分析。成本效益分析的结果，即每一个可能路径的 QALY 的加合。此后，将一种医疗干预（更一般而言即某一个轨迹）相比于另一种医疗干预（或不干预）的增量成本，除以这种干预（路径）的 QALY 相比于另一种干预（或不干预）的 QALY 的总增量，即可作出决定。[16]

刚开始，医疗决策方面的文献仅仅关注成本的折现。人们对于对收益的折现表示怀疑，因为"在任何绝对意义上的效用方面，假定未来的寿命年价值低于当下的寿命年"是令人不安的。但是，对于收益的折现最终还是由于纯粹度量方面的考量而出现了，因为成本收益分析中金钱是度量工具，而人们认

---

[16] 健康状况的成本效益分析在里程碑式的 Gold et al. 1996 中被标准化。关于更早期的决策理论，可以参看 Raiffa 1968。关于临床决策，可以参看 Lusted 1968 和 Weinstein and Feinberg 1980。关于 HRQL 的辩论，参看 Fitzpatrick 1996 和 Nord 1999: 第二章。

为任何由金钱度量的指标都应该被折现,因为金钱本身就是要被折现的。今天,这类文献都一致坚持,要同时将收益和成本做折现。两种折现都以同样的折现率进行,在关于美国的研究中,典型的折现率是3%,而在其他地区是5%。[17]

总的来说,经济学对于时间轨迹的观点,与社会学的观点有着相当的不同。社会学的通常观点是思考最终结果,即轨迹在结尾时的状态(在正式的经济学术语中,即期间结束时效用的纵坐标)。但经济学家并不过多考虑长期结果,而是通过折现来将其简化。经济学的方法关注从现在开始的未来轨迹。经济学家活在当下。[18]

---

[17] 此处的引用见于 Weinstein and Fineberg 1980: 254。关于3%和5%的折现率,参见 Muenning 2002: 151。在3%的折现率下,十年后的净现值为75%,而20年后的净现值约为54%。在5%的折现率下,十年后的净现值为61%,而20年后为37%。显然,这样的折现率导致政府并不愿意在发病较晚的慢性病的长期防治方面投入过多,而这也引起了关于公平的激烈政治讨论。对于该问题的讨论,参见 Tsuchiya 2000。QALY也曾经被用于简单的不平等度量,参看 Gerdtham and Johannesson 2000。另一些重要的关于折现的社会科学实证文献则讨论了终身收入。同样,早期的关于折现的争议似乎在此后的约定俗成中被解决了。科里蒂(Creedy 1977)的经典论文指出,生命周期中的不同收益情况,意味着不同的折现率可以在终身收入层面上产生不同的职业排序。但此后的文献(如 Dolton et al. 1989,Makepeace 1996,Johnson and Makepeace 1997)却通常假定标准折现过程。在一篇极为严谨的综述中,科里蒂(Creedy 1990)警告道,任何将收入的计量区间延伸到超过即时尺度的行为,都会导致难以克服的预测难度。因此,这类文献中的一部分并没有进行正式的折现。例如,博斯沃思等人(Bosworth et al. 2002)在研究美国社会保障的数据时,直接将所有的工资都除以当年的平均工资,在不进行折现的情况下将时间的推移进行标准化。经济学家似乎比社会学家更加清楚关于结果的概念的复杂性,但和后者一样,他们最终采用了一套相当简单的关于结果的框架,避免了持续不断的争论。

[18] 关于经济学中对"当下性"(nowness)的直接阐述,可以参看 Shackle 1960 的前几章。请注意,社会学关于结果的概念与新教中的相应概念有隐含的

第二篇 社会学中的过程与结果

　　请注意，当下是随着时间的推移而变化的，而最终结果却并不会。随着时间的推移，当下会变得越来越晚近。这个动态意味着一个关于时间性概念的微妙哲学分歧。哲学家对这个分歧做了深入的思考，作为对 J. M. E. 麦克塔加特（J. M. E. McTaggart）1908 年的著名且富有争议的论文的回应。这篇论文已经在第四章（注 26）被提及。*

　　如我们所见，麦克塔加特在其论文中强调，对于时间，存在两种根本上不同的思考方式，他将其分别称作 A 系列和 B 系列。A 系列从过去、现在和未来的角度思考时间，即根据时态来思考。B 系列仅仅将时间视为具有递进顺序的关系，由诸如"早于"或"晚于"一类的概念来支配，即根据日期来思考。所以，我们可以说麦克塔加特在 108 年前写作了其论文，也可以说他在 1908 年写作了其论文。第一种叙述是索引性质的，在我们知道这个论述在何时被说出前，我们既不知道其意义，也不知道其是否正确。相比之下，第二种论述在任何情况下都

（接上页）相似之处。社会学意义上的人生目标——至少是威特和加拉格尔的著作《婚姻的案例》（Waite and Gallagher 2000）等作品中隐含的目标——是有善终。这种目标，和新教中的度过正义的生活、在死亡时做好面对对于整个人生的最终审判的准备，并将自己的灵魂送入其永恒归宿的目标，具有一定的可比性。（实际上，如韦伯和其他许多学者指出的那样，大部分新教神学并不承认一个定量意义上的最终审判。）相比之下，罗马天主教关注在"蒙恩的状态"（state of grace）下死去；与微观经济学家类似，它关注当下——在这个例子中即死亡的"当下"。我感谢科尔姆·欧穆尔哈泰（Colm O'Muircheartaigh）指出了这个不同。注意，在欧穆尔哈泰的论点中，弥留之际的忏悔在天主教中可以保障信徒的得救，但迈克·豪尔特反驳说"谋划在弥留之际皈依，会有妄想的罪过"。很明显，关于结果的概念，宗教传统有过十分严肃的思考。

　　* 本处提及的"第四章（注 26）"，见 Abbott 2016f 第 105 页。麦克塔加特这篇论文的题目为《时间的非真实性》（McTaggart 1908）。——译者

是正确的。[19]

  这两种系列在逻辑上并没有联系。它们只有在实证层面上，通过一个形式为"今年是 2016 年"的叙述，才能够被统合起来。但是，由于它们在逻辑上是不同的，维持一个连贯的关于时间的哲学思想是十分困难的，这个事实也令麦克塔加特坚持主张时间本身的非现实性。[20]但是我们对这个哲学担忧的兴趣，并不如对麦克塔加特所提出的差异的兴趣那么浓厚。或许，我们可以根据麦克塔加特提出的时间性的不同概念，来理解社会科学的基本范式（即广义上的关注结果的研究范式）对轨迹的考察：一种范式是时态化的，强调事件从未来到现在再到过去的通路；另一种是相对意义上的，仅仅强调绵延的状态。

---

[19] 麦克塔加特为整个 20 世纪英语世界的时间哲学设置了研究问题，而欧陆传统的哲学则忽略了这个问题，他们更倾向于胡塞尔和海德格尔的现象学方法，而我在这里忽略了这个方法。麦克塔加特的主张被英国非正统经济学家 G. L. S. 沙克尔（G. L. S. Shackle）几乎一字一句地复述了一遍，后者似乎并不知道麦克塔加特。"我们必须将外部观察者从外部所看到的被展延的时间［即 B 系列的时间］，与下述时间作对比：事物在这种时间中发生，并在这种时间中被一个内部观察者——即一个在其生活行为中活生生的人——感知到其实在性。"（Shackle 1961: 17）。这个区分也和柏格森所述的作为"绵延"（duration）的时间（即 A 系列，伯格森认为这是合理的）与作为"展延"（extension）的时间（即 B 系列，伯格森认为并不合理）的对比同源。我们已经在第四章对于欧洲语言的两种时态的讨论中遇到过时态的问题。

[20] 这个论证的细节，我们在这里不需要关注。大致来说，一旦麦克塔加特将两种系列分离，他就发现 B 系列并不能作为一种时间标记，因为其并不含有对时间方向的指示。而 A 系列让我们给一个单一的事实赋予一个属性（未来性、现在性、过去性），这个属性在有规律地变动，以至于我们无法在不假定结果——即时间存在——的情况下对其做具体说明。［在麦克塔加特的谚语例子中（McTaggart 1908 : 460），安妮王后的死亡是安妮王后死亡的开始，也是安妮王后死亡的结束。其未来性轻易地就转化为了过去性。］对于麦克塔加特的观点及其后续的细致的现代解释，参看 Mellor 1981。

微观经济学是彻头彻尾的 A 系列学科。其关注"当下",即一个时态化的时刻。这个时刻所对应的未来可以猜测但不确定,其对应的过去是已知的但并不重要。"当下"这个特定的时刻是最重要的,因为它是现在,是我们生活和进行决策的时刻。然而,这个现在马上就转换为过去。这一事实就是麦克塔加特发现 A 系列在逻辑上不够连贯的基础。它给事件赋予一个变动的属性,尽管事件本身并不会变动。

相比之下,主流的实证社会学多多少少算是一种 B 系列的学科。社会学中关于结果的概念看起来有问题的其中一个原因在于,我们所研究的大部分结果实际上根本不是真正的终点,而只是我们基于某种不为人所充分理解的原因而随意选择的一个终点。例如,布劳和邓肯的著作为什么要选择 1962 年作为终点?为什么不是 1960 年或者 1963 年? 1962 年并不是一个结果性的时刻,它只是我们任意选择的一个时刻,只是碰巧成了我们所研究的那个时期的终点。布劳和邓肯的样本中的人涵盖了 20 岁到 64 岁的年龄段,而他们的父亲的出生日期则早至 1835 年,晚至 1919 年。在动态的 A 系列的意义上,1962 年是在这些人生命中的不同时间点来临的。但他们都遵从同一种"变量叙述"——从父亲的受教育程度和父亲的职业,到儿子的受教育程度和第一份工作,再到儿子在 1962 年的工作。整个过程除了邓肯对于世代(cohort)分析与合成世代分析的勇敢尝试外,都没有逃脱这一套标准化的过程。[21]

所以主流社会学具有 B 系列的特征。它预见一个时间线,

---

[21] 关于受访者上一代的年龄,参看 Blau and Duncan 1967: 83。邓肯无疑会通过说"除了研究便利之外并没有其他原因"来作为选择 1962 年的理由,但他也提到,各种系数有很大可能会在任何特定的结果时刻都相同。很显然,社会学家选择的期间是随意的。随机抽选近年来《社会学文摘》(*Sociological*

然后在这个时间线上选择一个点打开研究的窗户，并基于此截取一段时间来进行研究。这个时间段的开始和结束在很大程度上都是任意的，而令人惊讶的是，被分割开来的时间段居然是可以比较的（请再次思考斯考切波提到的三场重要的革命——法国、俄国和中国——这三场革命被放入相同的、可比较的路径中进行对比）。赋予这一程序非同寻常的修辞力量的是，一旦调查的时间窗口滑入一个特定的地方，熟悉和强大的叙事结构就被隐含地用于所涉及的时期。仅仅是通过坚定地定义一个研究的期间（period），这个期间的开端就变成了一个"真实"的开端，它的结束也变为了一个"真实"的结束，诸如此类。[22]

（接上页）*Abstracts*）上所列的 1846 篇关于工作社会学的作品（这个样本是为了另一篇文章而收集的），该样本显示，其中大约三分之二的论文选择了某一个十年期的第一年或最后一年，然而显然并没有非随机的原因来解释，为什么研究所对应的期间应该随着十年期的开始或结束而开始或结束。

[22] 所以大部分社会学对于结果的典型概念，都是从叙事的文学传统中汲取结构的（参照《时间之重》第二、六章，以及本书第四章）。正如我们从亚里士多德处读到的：

> 完整的故事意味着拥有起始、中间和结束。起始意味着其之前的任何事都是非必要的，而其之后发生的某些事则是自然而然的；结束意味着其之前发生的某些事是自然而然的，而其之后的任何事都是非必要的；而中间则意味着其之前和之后发生的事都是自然而然的。所以，一个构建精巧的情节并不能随意地在任何时间点起始或结束；起始和结束一定要具有上述的形式。[《诗学》（*Poetics*），1450b26-33]

此外，亚里士多德在前文又说过："[在叙事中]结束在任何情况下都是最重要的事"（1450a23），以及"[叙事]是对一个自身完整的行动的模仿"（1450b23-24）。这些段落将叙事的概念与结果的概念联系在了一起。与亚里士多德亦步亦趋，（拉扎斯菲尔德的）关于过程的观点认为，在社会现实中并不用麦克塔加特的系列来分析拉扎斯菲尔德关于过程的迷恋，是很困难的。一方面，从 B 系列的角度来讲，拉扎斯菲尔德关于过程的工作试图着眼于一种展延性的时间段，而非将一个特定的当下作为优先研究的对象。但另一方面，从 A 系列的角度来讲，它又希望保持这一展延性时间段内每一个时刻的"开放性"，以强调每一个时刻的偶然性。于是，拉扎斯菲尔德在此又一次试图将麦克塔加特的积重难返的论点引回讨论。或许，这就是我们在发展关于结果的社会学新概念的过程中所面临的任务。

现存及可能的关于结果的概念

掌握了时态化和非时态化的时间性概念之后，我们就可以全面地反思目前发展出来的各种关于结果的概念的差异了。这样的反思向我们展现出，在面对不同种类的问题时，我们是如何选择不同的关于结果的概念，并且也强迫我们自问，如何以不同的方式衡量结果。这不是一个空洞的问题，因为就如我即将论证的那样，我们对于结果衡度量方式的选择并非是无缘无故的。实际上，令人惊讶的是，我们的选择在如此价值负载的

（接上页）存在一种结束，"在其之后没有任何事"。（在个人层面，自然存在这种结束，即死亡。）也请注意，社会学中并不存在基于起始的方法论。我们可以将自回归移动平均模型（ARIMA）理解为基于中间的方法，也可以将标准的回归模型理解为聚焦于结束的"祖先图"。但令人惊讶的是，关于起始的思考几乎不存在，尽管我们称之为事件史分析的数学方法，一开始是以产业可靠性分析中的"失败前等待时间"模型出现的，而这个模型从根本上讲是关注起始的。左截尾——即关于起始的问题——仍然在事件史分析中占据中心地位。

关于结果的思想

情况下,仅仅造成了如此之少的冲突与争议。[23]

时间中的位置:时间点结果与期间性结果

我做的第一组区分有关于结果和我们所研究的时间间隔的关系。将效用或幸福的某些原始度量,想象为在某个时间间隔内连续定义的一个实值函数。我们可以区分该时间间隔中某一特定瞬间的结果(即我所谓时间点上的结果或时间点结果,而最终结果是其中的一种)与无法定位到某个特定时间点上的结果(即有着有限持续时间的结果)。在第一种情况下,结果仅仅指这个幸福度函数在某一点的值,即其纵坐标。而在第二种情况中,结果指一个积分或在某一时间段内该曲线的某种其他加权函数(这个时间段可以是任意有限的期间,可以达到我们所考虑的整个时间间隔)。请注意,我们转而考虑持续时间或"期间"的概念,要么是因为我们认为时间点结果在原则上是一个糟糕的概念,要么是因为我们认为时间点结果并不能够被直接度量,而只可以通过求某个有限时间间隔的平均函数值而近似得到。然而,我们应该将第二种动机看作得到某种时间点结果的途径,而非得到真正的期间性结果的途径,因为它仅仅产生于对衡量方法的考量,而非对概念的考量。

目前为止,在可能存在的许多种期间性结果中,我仅仅展示了其中的两种,即过渡性/平衡性的结果以及趋势。这两种模式都是对过程的期望模式,即范式模式,而我们根据这些模式来衡量一段时间内的结果。当然,我们完全可以有不涉及范

---

[23] 这种价值负载的一个直接的重要结果是,社会科学仅仅涉及了包罗万象的各种关于结果的可能概念的一角。所以,我在后文会经常提及规范性的甚至是文学性的结果及决策模型。

183

式对比的期间性结果的度量，我们或许可以称之为"随时间推移的结果度量"。这种度量只需要我们建构一些关于集合的形式概念，使得这个集合等同于由单一数字组成的对时间点结果的度量。然而，这种集合可能会有几种不同的形式。积分是最明显的一种，它得到的是一个可以和其他结果对比的数字。我们或许也可以使用积分中的最大值或最小值。[举一个常见的非社会学例子，采暖度日数（一个积分度量）和月平均最高温或最低温（一个定义在一段时间间隔之上的单一值）。]但是我们也可以考虑，一段"好的持续时间"，其结果一定波动不大，比如它可以由某种自回归系数或者一个变化范围加以准确而合适的度量。在这种情况下，我们对于结果的考量变得更加"范式性"了。这样的度量并不是简单的用于对比的值，而更多地是一个关于幸福度函数的"好的"模式的一般性标准。

诸如过渡性/平衡性及趋势之类的概念完全是范式性的。它们是评估结果轨迹的一般模式，是我们用来决定是否必须解释一个轨迹的预期。这最后一点，也是目前社会学使用"趋势"这一结果概念的常见方法，如我之前所述（即对于许多学者来说，"好"的趋势无需解释，但"坏"的趋势却需要解释）。[24] 这种对于时间段结果的双重使用（作为集聚的单一数字度量和作为范式），使其与非时态化的时间点结果略有区

---

[24] 这里一个明显的例子是流动性研究，这个领域花了数十年的时间试图解释违背"纯粹机会"（pure chance）流动性结果的现象。正如第八章也要揭示的那样，隔代的纯粹机会流动性对于几乎所有的19世纪美国或欧洲居民可能都毫无意义：不论是作为实证性的期望，还是作为范式标准。这个概念显然不是该领域学者们所认为的"事物的自然状态"。对于当下的流动性学者来说，他们自己的子女的生活机遇应该完全不受任何他们个人投资和品质的影响的说法，也毫无疑问是无稽之谈。然而，这却是他们的著作中所隐含的政治立场。关于这种"知识异化"，见第九章。

别——以社会学家所关注的最终结果为例——后者几乎总是仅仅被当作一个用于对比的单一值，而非范式。但如果我们把各种度量集中在一起，包括最终时间点结果、过渡性/平衡性结果、趋势，以及其他许多不同的期间性度量（积分、范围系数等），我们就可以得到关于一段时间间隔的结果的各种概念。[25]

分析的单位：个体与社会的结果

第二组基本区分，是社会层面的结果和个体层面结果。一开始，我所举的例子似乎表明，社会层面的变量往往与暂时结果相联系，而个人层面的结果与时间点结果相联系。然而如此后的例子所示，这种情况并不一定成立。在个人生活中能够见到暂时结果模式，哪怕是仅仅在较短的时间间隔中：商品购买、互动习惯等。反过来，革命显然是一个社会层面的时间点结果。在此，重要的约束条件在于，个人只有有限的生命，所以对于他们来说，过渡性的结果（平衡性的、趋势的或者其他一些过程性的结果）被局限在某一段短暂的时间中。而我们一般认为，这段短暂的时间要比我们用来度量"更重要的"个人时间点结果的时间段要更短，例如婚姻持续时间、教育等。（当然，说它们更重要正是因为它们并非过渡性的结果，而是不可逆的结果。）

所以，所有类别的结果都可以同时在个人层面和社会层面上加以理解。以趋势性结果为例。在个人层面上，教育总是被视为一个序数性的结果，至少在人生中一段相当重要的时期会单调递增，即便如果扣除人的成熟和成长，许多大学毕业生在

---

[25] 这些都是非时态化的概念；我将在下文转向时态化的概念。但是我们也可以认为，时态化的结果是由一个运动中的"当下"（即一个时间间隔）所定义的，而非由时间点定义的。

毕业时比入学时所知更少,即便我们自己随着时间的推移在不断失去我们接受的教育,即遗忘各种知识。[26] 在社会层面上,20世纪30年代以降,在社会上几乎每一个人心中,经济增长就在规范性层面和实证性层面上被认为是一种趋势。正如许多人所指出的那样,不论在规范性层面还是实证性层面上,并不存在特定的理由来支持经济必须增长的观点。认为经济会增长且必须增长的信念——隐含在认为经济必须在增长这一范式里来加以理解的观点中——是一个规范性的立场,一种关于结果的意识形态,正如我们在教育上的关于结果的意识形态一样。

时间性:时态化和非时态化的结果

所以现在我们有了关于结果度量的第一组区分,即考虑其在时间中的位置:一方面是最终时间点的结果,另一方面是各种期间性的结果(平衡性的结果、趋势或者其他模式)。然后我们又构建了第二组区分,即考虑承受结果的单位:个人或社会实体。对于结果概念的第三组基本区分,是我们从麦克塔加特处获得的:可以被时态化的结果和不可以被时态化的结果。某些关于结果的概念采取了 A 系列的时间性视角。唯一重要的

---

[26] 一个与此等同的社会层面的假设——即劳动力的自然状态是教育程度和技能水平越来越高——同样也是一个规范性的而非"客观"的判断。有这样的判断,正是因为我们在规范性层面上相信我们已经培养了比劳动力市场所需要的多得多的大学生(根据2002年出版的《教育统计摘要》,这个比例已经达到了25至29岁人群区间的30%,而且仍在持续增长)。到2010年,根据载于《劳动月评》(*Monthly Labor Review*)的《职业雇佣预测》(Occupational Employment Projections)一文(124: 11: 57-84),大约22%的工作会要求大学本科学位(第八章将会更详细地讨论这个例子)。而与个人层面的概念类似的,这个社会层面的概念忽略了我们持续丢失不再普遍重要的技能这一事实:如 FORTRAN 编程语言而非 JAVA 编程语言,等等。

是当下的动态,而其他时候的结果必须通过某种方式与当下的结果联系起来。另外一些关于结果的概念采取了 B 系列的时间性视角。时间只是一系列日子构成的线性结构,所以理解结果并不需要在偶然或动态的意义上知晓其在时间上的位置。任何时刻都可以是结尾,任何时刻都可以是开端。结果只是任意选择的某个期间或某个时间点上的事态。

但是时间中的方向似乎在非时态化和时态化的结果概念中都十分重要。目前我们考虑过的几乎所有关于结果的概念,都忽略了过去的幸福度。如我之前所述,经济学家对于任何过去的事都没有兴趣。经济学活在当下。社会学家对于过去感兴趣,但只是因为现在是度量结果的时间点,而过去对现在有因果性影响。换句话说,尽管社会学家偶尔会考虑趋势或其他期间性结果,但他们普遍使用非时态化的、最终的、时间点结果的度量,而忽略中间状态的幸福。

过去的幸福可能会存在于记忆中,并在此后的时刻享受,这一点似乎所有人都不感兴趣。(用第一章的术语讲,记忆的历史性被假设为并不存在。)人们同样也不太关心过去的效用可能发生变化,并在之后被重新定义而变为负效用(反之亦然),尽管现实中明显存在这类重新定义,如在离婚中,或在重新书写过去的历史经验时(例如,19 世纪末的女性认为自己在其单独所处的环境中十分快乐,而如今人们却将她们描述为在错误意识中被压迫的受害者)。㉗所以记忆和事后重新定义都是结果的重要组成部分。为了将其带入讨论,我会根据各种关于结果的概念是否关注未来、当下、过去或所有时间段,将

㉗ 特沃斯基和格里芬(Tversky and Griffin 2000)指出,过去的幸福往往被作为当下幸福的对比标准。关于离婚,参见 Vaughan 1987: 271 及以下诸页。

这些概念分为前瞻性的、瞬间的、回顾性的或者是泛时间性的概念。

非时态化的结果

我们最熟悉的关于结果的前瞻性概念是经济学家们的时态化概念。这是一个前瞻性时态化（prospective, tensed outcome，缩写为 PTO）概念，我们利用这个概念来猜测通向未来结果的轨迹，以进行当下的决策。可以肯定的是，就算是在折现理论下，目标也是（从完满的角度来说）"在最终"取得更好的结果。不过与此同时，我们需要想象一个不完满的结果，以作出决定。这是一个完全时态化的操作。[28]

但我们也可以想象一种非时态化的前瞻性"结果"，其中未来的结果是绝对建立在一个时间段的起始时刻的。这是一个"时间点结果"的度量，但却也是一个应用在时间间隔开始而非结尾的度量。在最简化的情况下，这就是"归因"这一社会学概念，而我们一般认为这个概念在规范性层面上是错误的，在科学层面上也不怎么有趣。注意，一个等价的情况（将结果固定在一个时间段中很早的时刻）出现在极端的双曲折现中（就如托尼·马内罗在《周末夜狂热》开头的那样）。双曲折现用积分描述了一个时间间隔的效用（正如指数折现一样），但在双曲折现中，折现函数是以 $1/rt$ 的形式出现的，其中 t 为时间，r 为系数。当 r 变得相当大时，积分的值就会无限趋近于零时间的时间点结果。一个使用极端的双曲折现的人，会在一

---

[28] 我在这里解释了卡尼曼和特沃斯基共同着墨的两组区分（参见 Kahnemann and Tversky 2000:15 关于"决策价值"和"经验价值"的讨论）。关于未来的结果，还可以参看 Shackle (1961:9)："对于结果是虚构的和想象的这一观点，及这一观点中所隐含的内容，再怎么强调都不为过。"

个时间间隔的开始就为自己归因出一个持久的结果,因为其并不愿意推迟任何形式的满足。

但这种关于结果的概念——前瞻性、非时态化的时间点结果——所支配的远比托尼·马内罗和他的蓝衬衫要多。加尔文主义神学的形式结果理论正好是如此:命定论,而这在形式上与我们所说的社会学家们的典型的"最终审判"的结果概念正好相反。命定论将生命的(终极)结果固定在了其开始,而这样做的社会体系实际上是相当普遍的。在归因性的体系中也有一些这样的例子。比如,贵族体制长久以来将精英统治的正当性建立在下述条件之上:其卓越的经济实力(一个在其开端就被前瞻性地保障了的结果)将其解放,使其得以考虑整个国家的利益。法国和日本等国的教育体系在很大程度上将人生的结果与一次在人生早期阶段进行的考试挂钩。这些教育体系也以体系能免受野心家利益的影响这一论点来为自己辩护,而实际上这就是在把成功作为自证预言来为自己辩护。类似的例子也包括期限限制的概念,如对于选举委员会、学者职位以及刑罚的期限限制。它们提前固定了一个结果,并以此来削弱中间利益的作用。所以,得到前瞻性保障的结果在社会生活中出奇地普遍。[29]

---

[29] 有人可能会问,新教的命定论是否真的符合这个模型:人们是否由于相信他们的命运是提前注定的,所以他们没有世上的思虑,并而只是以他们选择的方式彰显上帝的恩典?我们并不知道这个问题的答案,因为加尔文认为,提出"上帝为何选择提前决定人的命运"这个问题是不虔诚的表现[来自与康斯坦丁·法索(Constantin Fasolt)的私下交流]。在奥奈达社区(Oneida Community)中,能找到期限限制的婚姻限制的例子(参见 Foster 1984,第三章)。不过当然还有我们更加熟悉的文化现象,如"船上艳遇"和其他这类具有具体时间限制的艳遇。至于学者职位,位于百乐宫酒店的洛克菲勒中心以一个月的期限和再次回访前需等待十年时间闻名。得以延续至今的最古老的

请注意，大部分这类前瞻性的结果架构是为了行动或帮助行动。时态化的结果是为了帮助决策。非时态化的结果则常常是为了创造社会稳定或减少社会负外部性。但也请注意，时态化的前瞻性结果概念自身并不完满。它们评估未来的结果，但并不决定未来的结果。相比之下，非时态化的前瞻性结构其实决定了未来某些成果的范围界限。这就是相对于在非时态化的时间间隔末尾出现的"最终审判性结果"，我将其标记为"命定结果"的原因。

命定是我们在这里考虑的最后一种非时态化的结果形式。所以，在这里我们需要总结一下非时态化的结果的种类。我们目前讨论了四种特定的非时态化的结果概念，对其中的每一种，我们都在社会层面和个人层面进行了考察。我们有两种时间点结果：开端处产生的命定结果和结尾处产生的最终审判性结果。我们之前也提到过两种期间性结果：趋势结果和平衡性结果。所有这些都是结果的一般模型，它们是我们用来想象结果和从范式上度量结果的性质的方式。我也提出了——但并没有探究——极为多样的集合性的期间性收益，如积分等。它们可以作为非范式性或半范式性的随时间推移的结果。但是，我省略了瞬时性的或回顾性的非时态化结果，以专注于各种时态化的结果。

时态化的结果：瞬时性与回顾性的结果

在时态化结果方面，迄今为止我大量地关注了前瞻性的时态化结果，例如经济学家们经典的未来折现。现在我将考虑另

（接上页）期限限制的例子，可能是英国国会的架构。从1716年起，英国国会就规定（最久）每七年要举行一次选举。（在1694年到1716年之间，是要求每三年要举行一次选举。）

关于结果的思想

外两种时态化的结果的可能性。

首先,存在一个真正的"时间点"版本的时态化结果,我将其称作"瞬时性时态化结果"(momentary tensed outcome,缩写为 MTO)。当然,从某种意义上讲,时态化结果总是在单一时间点(即"当下")的基础上被考量。诸如"前瞻性"和"回顾性"的词汇实际上是索引,直到我们知晓它们所前瞻或回顾的"当下"到底是什么之前,它们都是没有意义的。(从这个意义上讲,正如我们之前所讨论的,命定并不是真正前瞻性的。)但是存在某些特定的纯粹瞬时性时态化结果的概念。我们最熟悉的是哲学上的概念。例如,在构想快乐时,亚里士多德(《伦理学》第一卷第十章 1100a10—1101a20)明确地否定了最终审判的观念。尽管他哀悼了普里阿摩斯的悲伤,后者的幸福生活在特洛伊陷落时走到了头,但亚里士多德仍然嘲弄了梭伦给克洛伊索斯的建议,即没有人能在其死亡并超越不幸之前宣称自己是幸福的。(即亚里士多德嘲弄的观点是,真正的结果是一个人在死亡时一瞬间的感受,而这确然是一个最终时间点结果。)亚里士多德告诉我们,幸福是来自内在的,因为幸福在于"积极地行使我们的能力,使之符合德性"(1100b9—10)。另外,"人的活动中,符合德性的行为最具有永久性特质"(1100b11—14)。他认为,只有最为压倒性的、来自外界的不幸才能挑战这个特质。所以,结果本质上是一个因人而异的时态化的瞬间,它是由我们让自己成为了什么样的人而决定的,而这又是由我们生命中的每一个"当下"的行为所决定的。[30]

构想一种关于这类结果概念的社会科学,并非不可能。

---

[30] 《约伯记》提出了相同的主张。约伯在尘世事物上的结果,源自于上帝针对约伯对路西法掠夺的回应的审判。但约伯的"结果",从其自身对自己

契克森米哈（Csikszentmihalyi 1990）著名的心流（flow）理论，在本质上就是关于一种"作为其本身的结果"的瞬时性体验。心流体验是时态化的，因为它假定当下与过去和未来是分离的。但是，与经济学家的前瞻性时态化结果概念不同的是，心流并不关心超越当下的视角来关注过去或未来。它是一个在"当下"之内的微结构，取决于诸多外部和内部条件。外部条件包括：(1) 可完成的任务；(2) 集中精力和控制行为的能力；(3) 即时反馈。而内部条件为：(1) 毫不费力的参与；(2) 自我意识的减弱；(3) 时间感的变形（1990: 49）。这里对我们来说比较重要的是时间感的变形。心流之中的时间变化是某种扩展："几个小时的流逝就如几分钟过去一般，而几分钟也能够像几小时一样漫长。"前面的判断似乎是来自外部。当人不在心流之中时，之前的心流体验似乎就快速流逝了。而后面的判断似乎是来自内部；当人在心流之中时，它似乎是无穷无尽的。[31]

（接上页）经历的衡量来讲，却是上帝赐予的经历，故而是合理且"好"的。这就是为何其结果中可怕的内容必须得到解释，并加以合理化，这也是为何约伯就算是在其最痛苦的时刻，也从未停止称颂上帝。这种即使在愤怒中都从未停止的心向上帝之情，是一种和亚里士多德式的德性类似的品质，是"来自内在"的信念，是一种自我产生的瞬时性时态化结果。当然，这也是约伯在上帝面前的最终辩护，是其回归富足的原因，而作者则以此来抨击世俗性的结果概念。这种瞬时性时态化结果的概念很普遍。所有生命在每一刻都面临着风险，而结果总是取决于当下这一瞬间的德性，类似的意识在日本的武士道伦理和其他地方相似的荣誉准则中都处于核心地位。

[31] 一个关于心流的有趣的例子是专业的投机行为。许多极为富有的人仍然继续大量捞钱，并不是因为他们可以用这些钱来满足消费上的乐趣（尽管我们也可以用标准效用理论，来将他们的行为解释为是为了获得击败竞争者的"效用"）。相反，他们只是在享受做这些事时的心流。韦伯在《新教伦理与资本主义精神》的最后几页斥责资本主义退化为了一种体育运动，或许就是基于这个原因。

关于结果的思想

心流显然是一种结果状态，而且是一种我们刚刚在亚里士多德处看到的瞬时性时态化的结果状态。尽管存在一些明显的可能方向，但我们似乎并不清楚，如何在研究的实际操作中将心流作为一种结果的度量使用。我们可以直接度量"在心流中"花费的牛顿时间（与体验到的时间相反），但这似乎是一个有问题的概念，因为这里涉及了时间感的变形。另外，这种方式仅仅将心流当作了另外一种效用，而非结果概念的一种具体形式。所以，这种度量又会回到上面我们讨论过的非时态化期间性结果的范畴。

一种更微妙的将心流视为结果概念的方式，是将其视为一个分形——从字面上看，心流构成了时间扩张的一种方式。让我们暂时把时间看成具有一定长度或持续时间的 B 系列线段。现在想象一下，我们把这条线的中间三分之一替换成以中间三分之一为底的等边三角形的两条边来展开。这个线段现在就成为了一个中间三分之一段存在偏离的轨迹，而其长度延长成了之前的三分之四，尽管其水平方向上的延展长度仍然与之前相同。现在我们对构成这段轨迹的四个线段都进行一次这样的过程，整个线段的长度就变成了最初的九分之十六，但是其水平方向上的延展程度仍然与之前相同。

这种构造，即科赫分形（Koch fractal），当然可以无限重复下去。我们可以将其与时间在心流中的扩展做类比。线性时间没有发生变化，但生命体验相比于一开始增加了许多。（在下一次迭代时，它会两倍于原来的长度。事实上，如果我们一直重复这一过程，它的长度就将无穷无尽。）所以，科赫分形并不能"填满第二个维度"，但它填充第二个维度的程度是可以度量的。这个数字，即其分形维数是 1.26。其他这类线性分形当然有不同的分形维数。也就是说，尽管并没有线性的方法来度量"时间的扩展"（因为这涉及另外一个无法直接度量的维度），但存在一个与该扩展直接相关的且单调的度量尺度（分形维数），而且这个单调的尺度原则上可以度量一个人的心流在多大程度上给线段的固定水平期间增加了额外的生命体验时间。[32]

我们如何具体衡量这样的"心流中不同种类的分形时间扩展"呢？要注意，在一个有限的系统中，这类时间扩展存在两个系数，其一是由分形生成机制引发的单步扩展，其二则是整个生成机制重复作用的次数。第一个系数，即人们如何产生心流，原则上可以用人们的心流体验直接估测。例如，使用上文讨论的分形扩展的"科赫性"的人会将其经验分割成一个开始、一个心流扩展的中间段和一个结尾。第二个系数，即人们产生心流的深度，会更加难以度量，尽管它并不难加以概念化。一个"深度2"的科赫性的人会将"心流中段"之前与之后的"普通时间"拓展成一段开始、一段结尾和一段短短的过渡性的中段，而不是像那些在大型体育比赛之前会进行特殊仪式，并在赛后会进行特别庆祝的人那样。而深度3和4则依此类推。在原则上，这两个时间扩展系数（即生成机制及其深度）是可以被度量的。这样的度量并不比健康状况文献中估算HRQL的"时间权衡法"和"标准投机法"更稀奇。所以我们可以想象一种建立在实证基础上的研究程序，其中结果被看作一种每个个体都各自特有的瞬时性时态化现象。结果的这种瞬时性性质会对"生命中经历的全体结果"产生巨大的影响，但却并不能通过简单的"随时间推移的结果的数目"的调查手段

---

[32] 科赫分形等线性分形有时也被称为"曲流"（meanders）（Lauwerier 1991）。不同的曲流可以用不同的生成规则来区分。

做检索和回溯，因为它们都隐含在个体体验其经历的效用的过程中。[33]

注意，这种方法意味着，心流作为一种结果度量，会独立于社会尺度上的价值评判。比如说，它并不是一个关于金钱的函数。富有并不能使心流更为可能，如果有例外的话，可能是富有会给我们控制行动的自由。同时也要注意，由于心流关注当下，对于如何随着生命历程的推移将其加合为一个结果，或者如何将其存在、缺失及可能性作为决策的重要标准来加以运用，我们都完全不清楚。在某种程度上，这个问题在所有的时态化结果概念中都存在：它们使得每件事物都指向当下，于是就将可能性永远地重置了，不论它们是前瞻性的、回顾性的、瞬时性的还是泛时间性的。

最后一种，也是最迷人的一种时态化结果概念，不是瞬时性的，而是回顾性的。我们拥有考虑未来结果和当下结果的模型，但在关于结果的各种社会科学文献中，很少有能够帮助我们考虑过去事件对当下结果的影响的文献。（当然要注意的是，现在有越来越多关于精神创伤的文献。）显然，首先我们可以回顾，非时态化的期间性结果在本质上以一种非常简单的方式涉及了过去的结果。也就是说，如果我们从一个时间段中较晚的时间点出发，考虑效用的简单积分，这个积分就明显会涉及过去及当下的幸福。更进一步，我们可以坚持认为令人愉悦的记忆本身就是当下回报的一部分，以此来趋近一个关于过去结果的时态化概念。的确，记忆会逐渐消逝，而我们可以大致估测

---

[33] 对于 HRQL 文献的综述，参见 Torrance 1986。注意，我避开了一个问题，即心流是非常时态化的，所以心流的"时间拓展"并不一致地贯穿于每一个给定时间段，而是某种程度上"从左到右"地发生。在心流被用作一个结果概念之前，需要解决这个问题。

它是以指数形式消逝的。这导致我们会对其使用一种和前瞻性折现对称的反向折现,这种反向折现也是标准微观经济学的结果概念的核心。这可能就是回顾性时态化结果(retrospective tensed outcome,缩写为 RTO)的最简单的形式。[34]

不论是否可以度量,回顾性时态化结果都在人生决策中被普遍使用。很多人选择要孩子,是因为他们期待在接下来的一年中做换尿布的工作(也就是说,他们是基于前瞻性时态化结果而决定要孩子的),而有些人只是因为他们看到每个人都有孩子,才要了孩子。但是还有相当大量的人选择要孩子,是为了避免在此后的人生节点中后悔当年没有要孩子。这是一个基于回顾性时态化结果的决策,而非基于前瞻性时态化结果的决策,因为在标准前瞻性折现率的基础上,三十年后就算是相当相当严重的后悔,在当下也不具有实体性的负效用。但如果从尾往头看,随着换尿布的工作和无法入眠的夜晚被折现(只是因为选择性的记忆,如果没有别的因素的话),这种后悔会成为相当严重的损失。

但是这种考量回顾性时态化结果的方式存在一个困难,即这种方式不考虑过去的效用在事实发生后依旧"悬而未决"的情况。说得更正式一些,它并不承认完满状态的持久历史脆弱性。这一点上最明显的例子我们已经提到过了:离婚。众所周

---

[34] 回顾性时态化结果中记忆的重要性,也反向说明了预期在前瞻性时态化结果中的重要性,而这是微观经济学中前瞻性时态化结果所忽略的内容。在幸福感完满时失去的(参见上文脚注 [20]),是对于幸福感的预期,而这本应该被认为在本质上是具有效用的,其效用会延展至所预期的整个期间。另外,最模糊且最长期的预期,往往是最强烈和最可持续的。正如记忆应当组成回顾性时态化结果的核心,预期也不应该像如今这样在前瞻性时态化结果中被忽略。"中年危机"的整个概念,在根本上正与在完满中死亡的预期有关。

知，离婚的过程会在过去的完满结果之外，产生各种对于过去事件的重新定义。其中某些只是诸如"你知道，我其实从未真的爱过你"一类的重新定义，这些重新定义会突然消除过去幸福感的大量意义（甚至是折现之后的意义）。而另外一些重新定义是策略性的。正如沃恩（Vaughan 1987: 第十章）所指出的，这些重新定义可以被用作关系破裂这件事本身的过程之中的起手或回应。另外一些重新定义，则仅仅源于对所有过去的解释"提出质疑"，而这些解释一直都受到安稳且虚假的婚姻质量的保护。

但是这些都意味着，过去不仅会被折现，还可以被重新估值。这可以是语言文字上的重新定义，如我们上文所述。但更常见的是通过日后的行动来实现的重新定义。就像在第二段婚姻开始后，前段婚姻就变成了仅仅是"第一段婚姻"。或者当第二部或第三部代表作迟迟未能出现时，一位作家早期辉煌的文学成就便成为了"昙花一现"。这确实就是亚里士多德哀悼普里阿摩斯的核心所在，后者早前多年的辉煌成就，在希腊人毁灭特洛伊时，被重新定义成了"失败前的骄傲自大"。而也正是根据这种逻辑，梭伦才会告诫极端富有的克洛伊索斯，直到死前都不要宣称自己是幸福的（Plutarch n.d.: 114）。

一种真正有效的对回顾性时态化结果的度量方法，必须将这些重新定义考虑在内。但是请注意，虽然在前瞻性折现中，未来的不确定性被认为是从当下开始单调递增的，但过去的事件是否会随着我们离它们远去，而系统性地变得更有可能被重新定义，却并不清楚。毕竟，许多关于舒茨的"沉淀"概念及弗洛伊德的幼儿性欲概念的文献认为，事实正好相反。所以，我们不太可能用一个简单的负指数折现来处理重新定义的问题，尽管负指数折现可能是解决更简单的问题的最佳方法，如对快乐的遗忘。也请注意，在社会层面上，这样的重新定义可以对过去或好或坏的完满状态造成非同寻常的转变。例如，彼得·诺维克（Novick 1999）关于大屠杀的精彩著作，就精心细致地展示了这一点。在社会层面，由于时间跨度和过程结果框架要长得多，这种重新定义对于当下"结果"的影响是巨大的。[35]

当我们从回顾性时态化结果转向泛时间性时态化结果的可能性时，我们就已经达到了可能的理想化的结果概念。在我看来，结果概念显然应该涉及前瞻、瞬时和过去。我们不是瞬时性的生物，我们有过去和未来，而我们的社会制度也是如此。时间的所有部分都同时和这两个层面上的结果相关——虽然不一定是相同程度的相关，但这两个层面的平衡本身，就是我们应该探索而非简单假定的事物。至于时态，我们清楚地知道，时态化的结果从根本上来说是比非时态化结果更可取的。因为，正如柏格森、沙克尔和其他数十位学者所主张的那样，我们生活在一个时态化的世界中，而非生活在一个非时态化的世界中。行动、斟酌、期待和记忆，在根本上都是时态化的。不论我们是在决策的个人层面上来做考虑（这是我在最后这几页隐隐关注的），还是在"历史向前发展"的群体层面上来做考虑（正如拉扎斯菲尔德在关于选举的研究中所做的那样），我们都希望我们的概念能够在一个时态化的环境中起到作用，因为我们所研究的人群和社会结构都总是处在时态化的环境之中。或许，向非时态化的结果推进是必要的，因为我们需要在各种能动者之间比较结果，或者因为非时态化的结果在

---

[35] 由于篇幅所限，在这里我甚至没有触及关于集体记忆及相应的个人层面口述历史的文献。这两者都与回顾性时态化结果概念有着紧密的联系。

数学上更加简单和更易于处理。但是这不应使我们忽略其根本上的缺陷。

结　论

在本文中，我尝试展示一种用来思考个人和社会生活中的结果的概念机制。我试图提供一些术语，来思考这个复杂而困难的问题，包括：时态化和非时态化结果、回顾性结果、瞬时性结果、前瞻性结果、泛时间性结果，以及在这里讨论过的各种各样的非时态化结果。

我从非常广泛和互不相干的文献中借鉴了概念，因为我别无选择。毕竟，这个问题十分迫切。绝大部分社会学探讨的目标，都在于衡量和评价"发生的事情"的"起因"，尽管它们一般都缺乏关于如何从时间性的角度将"发生的事情"加以概念化的反思性概念。更重要的是，我们往往意在弄清，在一类人身上"发生的事情"是否比在另一类人身上"发生的事情"更好。然而，每次当我们倚重于一种特别的方法来从时间性的角度预想这些结果时，我们都会对哪一个结果更好做深切的价值判断，而这种价值判断首先是通过决定如何将结果概念化而体现出来的。特别是，在一条轨迹之中，即在一个个体的生命历程之中或在社会形成的历史之中，决定如何思考福利的分配，就是一种彻头彻尾的基于价值判断的行为。这也是为什么不存在价值无涉的社会学的另外一个原因。只有被广泛接受且不具反思性的关于如何预想结果的传统定式的存在，才使我们免受这一事实的影响。

所以，下面的这个判断似乎很有道理：我们对于结婚是否是一件好事的评判标准，应该落在强调人们结婚之后，相比于不结婚，会有什么样的结果。例如，拥有更多的金钱，寿命更长，对生活、朋友和子女更加满意，等等。但在不知不觉之间，这样的强调却无可避免地将我们推向了如下执念：性爱与家庭安排的理想目标，是在六十岁时有不错的健康状况，房产按揭已经付清，子女幸福快乐且已就读合适的大学，并且在此后的21.4年里可以有保障地过上打高尔夫和喝梅洛红酒的生活。但为什么不把这个跨度大幅缩小，在45岁时就达到辉煌顶点，然后让生命熄火呢？在浮士德看来，从现在起的24年里的极乐生活，与24年后开始的永恒极乐，有着相同的价值。只需粗粗计算一下就能知道，浮士德的折现率只有微不足道的2.89%，而这比美国的健康状况评估研究一般采用的3%还要小。考虑到浮士德坚持了24年才被咒罚，他已经是相当谨慎的保守派了！而如果采用欧洲的健康状况折现率，恐怕只要14年的极乐生活就能令他心满意足。

关于结果的问题并不仅仅是又一个方法论难题。大部分社会学的结果概念在我们所收集的数据上，强加了一种彻彻底底的资产阶级生活观。在这种生活观中，不存在任何的"客观"。在这种生活观的周围，围绕着体面、慎重、规范以及被高度规制化的抱负。这种生活观过分贬低了生命中强烈体验的价值，同时过分高估了谨慎的价值。这种生活观在我们身上强加了对未来的算计，同时又强迫我们完全无视记忆的意义。这种生活观偏爱了无遗憾的人生，但这样的人生或许也乏善可陈，无可称道。

如果回到我开篇关于《周末夜狂热》的例子的话，目前数十年来主导社会学的最终结果概念，在我看来是比较类似福斯科式的。这种概念让我们站在五金店中，尽职地给货架上漆，守在分配给我们的岗位上，就如那些脸色苍白的中年分析师一样。但和托尼·马内罗一样，拉扎斯菲尔德意识到，生活的本质并不是你最终能达成什么样的目标，而是你努力为达成这一目标而做的投入与付出。《周末夜狂热》的开场，是对约翰·特拉沃尔塔的五分钟特写。他穿着一双红色仿鳄鱼皮高跟靴，以英雄般的姿态直面镜头，径直前行：五分钟的行走，五分钟的时态化过程，五分钟的过去、现在和未来。我们并不关心最终的时间点结果，即托尼提着油漆罐走进了五金店。我们想要看的，是他走进去的过程：他买了一块披萨，转过身去追逐刚才蹦蹦跳跳从他身边走过的漂亮姑娘，听着高架铁路在他头顶上发出隆隆轰鸣。* 这一整段行走才是结果。而对于我们社会学家而言，理解这段行走，才是至关重要的事。就如特拉沃尔塔行走时的配乐让他满是活力，理解这段行走也让我们社会学家始终充满活力。

---

* "高架铁路"原文为 the el，即美国人对 the elevated 的缩写，而该词又进而是对在美国一些城市中运行的高架铁路（the elevated railway）的简称。高架铁路通常指的是高出地面的地铁，在高出街道的轨道上运行。芝加哥著名的"卢普"（Loop）就是这种类型的高架铁路。在纽约，"高架铁路"（el）一词正式指的是旧 IRT 系统，但这些轨道被整合到纽约地铁系统中去了。目前，纽约大约有四成地铁系统属于"高架铁路"，或在地面上运行。我不太清楚中国是否有与"地面运行的地铁"相对应的说法。（本条注释为作者补注，在原书中没有。在翻译时，我们专门向作者请教了原书中 the el 一词的含义及译法，作者便增补了该注。此处作者所说的"高架铁路"，与国内的"轻轨"较为类似。译者在芝加哥大学求学时，曾乘坐过芝加哥的高架铁路，也曾在高架铁路下听着列车在轨道上开过，发出隆隆轰鸣。显然，与国内的轻轨相比，芝加哥的高架铁路运行速度更慢，噪音也更大。——译者）

实证与道德层面的专业主义[①]

前一章表明,在规范性意义上幼稚,却又能够让我们借其有效地理解现代社会的不平等的本体论,是不存在的。我们选择的任何社会本体论,在我们对于不平等与不公正等规范性问题的实证考察之中,都有着各不相同的影响。正如第六章所示,我们所选择的任何关于结果的概念,都会对我们对如人类生活质量之类的规范性问题的实证考察,产生类似的影响。在最广泛的意义上,这些关于规范性,以及关于我们对"好"或公正的标准的结论,对于为什么采用过程性的本体论可以更加凸显对社会生活进行明确的规范性反思的必要性,在方法论上做了回答。

在这一章中,对于为什么过程论需要规范性反思这一问题,我将转而讨论一个更为深刻的理由。这一理由即如下事实(我在本书前许多地方已提到过这一事实):在很大程度上,社会过程是由将价值凝固进社会事物,并将选择和行动逐渐编织进我们所称为社会实体的稳定事件谱系的过程构成的。在这个过程中,价值处于核心地位,因而社会学是无法避开价值而存在的。我通过研究我们工作中的一个特定方面,即专业主义,来详细考察这个问题。专业主义在实证层面上已经得到了

[①] 这篇文章从未发表过,它最初发布于 2011 年 10 月 20 日布鲁塞尔自由大学的一场博士生研讨会上。[本章为《过程社会学》(Abbott 2016f)第九章。——译者]

很好的理解，而在政治上则不像（比如）上一章中所考察的不平等问题那样充满争议。通过研究一个牵涉政治相对较少的问题，我们可以更清晰地将道德与实证的相互作用加以理论化，无论是在社会过程之中，还是在我们对社会过程的评价之中。一个争议性较小的话题，可以使得我们在不受到各种政治偏好影响的情况下，看到其中所涉及的矛盾。[②]

这一章的讨论将从学术生活中的政治争议和价值自由问题开始，并将以专业主义作为反思的案例。此后，这一章将考察涂尔干的研究中实证性与规范性的关系，从而追寻我们当下处理这一二元对立问题的方法的根源。然后，这一章会追溯涂尔干的继承者塔尔科特·帕森斯对于涂尔干立场的应用。然而，正如这种应用所表明的那样，帕森斯和涂尔干的主张忽略了大部分社会学反思的规范性特质，以及社会过程中价值的核心性所展现的真实问题。这一章会以对于这一核心性的分析结尾，而这一分析则基于过程性的本体论及由此衍生的实用主义理论。

[②] 对这个挑战的回应，也迫使我解决一个明确的反问，像迈克尔·布洛维（Michael Burawoy）那样的同行可以用这个问题来挑战本书后半部分逐渐建立起来的"人道的同情心"（humane sympathy）这一主张：是否存在一种条件，能让我自己成为一个带有明确政治性色彩和活动家色彩的社会学家？我认为的确存在这样的条件，而且这些条件的确在过去十年中曾经出现过。在过去十年里，我花费了很大一部分时间来捍卫图书馆和人文知识，使其免受各种各样的威胁（实例详见《数字论文》的序言，Abbott 2014a）。在这个过程中，我似乎变成了我在作为本书结语的那篇文章中抨击的那种公共社会学家。但正如本章将要说明的那样，更加令人担忧的情况是远为更加深远的：我并没有在我有所研究的关于专业的领域中，引入任何公共社会学的元素，更遑论效仿伟大的艾略特·弗雷德森。他曾以罕见的优雅方式，将公共社会学和专业社会学的方法，在对"专业"的研究中结合了起来。

导论：专业主义的难题

专业主义到底是一个实证性概念，还是一个道德性概念，或者说两者都是？这个问题很难回答，但它为思考实证性和道德性认知的关系这一更宽泛的问题，或者用另外一个术语来说，理论与实践的关系的问题，提供了一个有用且有所限制的框架。

我以"专业"来作为考察这些问题的场所，是相当任意的。我们也可以通过性别平等或社会分层，或是其他任何现象，来提出相同的问题。但是，基于以下两个原因，专业现象是一个很好的案例。首先，正如前文所指出的，关于专业的讨论并没有高度政治化。其次，尽管专业作为一种社会现象已经被深入研究过，但作为道德共同体的专业群体尚未被深入了解。

在我自己的研究经验中，这一研究空白是十分明显的。尽管我曾经以专业为主题写过一部颇有影响力的专著，但我从未向某个专业团体谈过该专业应该如何行事的问题。我向社会工作者和图书馆员解释过专业群体发展的历史，给图书馆员和职业医师提供过策略性建议，也预测过信息科学家和军队的未来，但我从来没有向任何专业团体谈过专业的道德责任与义务的问题。诚然，我做过的唯一一场关于专业伦理的讲座，甚至将专业伦理揭露为一种象征性的净化仪式（参见 Abbott 1983a）。

然而这并不是因为我自己并不相信作为一种道德现象的专业主义。事实与此相去甚远。我不仅相信专业主义，而且也在日常生活中实践着它。在《美国社会学期刊》工作时，我期望我的审稿人能够告知我，他们是否之前曾阅读过某份投稿，他们是否认识稿件的作者，以及他们是否曾为作者提供过关于稿件的建议。在指导学生时，我要求他们完成非常细致的研究，尽管这些研究可能永远不会以书面形式展示，而这只是为了告诉学生，他们的读者必须要能够相信他们真正完成了这些研究。当我向期刊投出自己的稿件时，我期望我的同行们能够放下对我研究的个人偏见，正如我在阅读他们的研究时所做的那样。所有这些内容都是我希望别人能够践行，并且自身也在践行的专业主义的道德元素。我绝不认为这些都只是象征性的净化仪式。这些原则不仅仅是我所期望的专业世界的运行规则，更是我所认为专业世界应有的运行规则。

在其他著作中，我将这种情况命名为"知识异化"，指的是"说一套做一套"的处境。我们似乎处在这种处境之下。作为社会科学家，我们的任务是解释其他人的行为。但作为人，我们过着自己的生活，好像我们是自由的道德存在，即康德意义上的个体。我们并不解释我们自己的生活，我们只是生活；我们所解释的是其他人的生活。③ 在我们自己的生活中，解释并不起作用，除非是在马基雅维利的意义上：我们利用我们的解释技巧，来预测我们计划中这样那样的可能结果。但这些预测并不会决定我们是否认为自己应该做出这样那样的行动。对我们大多数人来说，后面这个问题属于政治、道德或其他什么领域的问题——我们已经一致决定将这些问题与学术探讨分离。政治科学——由于其包含政治理论这一分支学科——是这种分离状态在美国学术界的唯一例外。其余的学科都将"实际如何"（objectivity）与"应当怎样"（advocacy）做了截

---

③ 化用奥斯卡·王尔德的话（参见《理想丈夫》第三幕讨论时尚的部分），"一个人啊，自己做的事，才是自由。别人做的事，就不算自由了。"

然的区分。

我在这里要顺便指出,在这种实证/道德分离的另一面,也存在一种等同的分离。打开最近讨论作为一种道德系统的专业主义的著作(比如 Kultgen 1988, Koehn 1994)时,我根本找不到它们与我自己著作的任何联系。唯一存在的,不过是对专业社会学中"冲突学派"的一些勉为其难的引用,例如引用埃利奥特·弗雷德森和马佳丽·拉尔森(Magali Larson),并贬之为不值一提的犬儒主义者。"大学学科的变化,"科恩(Koehn)告诉我们,"尤其是在历史学与社会学[中]发生的变化,也在取代专业实践服务于公众利益的观念方面发挥了作用。"她告诉我们,在这些学者心目中:

> 专业群体并不具有天然的合法性。在人们看来,专业群体只是一种有待于被真正致力于公共利益的制度或实践所取代的主导意识形态。(1994: 2)

而科恩则希望取代所有这些观点。

> 这本书试图通过表明[他们的]权威建立在安全的和在道德上合法的基础之上,来对抗和反驳这种对专业的权威和伦理的挑战。(1994: 1)

而她又写道(多少与我在此处要最终采取的立场相似):

> 断言一个专业没有内在意义,而只是由该专业所有或大多数成员在某个时间点碰巧正在做的事情的总和组成,这是一条规范性论述。(1994: 7)

所以，对专业的分析史学研究和社会学研究几乎在对专业的道德研究中销声匿迹，反之亦然。我将会在后文回到这一点。

但暂且让我把这种有趣的二元对立放在一边。我现在要转而讨论我们在社会科学中建立起的"实际如何"与"应当怎样"之间的截然分离。至少在美国，我们中的许多人都哀叹学术的政治化。我们认为我们的许多同行都或隐或显地在其学术研究中掺杂着政治议题：有时是女权主义，有时是自由主义，有时是这种或那种宗教或意识形态，等等。我们确有理由来谴责这种政治化现象，因为我们已经看到了政治化的学术研究所可能导致的结果，比如苏联的马克思主义社会科学、李森科生物学、纳粹的种族研究、镇压叛乱研究。这个列表相当之长。

但就算是在这些反对政治化的社会学家中，也有许多人（甚至可能是大部分人）致力于我们所谓的"政治走私"。[4] 他们隐秘地而非公开地"进口"政治价值。举一个第八章中提到过的例子，我们许多人都研究不平等现象。然而，并不存在实证性的原因来说明，为什么不平等是需要解释的现象。而恰恰相反，如我们所见，分布理论告诉我们，从概率的角度来看，纯粹的平等是极为罕见的结果。所以，假设平等是社会生活的默认价值，并假设对于平等价值的偏离是需要解释的现象，是一种显而易见的政治性行为。而很显然，美国社会学界的许多论文是以此为前提假设的。我还可以举出无数的例子：如对同性恋者的大量研究，尽管同性恋者在现代人口中只占很小的一部分；根据政治化的，乃至很可能是毫无意义的种族定义来收

---

[4] "政治走私"（politics à la contrebande）这一短语由法国社会学家埃蒂安·奥利昂（Etienne Ollion）创造，我曾与他讨论过相关问题。

集数据，等等。所有这些都体现了政治走私的持续存在。

但与其他这些研究领域相比，关于专业现象的文献则并不受到政治化问题的困扰，甚至也不受到政治走私问题的困扰。专业群体在大多数社会中，都不算是一个主要政治问题。诚然，人们关注专业人员的特权：他们的高收入，自我管理，他们凌驾于其他职业之上的权力。人们也担心这些特权在某种程度上是否是应得的。这很显然是一个政治问题，而这个问题也曾在关于专业的早期社会学研究中有过公开的讨论。帕森斯和功能主义者认为专业群体的特权是应得的，然而以弗雷德森和拉尔森为代表的冲突学派则明确主张这些特权并非应得。但这个问题在 20 世纪 70 年代以来关于专业的社会学研究中几乎消失了。诚然，许多职业仍然担忧他们是否"真的是"或"真的不是"专业群体，而这也的确是一个政治问题。但关于专业的社会学文献，则有至少五十年没有担忧过这个问题了，即便在这些专业群体内的作者对其产生广泛热情之时也是如此。⑤

因此，关于专业的文献是一个颇为合适的领域，来探讨实证性事实与道德问题之间的关系，因为这些文献并不明显带有政治性。但更重要的是，我们自己也都是专业人员，所以我们实际上一定会生活在"我们所解释的专业主义"和"我们所体验的专业主义"之间的矛盾当中，生活在"作为实证性事实的专业主义"和"作为道德责任的专业主义"之间的矛盾当中。很显然，我们应该秉持我们一直所宣扬的客观性。但也很显然，我们往往无法做到如此。

---

⑤ 的确，我所收到的大部分面向专业群体做演讲的邀约，都在隐含地邀请我来说明其所从事的"真的是一种专业"，并由此消除疑虑。

探讨这个问题，就如需要越过道德的卢比孔河一般。*因为我们一旦承认专业群体具有某种道德性，我们就必须开始以道德的信号评判专业群体：也就是说，以道德和政治上的对与错，而非（或不仅仅是）以认知意义上的真与假来评判专业群体。但如果我们这样做，我们就拒绝了韦伯在《以学术为业》（Weber 1946）中的著名主张，我们就背离了价值无涉的科学。

诚然，我们有充分的理由这样做。基于两个原因，韦伯的立场是站不住脚的。第一个，以及相对而言更重要的原因在于：如我在整本书中所强调的那样，社会过程本身就是由价值所凝结而成的事物构成的。"青少年犯罪"听起来像是一个科学术语，对这个词当然也可以用任何特定地点和时间的各种特定罪行来做具体说明。我们可以创造一个包含各种实证指标的量表，来定义对青少年犯罪的"度量方式"。但我们清楚地知道，将某些事物归入这个类别，而忽略其他事物，是一个价值过程，而非一个科学过程。那些宣称其作品是艺术而非破坏公物的涂鸦艺术家，认为"破坏公物"一词代表了一种由社会生产的价值类别，而非一种科学现实，这显然是正确的。类似的道理在整个社会过程中都存在。大部分看起来相当坚实的社会结构，都不过是某些过去的价值判断所凝固下来的遗产，而这些判断总是可以重新来过的。它们有可能重新松动，并向价值

---

* 此处的"卢比孔河"用了古罗马时期恺撒的典故。卢比孔河位于今天意大利的北部，被罗马人视为意大利本土与山内高卢的分界，任何将领都不得率军越过这条河流，否则会被视为叛变。在罗马共和国晚期的公元前49年，时任高卢行省总督恺撒率军越过了卢比孔河，与庞培和元老院开战，同时也将自己置于叛国者的危机境地中。后来人们便用"渡过卢比孔河"来比喻破釜沉舟，或用来比喻跨过了关键性的（同时很有可能也是致命的）界限。——译者

判断开放。

　　这一事实并不像有些人所说的那样，抹杀了社会科学成立的可能性。因为，存在不同程度的价值判断，而某些事物比其他事物负载了更多的价值。在我看来，这在几个不同层面的意义上是正确的。有的时候，我们说某种事物是"价值负载"的，只是为了从实证的角度说明，当下对它的争议比对其他事物的争议要更多。而在其他情况下，我们说某种事物是"价值负载"的，则是为了说明它在道德上是绝对的，例如"不能杀人"的规则。而在另外的一些情况下，我们说某种事物是"价值负载"的，可能仅仅是为了说明这种事物不容易度量，或者在理论上是无法度量的。就像我们说不可能为生命设定价值，因为它"有其自身独特的价值"。但尽管存在这些程度上的差异，韦伯的主张仍然站不住脚，因为价值在社会过程的各个环节中都占有核心地位。

　　这一主张站不住脚，还有另外一个原因。由于韦伯自身的知识异化问题，他的观点实际上是自相矛盾的。在这篇讨论"以学术为业"的著名文章的主体部分中，韦伯反复宣扬，我们应当把价值中立的"科学"（*Wissenschaft*）应用在我们周围的社会世界上。但在文章的结尾，他又赞美了专业学者的价值。他真的认为这些价值本身可以用"价值中立"分析来涵盖吗？他真的认为这些价值可以用学者的利益，或者其他机械的社会力量来"解释"吗？显然并非如此。他认为这些价值是超越性的，是自由的。韦伯的文章是在德国最黑暗的时刻——一个关于死亡、失败和毁坏的时刻——所做的自我辩护（*apologia pro vita sua*）。他深深地信仰着学术，而且他的信仰是道德性和规范性的。他相信科学不仅仅能够发现真实，更在本质上是正确且好的。在这篇文章中，他希望通过解释和

实证与道德层面的专业主义

宣扬，通过指出其真实存在的方式，来发扬这种学术理想。没什么能比这更加道德化了。当然，在文章的结尾处，他对学者的"平和简单的智性诚实"（第156页）做的赞歌，则必须被视为一种幻觉。韦伯曾温和地嘲弄那些（宗教）人士，批评他们"无法像一个真正的人那样接受时代的命运"，但韦伯的幻觉与这些人所怀有的幻觉其实别无二致。韦伯自己的立场与他在结语中轻微讽刺的那些"传统教会"的立场一样，都是宗教信条。

到目前为止，我已提出了如下问题：我们如何理解作为道德和作为实证性事实的专业主义？我认为，研究专业的学者们都以两种方式体验着专业主义：第一种方式是我们通过研究某一个专业群体来对专业主义做解释，而第二种方式则是我们自己在自己的专业生活中实践专业主义。我还主张，社会世界中事实与价值的重叠在任何情况下都是不可避免的，因为社会过程本身在很大程度上就是由凝结的社会价值构成的，而这些凝结的社会价值随时都有"苏醒"（come to life）的可能。

在本章接下来的部分中，我会为这个问题提供一种新的分析。我将首先研究涂尔干对事实和价值的看法，在我看来，这种看法构成了大部分关于这个问题的社会学思考的基础。然后我将探讨帕森斯在其关于专业群体的著作中对这种观点的勾勒。在否定帕森斯的观点后，我将转而用一种更抽象的方法，来解决社会学中事实与价值的一般性问题。然而，从这种方法中，我将尝试勾勒出一种实用主义的和过程性的专业主义理论。这一理论将同时涵盖实证和道德这两个部分。所以，正如第三章一样，本章也以专业群体为例，考察了社会理论中的一个一般性问题。

定义及涂尔干的观点

在我继续之前,我希望给出一些具体的定义。理论上的混淆在这个领域是十分普遍的;的确,有些时候人们有意寻求模糊性。但我们则需要避免这个问题。因此,我们给出了如下定义:

1. "专业"在本文中的含义是指一种专家性的职业,这种职业大致与美国的医生与法律专业相仿。对于大部分研究目的来说,这个定义是没什么价值的。但对我们来说,它在此已经足够了。

2. "实证性事实"在此是指一种普遍认为可以通过调查、访谈或其他类型的社会数据收集方式而确定的事实。实证性事实是通过真实或虚假来评判的。我并不特别担心某些实证性事实比其他实证性事实更容易被清晰地评判。这一点是不言自明的。在一种唯物主义文化中,如我们自身所处的文化当中,实证性事实这一说法完完全全没有任何争议。的确,大部分严肃的唯物主义者认为实证性事实是唯一存在的事实。

3. "道德"和"道德事实"在本文中是指一类人类现象,这种现象在经验的现象学中被归根于"义务性"(oughtness)这一概念,而在这种经验中对于这种现象的评判并非基于真实或虚假,而是基于正确或错误。我在此简单地假设人类拥有道德经验,且会将某些意图理解为道德性的。当然,在一种唯物主义文化,如我们自身所处的文化中,对于严谨的哲学而言,道德事实的存在一般来说显得颇为尴尬,但这并没有阻止唯物主义哲学家对自身的个人生活进行各种各样在我看来是道德性的评判。所以实际上，他们在自身的生活实践中是承认道德评判的存在的，而他们的理论之所以有时（比如通过尝试对道德做"解释"来）主张道德评判不存在，只是因为他们的理论对此并不关注。

4. 我将用"规范性"一词来作为"实证性"的反义词。所以，我会论及"实证性社会学"与"规范性社会学"。也就是说，对我而言，规范性的事物简言之就是处于"义务性"这一评判标准之下。与帕森斯意义上的规范性不同，我说的"规范性"是道德因素在实证性世界中的投射。它们在根本上是道德性的，是关于正确与错误的，而非关于真实或虚假的。

5. 我将用"价值"一词来指称人类行动者在某些品质或经验上对于义务性或合意性（desirability）的任意分配。这种分配的任意性并不是我们从分析者的角度从外部识别出来的，而是代表该行动者经验的某一方面：一个女孩爱上了某个男孩，并认为其是有"价值"的；一个画家认为"照相写实"绘画很无趣，而他要捕捉点滴的光影，等等。这种经验的现象学中的"价值设定"是否在某种本体论意义上是"真实的"，将是一个关于理论和研究的问题。

这些定义并不代表任何一种强烈的立场，它们在这里只是为了防止误解。这种误解是由于这些术语——尤其是"道德"和"规范性"——在某些社会学经典著作中的使用方式而产生的。这种误解主要可以归结于涂尔干，他自认为解决了关于事实和价值的重大议题。所以，让我们来考察一下他的观点。

涂尔干最早开始尝试解决事实/道德的问题，是在《社会分工论》⑥的导论部分。他首先把劳动分工看作一个纯粹的实证性事实。他把劳动分工的扩散以编年的方式记录，将其看作经济学家、生物学家及其他学者的学术兴趣。然后，他转向了对于专业化的讨论，而专业化与劳动分工并不完全等同。（后者假设了相互依赖的关系，而前者并没有。）他接受了生物学家带有强烈进化论色彩的关于动物"等级序列"的说法，并断言一个生物体在这个等级序列中的等级是由其内部分工的复杂程度决定的。他强调，劳动分工并不仅仅是一种源自人类智慧与意愿的社会制度（第3页），而是一种普遍的生物现象。他认为这是一条法则，一种存在的条件。所有这些似乎都在试图让劳动分工看起来是纯粹的实证性事实，是一个科学问题，是一个关于真实与虚假的问题。

但在第4页，他突然开始探究这个事实是否绝对不能形塑我们的"道德法则"。这个术语就这样无缘无故地出现了。涂尔干在此尚未开始涉及道德的话题，也并没有展示或猜测一种叫作"道德法则"的事物的存在。但他就这样继续开始探讨我们是否负有遵循或反抗劳动分工的义务。这在我看来显然是一个道德性的陈述。但涂尔干并没有用类似道德分析的方法来直接回答这个问题：例如，用法学理论研究的方法，用法理学反思的方法，或者用正义理论的方法，又抑或是使用关于个性发展的规范性概念。他并没有这样做。相反，他指出，对于人们是否应该接受或反抗劳动分工，公众有着各不相同的见解。也就是说，他指出了一个实证性事实，即对于这个道德性问题存在不同的观点。然后他又通过援引康德的术语"定言律

---

⑥ 以下页码索引都对应 Durkheim 1998 的法文版，因为本章最初是一场法语讲座的讲稿。文中翻译由我自行完成。

令"（第6页）来概括把分工当作一件好事和积极的事情的观点，从而试图让我们相信这种讨论本身是关乎道德的（同样，这里指的是我所理解的道德）。纵观整个分析，涂尔干用"人们对道德问题存在意见分歧"这一显然的实证性事实来否定道德可以作为一种规范严谨的（用他自己的话来说是"科学的"）理解世界的方式。（我在这里有意避免了使用"知识"一词。）他否定了所有关于道德的一般化理论，因为它们不完全自洽，也否定了所有关于道德的实证性理论，因为它们不够一般化。

问题的关键在于理解以上意味着什么。涂尔干仅仅考察了道德问题的实证性差异，并且在没有提到如法理学、法学理论、规范性政治学等领域的严谨论述的悠久传统的情况下对其做出了批评。他拒绝把道德当作一个独立的领域来理解，这完全基于如下事实，即道德不符合他自己的实证科学模型（他隐含地将这种实证科学定义为唯一合理的理解模式：如果我们将"理解"替换为"知识"，我们其实可以部分承认这一论点）。涂尔干认为，道德如果要变成真正的知识，就必须具备一种演绎机制。而如他所说，伟大的道德理论家的总结陈述

> 其实并没有为我们提供对确实存在于某个或某类社会中的道德规则的根本特质的总结……没有什么能让我们从某个道德家的个人渴望中看到道德现实的充分表达，无论这种渴望有多么真实。（第7页）

也就是说，有三个原因使得道德不是一个非实证性的事实（也就是说，它和其他东西一样，仅仅是实证性事实而已）：(a)因为涂尔干认为它无法取得一致同意；(b)因为我们无法用仅仅

能够衡量实证性事实的度量来衡量它;(c)因为不同道德家之间存在分歧(难道科学家之间不存在分歧吗?!)。对于道德而言,涂尔干唯一承认存在的现实性,仅仅在于其在人们对于自身义务、责任和正义的看法上留下的实证痕迹。这就是他所"衡量"的内容,即人们在道德问题上的分歧,而这些内容似乎缺乏涂尔干所要求"科学"所具备的一致性。

当然,这一整套论述也适用于科学方面的立场,就如其适用于道德方面的立场一样。而且,不但科学方面的争论有共同体准则来进行裁决,法律方面的争论也同样如此。然而涂尔干就这样忽视了这一点。他的整个论述都似是而非。遵循这个逻辑,道德和科学之间就不存在实证性的区别。两者都充斥着大量的争议,而两者都不可能完全被演绎化,也不可能带来一致的共识。涂尔干假设这种知识就是"科学",而通过这个论证,他试图断言只存在一种知识,而这种知识恰好与当下我们所称为"科学"的这种特定认知活动最为接近。他同时也假设,这种(唯一的)知识是建立在物质现实之上的。但是实际上,这些都仅仅是他论点的假设,而非结论。

所以,从一开始,涂尔干就将道德经验重新定义为实证性经验。不仅是在这一部分,纵观该书,他都将用这一论点来将科学的度量应用在道德规则上。更准确地说,他把实证性的度量应用于他在实证层面上所定义的"道德"上,并假设他已经借此完成了对道德的严谨而充分的表述,因为道德存在于生活世界和经验的现象学中。请注意,我说的是一种严谨的陈述,而非一种科学性的陈述,因为"科学性"在涂尔干看来实际上意味着"唯物主义"。涂尔干在这些行文中花了相当大的努力来坚持论证,整个经验的道德领域都只是实证性的事物,也就是说它与其他各种活动形式都没有本质的区别。然后他用循环

实证与道德层面的专业主义

论证结束了这篇伟大的导论篇章，正如他经常做的那样：

> 如果我们发现劳动分工所扮演的角色，与其他一些在规范和道德特质上都无可争议的实践类似；如果我们发现，倘若它在某些情况下并不扮演这种角色，而［这种失败］源自于非正常的偏离；如果我们发现，决定它的原因也是决定其他道德规则的原因，则我们就可以下结论，它也应当被归于这些规则当中。（第8页）

也就是说，他将把劳动分工看作一个道德事实，因为：（a）它如其他事物一样，是无可置疑地道德性的（而它并没有定义这些事物）；（b）它具有一种社会功能；（c）当它不具备这种社会功能时，它会显现出不正常的一面（而这一点是先验的）。整篇文章都忽略了道德生活的现象学经验，甚至也忽略了作者本人道德生活中的经验。涂尔干本人的经验无论如何都是相当可观的，因为他是一位富有热情的反圣职主义者和德雷福斯的护卫者。

所以，在涂尔干这里，我所定义的道德事实消失了。如柏拉图的"样式"一般，它们仅仅以其投射在实证世界的影子的形式存在。紧随其后的，是涂尔干对于专业主义的分析。对涂尔干而言，实际上也对大多数研究专业群体的社会学家而言，专业主义仅仅是专业生活中的一个可度量的实证现象。比如，我们可以衡量伦理守则的存在，我们也可以将其内容进行归类。我们创造出道德困境的情境，并将其应用在专业人员的身上，以此来得出一套衡量个人专业主义的量表。最重要的是，我们将所有这些度量都仅仅看作另外一件需要进行解释的事物，它们只是实证性事实的巨链中的一部分，而这条巨链就是社会过程的唯物概念。这些度量自身可以由诸如个人利益和冲突之类的因素来解释，而它们进而也会通过它们所生产的社会屏蔽（social closure）的结构性结果，来决定和解释如专业社会地位之类的问题。

所以，三十年前我曾经写过一篇关于专业伦理的文章，这篇文章从实证性的案例中得出了专业伦理活动的五个基本特点：普遍性分配，与专业群体内部地位的相关性，其执行取决于知名度（visibility），个人层面的执行，以及对社团责任的强调。然后我用一个带标记的因果关系图解释了这五个特点，而这个图中有五个变量：专业伦理活动，专业群体外的地位，地位的威胁，新技能，以及对技能的控制。在这篇文章中完全没有提到专业伦理的（在我理解的意义上的）道德特点，尽管在其中显然存在政治走私的成分：我斥责了医学界将伦理看作纯粹个人事务的行为，因为我发现了剖腹产手术比例和时间安排方面的问题。而这个问题，如同分工和国民自杀率中的涂尔干式的"道德"规律一样，只有在足够多的统计数据聚集起来后才能显现出其不合伦理之处。但除此之外，我仅仅考察了专业主义在实证之墙上投下的阴影。我的考察诚然是严谨认真的，但它的确只局限在墙上。

所以，从涂尔干的角度来看，专业主义是一个实证性事实。而鉴于此事实，在专业主义可以被它之前的变量"造成"这一意义上，专业主义服从于"解释"。这个因果性事实很显然违反了大多数伦理或道德体系的一条基本规则，即履行义务的前提是履行义务的自由，尽管圣奥古斯丁认为人"不可能不犯罪"（*non posse non peccare*）。我们很难接受一种伦理体系，在该体系中，某些人基于各种"因果性"原因，比其他人更能够合乎伦理。尽管一写下这句话，我们就会意识到，印度教伦理显然就是这样一种体系，而认为一条道德法则必须是普世的，可能仅仅是西方法律的一种意识形态偏见。

帕森斯及专业现象的功能主义分析

帕森斯对于专业现象的分析接受了涂尔干对道德的实证化，但将这一点用功能主义的抽象概念掩盖了起来。这一转向使得帕森斯的分析对专业群体本身而言颇具吸引力，尽管从长远来看，这在帕森斯的社会学同行们看来缺乏分析性，且在政治上过于保守。实际上，帕森斯对专业群体关于其自身道德性的主张信以为真。他将其看作（我那个意义上的）道德事实，而这恰恰代表着那是非实证性的，是基于意愿而承诺的，是最终取决于正确与错误的标准的，至少在"是否有益于社会"的层面上是如此。另外，他用一个功能主义的论点来为自己接受专业群体的道德性进行辩护，而这个论点与专业群体自身的论点没有区别：因为专业群体提供着重要的社会功能，所以它们的成员配得上特权与优待。从后来的专业群体理论家的角度来看，帕森斯不过是接受了专业群体的说法：他们将自己描述为慈善组织，仅是因为事前致力于服务社会，而收获了社会屏蔽所带来的好处。

帕森斯关于专业群体最重要的两篇著作，其一是1939年的论文《专业与社会结构》（Professions and Social Structure），其二是其在《国际社会科学百科全书》（International Encyclopedia of the Social Sciences, IESS）第二版中关于专业群体的文章。在第一篇论文中，帕森斯试图通过主张专业群体的利他行为是由该专业本身的"制度化的道德秩序"来保障的，来反驳"个体专业人员是利他的"这一说法。把这句话翻译成英文，[*]说的其实是：就如其他追求成就的现代社会行动者一样，个体医生也是为了取得成功和获得成就而努力，但对他们成就的度量中，包含（我那种意义上的）道德秩序。也就是说，医生努力达成作为医生的优秀成就，这种成就部分上反映在收入上，但为了达成成就，获得收入上的回报，医生的行为就必须遵循合适的道德原则。当然，这种观点将这个问题直接推到了群体层面，因为定立这些包含道德要求在内的衡量体系的专业规则这件事本身，就是需要加以解释的。而在帕森斯处，这来自于作为社会慈善机构（即致力于公共福利的机构）的专业群体的社会功能。

这种说法当然只是一种功能主义的假设。它本身就是一种对于纯粹实证主义者口中"真实地正在社会中发生"的现象的道德理想化。在最糟糕的情况下，这一整套功能主义的故事只不过是专业群体用来构筑起社会屏蔽而发明出来的门面（cover）。而这就是后来的冲突学派的观点。在冲突学派看来，这一套理论的目标仅仅只是权力和资源。但在最好的情况下，帕森斯的分析可以被认为是一种对专业群体地位的真正的道德分析。

从这个意义上来看，这种对道德的分析正是帕森斯在其 IESS 文章中给出的。在他对专业的定义中，他遵循着当时主流的"特性"论，认为一个专业必须包含一种智识基础和诸种应用性技能。但他也坚持主张，"一个完备的专业必须具有一些制度性安排，来保证其专业能力可以被用于对社会负责任的用途。"请注意此处"必须"（must）一词的意义。在英语中这句

---

[*] 作者之所以这么说，是因为帕森斯的英语以难懂著称。有些美国高校的博士项目要求学生至少掌握一门外语，曾有人开玩笑说，"帕森斯语"或许也可以算作是一门外语。可见帕森斯行文之晦涩。——译者

实证与道德层面的专业主义

话有三种解析方式，而帕森斯要表达的观点似乎尤其是其中的某一种。帕森斯说的"必须"，并不指"一个完备的专业在定义上一定会要求具有这样的制度安排"，因为在这个意义上，负责授予合法性的权力机构会取消某些专业的特许资格，除非这种制度安排确实存在。毕竟，现在不存在这样的权力机构，也不存在这样的特许资格，哪怕不同层面上的法律认可的确存在。帕森斯的意思也不是"先前就存在的创造专业的社会原因，同时也导致了每一个完备的专业都会由于这个决定性的原因，而具有这样的制度安排"。并非如此。帕森斯的意思，其实是"一个完备的专业应该具有一些制度安排，以保证其专业能力以对社会负责的形式被运用，而不具备这样制度安排的专家群体，则是道德上不佳的专业。"也就是说，此处帕森斯的主张明显是我那种意义上的规范性主张，而非任何意义上的实证性主张。

但当我们如帕森斯的许多读者一样，从一个完全实证的角度来看他的论文时，这一主张就不过是在任何存在的东西上贴了一个"规范性秩序"的标签，而与亚历山大·蒲柏所说的"凡存在的都合理"无异。所以，大学就被说成是"制度综合体"，诸如此类。在这个术语之下，帕森斯似乎仅仅是在将一个特定的实证性规则理想化，并且在字面意义上认为，凡存在者，根据此一事实，必须是合理的。（这个问题可以与"子孙后代一定是对的"这一论点所引发的问题相类比，而对此我们在前文中已经讨论过多次。）所以，他写道，"法律是尤为社会性的，它关乎社会规则的规范性基础的智识根基和系统化"（第540页）。从根本上讲，这是同义反复。如果人们认为法律具备一种社会功能（而非法律是一个群体、一系列组织或其他什么事物），那么这个社会功能可能就是对法律"是"什么的最佳定义。如果我们已经从理想的社会功能层面对于法律是什么有一定的模糊概念，我们就可以采用一个这样的定义（而非一个基于人、群体或文本等的定义），将这个定义具体化，并识别出一系列是"法律"的行动。通过这样的定义，我们就描述了"法律"的界限所在。

但如帕森斯的批评者们所述，这样做与采用一种规定性（prescriptive）的社会理论非常接近。帕森斯的错误——这能够直接追溯到涂尔干——在于他认为自己并不是在研究规定性的社会理论，而是在研究实证性的社会理论。卡米克在分析帕森斯对"规范性"（normative）一词极为灵活的使用时，强调了这个隐藏的漏洞（Camic 1989: 66）。他指出，在使用"规范性"一词时，帕森斯有时指"道德上好的"，有时指"典型的"，而有时又指"在行动者们看来是专门用于某种社会规则的"。而帕森斯又倾向于将"规范"嵌入"更宏大的规范性秩序"之中，而后者又具体化了"价值"，乃至"终极价值"。这明显将他引向了纯粹道德性或宗教性的领域，但他又坚持认为，这些领域应被视为纯粹的实证性领域。

我们可以总结一下迄今为止的讨论。我从提出"我们如何理解作为实证性事实和道德事实的专业主义"这一问题开始。我认为研究专业群体的学者，一方面通过解释我们所研究的专业群体来体验专业主义，另一方面又通过实践我们自己的专业生活来体验专业主义。我主张，这种矛盾——或如我所说的"知识异化"——是不可避免的，因为社会过程在很大程度上本身就是由凝结的社会价值构成的，而这些凝结的社会价值随时都有可能"苏醒"。所以社会过程是不能通过纯粹的实证主义来加以研究的。

在澄清几个关于道德和实证领域的定义后，我说明了涂尔干仅仅通过观察道德事实在实证世界中投下的影子（即各种

"道德"行动、法律文本等），通过将这些影子看作可解释的社会事实，来处理道德事实。涂尔干认为这构成了非实证意义上的道德分析，但这种说法是错误的：涂尔干只是忽略了或者贬低了（我那种意义上的）纯粹道德性探究的严谨传统。

帕森斯延续了涂尔干认为实证分析足以满足道德分析要求的观点，尽管他对于专业的分析可以被解读为一个纯粹且优秀的道德分析。（比如，这个分析显然与本文之前所引用的伦理学家科恩的主张紧密相关。）也就是说，我们可以把帕森斯对于专业的分析看作一部关于专业群体与专业人员"应该"做什么的著作的合理基础，而这样一部著作显然是颇有价值的。但实际上，帕森斯的分析，正如涂尔干的分析一样，是一种宣称要对道德现象"做解释"的实证性分析，但这种分析却完全忽视了道德现象的起源。

实用主义的观点

现在我希望来解决涂尔干所忽略的问题：社会过程中仅仅是道德性的活动与意识。[7] 我会继续用专业主义来举例。

---

[7] 我应该说明的是，我可以在这里直接使用"政治性"这个词语，因为我的主张对于道德性与前一章中提到的政治性都成立。我其实更倾向于使用"规范性"一词（它包含了道德性和政治性），但我担心自己如帕森斯那样，在使用这个词时令人疑惑和混淆。在《学科的混乱》（Abbott 2001a）第七章中，我详细讨论了道德性与政治性的区别。那里的分析主要关注社会学与社会过程的规范性层面的两种碰撞的差异：政治性碰撞强调试图改变被认为是不公正的社会过程；道德性或人文性碰撞，强调尝试理解社会性"在其自身意义上"的复杂性与多样性。这个主张大体上指向了我当时所认为的（且现在仍然认为的）政治立场的规范性不一致。本书中的各"规范性"章节则试图详述《学科的混乱》中仅仅略有勾勒的道德性/人文性观点。但是，那里指出的政治家和道德家之间的对立，则处在一个更大的对立之中。这个更大的对立使得这两个群体都与纯粹的实证主义者对立起来，后者完全没有看到社会过程的内在价值性质。政治家与道德家都认为，在涂尔干的观点及其所带来的知识异化现象中，存在一些根本性的错误。

存在如下的难题。我们可以"实证地"度量专业主义，正如涂尔干实证地度量自杀一样。我们可以制作出一个关于专业人员的道德行为的量表，即我们在前文提到过的情境和度量。我们可以找到变量来衡量过去的专业行为、专业和专业人员的相对地位、对于其地位的威胁，等等。我们也可以创造一个模型，来展示出这些事物如何以某种序列"导致"各自的发生，而它们又如何"导致"我们最终的因变量，即专业主义（和/或社会屏蔽）的发生。我们很可能可以用这个模型来"解释"很多变化。

但在某种程度上，这并不能消除一个事实，即如果我们从现象学角度来分析，成千上万的专业人员（我们自己也在其中）都在经历着关于专业主义的各种复杂困境，并且也在试图以他们认为道德的方式来解决这些困境。即便这些决定的结果可能是我们在一定程度上可以预测的，这也不意味着这些体验仅仅是某种杂音或无意义的事物。

涂尔干又一次提供了一个具有指导意义的例子。在《自杀论》中，他在第三卷第一章结尾处的一个著名的脚注中极力宣称，他对于自杀中某种社会模式的规律的展示，以及他将这些规律具化为他所谓的"社会力量"，并不对自由意志构成挑战。如他所告诉我们的那样，他的展示仅仅保证某个群体中有一定比例的人会自杀，而并不保证哪一个特定的人会自杀（Durkheim 1951: 325）。

当然，他在这里的论点是微不足道的，或者最起码没有起到应有的作用。他本可以主张，社会决定是几个促成个人决定的因素之一，而另外几个因素还包括当下的情境、道德规则以及同侪压力。于是，道德的理论化问题就归结为了，要将"个人如何面对这样的混合影响"加以理论化。但实际上，涂尔干主张，基于意志的行为在本质上是现代意义上的杂音。它仅仅是我们用来检验"真正的力量"（即社会力量）的误差变量。在这个意义上，涂尔干不过是概率论因果关系概念的众多先驱者之一。

但是当然，当分析者将人类基于意志的行为视为杂音时，它就仅仅是杂音。而即便我们仅仅考虑其中极小的一部分，我们总可以表明，基于意志的行为具有某种社会根源，乃至一些更普遍的具有决定性的（涂尔干的意义上）起源。不过，这一事实却并不能消除我们对于如下问题的疑虑：基于意志的行为在很大程度上，不论从任何经验的意义上来讲，都是"道德性的"，是要评判其对与错，而非评判其真与假，抑或得到了解释或没有得到解释的。毕竟，要想承认一种假定个人责任存在的法律的合法性，我们就必须相信这一点。而据我所知，几乎所有的社会学家都承认这种合法性。

一个比喻可能有助于我阐明观点。涂尔干的过程——其实也是现代"解释性"社会学的主流过程——就像想要了解一个给定的儿童，但却仅仅关注其男性祖先。每一个儿童都有两个（外）祖父，四个曾（外）祖父，乃至有128个曾曾曾曾曾（外）祖父。而我们通过了解所有这些（外）祖父们，得到关于这一儿童的大量信息，甚至也包括该儿童"母系"的信息：例如从他母亲的母亲的母亲的父亲，是如何一路繁衍，直到该儿童本身的。但我们并不应该仅仅因为创造了一种从（外）祖父们的角度了解该儿童的解释体系，就忽略了（外）祖母们的贡献。我们也不应该将这些贡献视为"杂音"，就如我们当下的统计学方法所做的那样。从现象学的角度来说，道德体验没有出现在涂尔干的分析中，仅仅是因为他拒绝对其进行关注，而非因为道德体验本身是虚构的。

但涂尔干的方法很有吸引力,因为沿着这个箭头方向而指向当下行动的每一个"家庭单位",实际上都在涂尔干的方法中有所描绘,而这种描绘往往是通过它的"因果"部分来实现的:即一对夫妻中的男方。所以,我们可以说,我们"看到了"每一个先前行动中的"一部分",而问题在于每一次我们看到的都是同一种部分。

另外,通过将自己的分析完全集中在决定性上,涂尔干让这个"因果"部分看上去成了唯一的部分。在我的比喻中,男性祖先通过决定儿童来影响他(或她),但女性祖先(即比喻中的道德性部分)作为一种道德性的祖先来与儿童发生各种关联。也就是说,在一定程度上,正是"因果"这个概念本身——以及将因果性推广到我们理解社会世界的努力的核心——使得道德经验消失了。正如本章开篇所提到的科恩在其著作中所指出的那样,认为我们可以对社会生活做严谨理解的内容,只包括可度量和决定性的事物,这是一种意识形态。诚然,这是我们作为社会学家的核心观念之一,但它显然是一种意识形态,因为它是一种价值立场。而对于这个立场,我们不愿意或者不能够包容与之相反的证据。

应当记住的是,我们的确有许多方法使得如专业主义这样的事物的道德维度看似消失。我们可以像涂尔干一样,仅仅将道德观念的冲突看作是肤浅而表面的,从而否定道德探究的合理性。或者我们也可以像他一样,仅仅把道德性看作是无法度量的,然后去度量某些与之相关的事物,进而宣称我们已经由此度量了起初无法度量的事物。又或者,我们可以把专业主义作为一种隐性的技能,或者我们可以说专业主义是"某种只能通过学徒制来教导的事物"。我们的确有许多方法忽略我们所分析的社会过程的内在道德性质,哪怕我们一刻也不会把自己的生活简单地当作是在执行我们决定性的因果性祖先为我们确立的因果计划，不管这些祖先是我们真正的（外）祖父们，还是涂尔干所说的社会力量。

所以迄今为止，我已论证了行动具有两种祖先：第一种是因果性的，第二种是道德性的。另外，我也已论证了这两种祖先有着不同的特质：两种都是我们用来理解事物和在事物间建立关联的方式，但其中一种涉及因果性，而另外一种涉及道德性，这是一个我们尚未详述的概念。

考察法学和法理学文献，会对解释这个概念有所帮助。诚然，在这些文献中，涂尔干典型的"因果性"分析是存在的，但它处在一个正好相反的位置。在法学分析中存在一个假设，即人们基于自由意志的选择而行动。在极端例子下，人们可能会考虑一个行动的"因果性源头"。例如，在青少年法庭中，家庭状况可能会被看做一个"解释"犯罪行为的因素。而在其他情况下，这种犯罪行为会被视为源于道德选择。在社会科学中，自由意志成为环绕在决定论的核心事实周围的遥远幽影，即环绕在社会决定的现实性周围的杂音。*而在法学理论中，因果决定则有时也会成为为责任的形式规则提供调整空间的剩余解释，即围绕着自由意志的现实性周围的"杂音"。

同时也请注意，目前为止的分析与詹姆斯、库利和米德的观点中隐含的实用主义理论非常相近。在米德的表述中，"我"（I）是独立行动的自我，是一个不受社会因果性影响的发起者。

---

* 在哲学史上，决定论与自由意志之间的争论源远流长。持决定论立场的哲学家，一般会认为自由意志是一种幻觉。具体到本文此处的讨论，即"认为罪犯之所以犯罪是由于外在的社会性原因"与"认为罪犯之所以犯罪是由于罪犯自身的道德选择"之间的争论。——译者

这就是我到目前为止的分析中的道德行动者，也是伦理性专业主义文献中所称的道德的专业群体。相比之下，米德的"我"（me）则是社会限制下的自我，是由社会经验形塑的，从而其行动也是"由因果导致"的。

与此同时，这种差别也不完全是平行的。米德本身认为行动总是由"I"发起的，哪怕"me"马上改变、调整或重新诠释了这个行动。另外，米德也会主张，道德法则应该是"类化他人"的一部分，所以也是"me"而非"I"的一部分。所以这种平行是不完全准确的。然而，顺着这个逻辑，米德本应该将道德法则看做某种实证性事物，即实证性义务的实际说明。但他本也有可能认为，道德法则附带的义务类型不同于支配纯粹实证性规定的义务类型：所以，一个道德性规定可能会是，"你应该表现得像一个负责任的专业人员，因为这是正确的行为"；而一个纯粹实证性的规定则可能是，"你应该表现得像一个负责任的专业人员，因为如果你不这样做，你就会被剥夺资格"（个人性后果）或"整个专业群体就会被染上污名，而其他专业群体会抢夺我们工作的领域"（社会性后果）。在这个例子中，道德性规定指向行动本身的对错，而指向了更大目标的纯粹实证性规定则完全是工具主义的。

这个分析似乎意味着血统（descent）、结局（result）和后果（consequence）都是实证性联结的指标，而一个时刻所直接包含的价值则是道德状态的指标。然而，伦理的实用主义理论却专门将义务定义为相对于未来，尤其是相对于未来的增长或解释的概念所做的行动。相比之下，因果性则涉及过去。在《人性与行为》（*Human Nature and Conduct*）中，杜威明确表达了如下观点：

> 道德问题考虑的是将来：它是展望性的……道德问题关涉的，是要调整那些能够影响未来结果的因素。（Dewey 1922:18）

> 关于因果性的问题是物质性的，而非道德性的，除非它们关乎未来的结果。关于未来行动的原因，借口和指控都必须同样被考量。（Dewey 1922: 17）

或者，如杜威和塔夫茨在《伦理学》（*Ethics*）中所述：

> 义务是一个局部的孤立的自我所负有的事物，这个自我体现在既定的、表层的和急迫的倾向中，而这个倾向则指向一个理想的自我。这个理想的自我表现为诸多的渴望。由于这些渴望尚未落实到习惯之中，所以它们并不能有效地控制自我。只有通过对习惯的自我进行或多或少痛苦而艰难的重塑，才能有效地控制自我。（Dewey and Tufts 1908: 362）

如杜威和塔夫茨所指出的，这构成了对康德学说中"欲望的自我"与"理性的自我"之间对立的相对化。这种语境下的道德往往是相对于个体（或用我们这里的例子来说即一个专业）的发展历程中的某一点而言的。更重要的是，道德也往往是相对于时间和地点而言的。世界上各种各样的"道德性"，并不像涂尔干所设想的那样证明了道德性本身不自洽的特质，而是证明了其非同寻常的多产与想象力。的确，在杜威看来，道德性的核心是一种渴望。尽管杜威对习惯的看法比韦伯更乐观些，但他清楚地知道，纯粹的习惯标志着人类精神的枯萎。他可能会认为，没有哪种专业能够实现真正的专业主义。在杜威看来，与此恰恰相反，专业主义的关键在于对进步、对拓宽经验、对扩展同情心的广度等具有永久的渴望。

诚然，实用主义者确实承认，有意义的道德行动可能退化为普通的常规行为或表演，并且失去其道德意义。杜威倾向于否认这种常规行为，他认为所谓的常规行为，不过是用来称呼"习惯"的一个较为积极的术语。例如，他主张"习惯的本质，是后天习得的关于反应方式的倾向，这些方式并非针对特定行为而言的，除非在特殊情况下，这些反应方式才代表了一种行为模式"（1922: 32）。但在这部著作的后文中，他承认了韦伯的"常规化"（routinization）所代表的那类僵化的习惯：存在"两种不同的习惯，智识性的习惯和常规化的习惯。所有的生命都有其锐气（élan），但只有僵化习惯的普遍化才会使得生命偏离为仅存其锐气"（第 51 页）。僵化的习惯不再服务于更大的渴望。对于杜威来说，真正的专业主义应该渴望努力使得最常规化的访谈或服务变得更有生气、更加有用、更加真实。专业主义并非某种被给定的东西，如一种行为准则，一种面对客户时的典型态度，一种对于常规习惯的保障。相反，它应该是专业工作中富有活力且不断增长的经验，它总是在一种以意志为出发点的专业主义的道德规范下纳入新的任务，它会随着专业技能、专业组织和专业关系的变化而持续调整。

杜威十分明确地指出，正如其他东西一样，这些环境性的关系也是可能变化的。社会过程就是行动者和群体不断相互适应彼此的过程。对于他来说，专业主义或其他任何道德行动中没有什么事情是绝对个人性（而非部分社会性）的。所以，关于刑罚，他评论道：

> 通过杀死作恶者或将其关在石墙后面，我们得以忘记他，同时也忘记我们在创造他的过程中所起到的作用。社会通过把责任推给罪犯来为自己开脱，而罪犯则把责任归咎于

> 早年的不良环境、他人的诱惑、缺乏机会和司法人员的迫害。如果不从完全反责（recriminations）的角度来看，两者都是对的。但这对双方而言，都是把问题扔回了先前早已存在的因果性之中，这种方法拒绝将问题带到真正的道德评判上。因为，道德必须与我们仍能控制的行为和仍有待履行的行为相关。（1922: 17/18）

所以，我们在这里再次看到了道德与未来（而非过去）相关的说法，但也看到了关于道德责任遍及整个社会，因为它涉及一个行动的所有条件的说法。

> 诚实、贞洁、怨恨、愤怒、勇敢、轻浮、勤勉、不负责任，这些都并非一个人的私人所有物。它们代表着个人能力对周遭环境力量的适应。所有的善恶都是包含客观力量的习惯。它们是个人的元素与外在世界的元素互动的产物。（1922: 16）

所以，对杜威来说，专业主义的提升对于专业和其客户来说都是一种进步，因为社会和个体是被同样的事物生产出来的。作为一种实在，专业主义并不是单个个体专业人员或专业的特质，而是个体专业人员和专业与其周围的变化中的世界之间的联系。正如所有其他事物一样，它是一种过程。

于是，我们似乎可以创造一种关于专业主义的新视角。这种视角结合了以涂尔干为代表的社会学家的因果性方法，和我们从杜威和其他实用主义哲学家那里获得的道德方法。专业群体及其成员随着时间的推移一直在演化。他们正如社会过程中的其他元素一样，是于不断的再创造和变化过程中发展的事件谱系。他们作为社会实体——一方面是我们称之为专业的社会结构,而另一方面则是我们称之为人格的个体——的稳定性,是通过一次又一次的事件稳定地建立起来的。在此过程中,行动编织起决定性之网,将过去的可能性转化为当下的情况,又将当下的情况转化为未来的道德可能性。

这是一个非常抽象的表述。但它的意思是,在任意给定的时刻,一个专业人员都是由他所有的特质及过去的经验所组成的(不论这些特质和经验是专业范畴之内还是之外的),而这些特质和经验则必定会在他的下一个行动中重塑他。这些行动是开放性的,因为当下是不断变化的,因为正如我们前文所述,会出现新的技能、新的同事和新的客户,会出现成百上千种与其专业看似不相关的新情况,比如家庭成员、社会角色的变化,等等。对于专业群体这个整体,情况也是相同的。只不过,专业群体作为行动者更为分散,它或许会具体化在专业行会的形式化实在和结构之中,但也体现在专业院校、课本及专业人员本身之中。它同样具有当下的特质和过去的经验,这些元素也会形塑它的行为,而它也同样要面对当下的现状。而这个现状在很大程度上并非由其自身过去的逻辑决定的,而是由与其竞争的专业、新的思想、新的潜在管辖范围、不断变化的大环境以及所有专业系统的宏观生态共同构成的。

正是一个情境到下一个情境之间的行动,连接了这些可能性,并将其转化为确定的事件,而这些事件又继而决定此后的事件。这个行动可能遵循各种逻辑,但其中一种是道德专业主义的逻辑。顺着杜威的思路,我将把专业主义定义为:根据我们大家都足够熟悉的一套特定的理想化规则,有意识地塑造某种情况的努力。这些法则可以被就事论事地加以研究,并且这的确可以形成一类兼具严谨性和传统性的文献(而这与涂尔干的观点正好相反)。如果有更长的篇幅，我们可以发展出这个论点的几个方面。但最重要的是，专业主义与其说是某种特定的内容，不如说是专业人员某种特定的活动方式。这并不是说专业主义没有内容。恰恰相反，专业人员无时无刻不在生产这样的内容，并且将其具体化为文字，保存在伦理规范、梗概以及我在前文所述的所有可度量的事物之中。但所有这些东西都不包含专业主义。杜威在《民主与教育》(Democracy and Education)中提到，告诉他人一种观念是不可能做到的。他人不可能像听到一个事实或一个固化的事物那样，听闻一种观念。这就是(道德)专业主义的内容所面临的情况：它们变成了僵化(dead)的事实，这些事实有可能可以，但也有可能无法激发这个或那个专业人员真正产生关于专业主义的思考，或用更合适的话来说，产生专业主义这种渴望。

但与此同时，这些僵化的内容的确存在因果效应。而且，比如正如我们所知道的那样，伦理准则的明确结果就包括社会屏蔽以及最终专业人员地位的提升。在某种意义上，这些都是道德专业主义的意外结果。当然，这些常常也是其他人(以及一些专业人员)预料之内的结果，这些人所渴望的很可能是社会屏蔽为其带来的回报，而非专业主义的道德实践。所以，我们可以看到，这种方法使我们能够相信，如冲突学派所说，在专业的历史上明显存在因果规律。这些规律既可能是有意为之的，也可能是无意间产生的。但这种方法同时也允许作为专业人员的真正道德行动：即，对专业主义而言，尽管这不是某种特定的内容，但它是一种行动方式，因此无法被直接传授。因此，我们允许(道德)专业主义理论的历史传统有发展的可能。

这种不断演化的专业主义传统，不仅可能包括通常的伦理准则、个人规范等，也可能包括我在很早以前的一篇讨论专业伦理的文章中提到的集体违规行为，当时我举的例子是剖腹产手术的数量和时间安排。也就是说，在关于专业群体的道德研究文献中，也需要包含对专业层面潜在的伦理道德问题做社会学监测。

这最后一个论点让我想到了最后一个问题：在认识到道德因素和因果关系在专业群体的历史和专业人员的生活中的相互渗透后，我们应当如何推进对于专业群体的社会研究？我认为这个话题的推进方向，在于思考行动的分形特质，以及情境的分形特质。专业主义，如任何道德行动一样，必须具有一定的尺度，以满足诸多不同的情境，并支配具有完全不同经历、教育、欲望、利益乃至道德特质之人的行动。所以我们对专业主义的定义必须要能包容这一复杂性。而我认为，如我在别处所述（见《学科的混乱》第七章），这涉及对康德伦理学的分形化处理。但这已经是另外一个话题了。

第三篇
马克·布洛赫讲座

社会科学的未来[*]

能够受邀讲座，我深感荣幸，毕竟之前的主讲者都是社会科学界的伟大人物。其他伟大人物在长久以来填满了法国社会科学高等研究院的辉煌历史，而法国社会科学高等研究院也因为自身的学术贡献享誉全球。在这个已经足够伟大的荣誉的基础上，更大的荣誉来自于受邀以马克·布洛赫的名义进行讲座——布洛赫的著作与生平在学术和勇气方面树立了如此之高的标杆。为此，我向讲座的主办者致谢。

然而，尽管我——作为我这一代的美国人——被马克·布洛赫、法国社会科学高等研究院、第六高等学校、年鉴学派和一系列相关伟大人物的传奇般的辉煌成就所震慑，但我自己现在也必须要进入这些辉煌成就所构成的图景中去了。幸运的是，目前社会科学所遭遇的问题所需要的解决方法，或许正可以在这些辉煌成就的名录中占据一席之地。

在如今，谈论社会科学的未来，是为了讨论如何处理一个我们所面临的超越通常意义的危机。作为一个身处过程论研究传统中的理论家，我将从一个公理开始我的论述：世界是一个事件构成的世界，而社会生活是被不断地、每时每刻地创造和再创造的。由于对我来说世界处在不断的变化当中，所以我对

---

[*] 作者此次的马克·布洛赫讲座做于 2015 年 6 月 18 日，原讲座除了"社会科学的未来"（The Future of the Social Sciences）这一主标题外，尚有"本体论与规范性"（Ontology and Normativity）这一副标题。——译者

于人们经常听到的关于危机的呼喊并不感到惊讶。真正值得关心的问题在于我们日常所面临的危机们是否可能创造出真正的重大转变。如果想要回答这个更重要问题，我们就需要理解，为什么我们首先应该思考这一条"世界不断变化"的公理。

我们可以通过一个简单的逻辑来推出这个公理。社会变革明显是在发生的，所以那种认为一个总体稳定的社会体系可以因为某种原因而偶尔产生重要变革的想法犯了一种乞题（petitio principii）的逻辑错误——它把我们想要得出的推论当作假设。所以，我们唯一可能对社会变革做出解释的方法，是首先假设变化是恒定不断的，即假设我们观察到的稳定状态只是一种表象。所以我反对那种将社会稳定归因于几乎总是起作用的再生产机制的观点，以及类似的那种将其归因于依照等级来组织的支配机制的观点。所有这一类论证都源于一个逻辑上不可能的起点，即变革产生于通常稳定的生产体系的偶然的——所以也是无法解释的——失灵。

我的观点是，变化才是社会过程的自然状态。这个观点和帕森斯与布尔迪厄的观点截然不同，但是它同样面临着明显的困难。如果社会世界总是变化的，那么社会世界何以在大部分时间中看起来相对稳定呢？答案在于，社会过程中分散着许多局部的再生产系统，这些系统在不同的层面运作，有着不同的有效性。从经验上看，社会过程中显然没有一个再生产系统是始终有效的，甚至大部分系统在大部分时间都是无效的。但是即使大部分再生产系统中都充满了延误和低效，它们仍然数目众多，而且松散地相互联系并广泛地分布在社会世界之中。因此，社会世界中有足够多的冗余和联系来创造出表面的稳定性。这正如我们所看到的大量的松散的圆木造成的河流堵塞一般：没有人计划堵塞河流，圆木不断地从一端流入阻塞区域并从另一端流出,但是这个淤塞始终拦截着水流。所以道理在于,这个实际上永远在变动中的社会过程——一个实际上在一个又一个瞬间进行着自我再创造的社会过程——却在表面上看起来相当稳定。它如此稳定,以至于卡尔·马克思认为社会生活其实是被巨大、不可逃避而不受人们自由行动影响的力量所支配。

然而在有的情况下,所有这些不同的再生产机制在同一时刻到达了低点。正如在所有锁簧排成直线时锁会被打开,所有圆木因为某种原因都与水流平行时河道阻塞会被解除一样,社会过程在它的所有松散的再生产机制偶然同时失灵时会遇到真正的危机。于是,即使是在相对微小的行动下,巨大的变化也会发生,而且可能非常突然地发生。

这个理论当然是植根于布罗代尔的"事态"(*conjoncture*)概念。"事件"(*evenement*)的重要性在于其"事态"的不同方面的整合:只有黎凡特的粮食价格、伊利里亚的森林减少和新的香料贸易线路扩散开始产生联系时,才会出现某一个可能会决定性地改变这些联系——或其他更广泛的联系——的事件。

在我看来,在社会科学中,我们在过去的大约二十年中就到达了这样一个危机时刻。当下,我们正在经历形塑我们学科生活的,各种各样的社会过程中数个互相关联但又彼此不同的转变。所有这些各种各样的转变整合在一起,为我们的未来创造了一种近乎令人恐惧的开放性。在面对如此众多的选择之时,我们的确必须要明智地进行选择,以免历史或际遇替我们做出了选择,导致我们这些现在在这个房间里的人的学术惯习在三十年后逐渐消失。

在这篇讲稿之前的草稿中,我分析了四个相互区分的转变,这些转变的偶然整合造成了当下这种令人困惑的开放性。

其中的两个，用布罗代尔的术语来说是事态性的：第一是学术界新自由主义式的管理模式的兴起；第二是"一刀切"（one size fits all）的知识的科学模式；第三个转变用布罗代尔的术语来讲是结构性的：从印刷到图像，从话语符号到表象符号，和从复杂论证到简单化断言的巨大转变；而第四个变化依然是事态性的，但和另外两个不同，它涉及社会科学的内在问题：这里我指的是实证社会科学的日益复杂和精致的发展方向，与其规范性推理的简单性之间的日益加剧的差距。

时间有限，我仅能着重讨论这其中的一个转变。所以我选择了我们自己可以对其产生最大影响的一个转变——实证和规范性想象之间关系上的内在问题。由于我必须集中讨论第四个转变，我将概要地总结我关于前三个转变的论述。

第一个，再次引用布罗代尔，关于新自由主义下的行政人员，没有一场勒班陀海战能够阻止他们。其反智的大帆船将继续侵扰我们。特别地，他们会继续通过激励无价值和无必要的出版物来诱使我们摧毁我们自己所拥有的学术沟通系统。我们会在写不必要的文章上浪费时间，于是我们没有时间阅读同行的文章，不管是否必要。我们的反应必然是，要么发明一种新的沟通系统，要么创造一种不受领导的算计激励行为影响的学术评估系统。这些任务毫无疑问是巨大的，但也是直截了当的。

第二个，关于科学化的倾向，这是一个古老的倾向。来自物理学和计算机科学的蠢人妄图利用他们的指数型随机图像模型和太字节的文本语料库来回答社会科学与人文学科中的所有问题，但最后他们都会被扫进垃圾堆，正如20世纪30年代的计量社会学家和社会物理学家、20世纪60年代的社会生物学家、20世纪50年代和90年代的博弈论学者等一样。他们也如入侵的土耳其人一般，当学术界的天气变坏时，他们会一如既往地从维也纳的城门撤退，赶回多瑙河，在冬天到来前穿过铁门峡谷。*他们对重要的人文与社会科学问题无关紧要。他们令人烦恼，但也仅此而已。

至于第三个转变——从印刷到图像的结构性转变——这的确是一个压倒性的转变。我们对此无能为力。对我们来说最直接紧迫的问题是，在研究图像的思想家认识到复杂的论证无法被不明确的图像描绘之前，我们的年轻人会在一个复杂思考贫乏的世界中继续成长。他们进入大学时没有掌握我们当时具备的话语论证技能，尽管他们玩电子游戏肯定比我们玩弹球游戏玩得更好。或许在五十或一百年后，我们最终会有办法用纯图像来描绘复杂的论证。但在那之前，我们都必须用矫正疗法式的方法培养我们的继承者。

以上就是前面三个转变。在我看来，这三个转变，要么是只需要稍加警惕就可以应付的次要事项，要么就是影响力巨大到我们只能略尽绵力作为权宜之计的事项。而我所提到的社会科学领域的第四个重要转变，则向我们展示了智性活动和成长的真正机会。这就是我们研究领域内实证方面和规范性方面日益扩大的差距。这个差距从社会科学发展伊始就开始增长，并由于社会科学全球化的新挑战而变得更加明显。这不仅彰显了西方本土社会科学深厚的规范性传统，也令人明显地意识到，随着社会科学超越其所发源的西方自由社会，这些规范性传统背后所涉及的价值将受到严峻的质疑和挑战。

---

* 奥斯曼帝国曾两次围攻维也纳，第一次发生于1529年，第二次发生于1683年，两次均以奥斯曼帝国的失败告终。铁门峡谷位于多瑙河上，其南面为今天的塞尔维亚，北面则为今天的罗马尼亚，铁门峡谷构成了两国分界的一部分。——译者

在我开始论证之前，有两个定义可能会有益于接下来的讨论。在此，"实证"指的是社会科学处于真实或虚假评判标准之下的一面。而"规范性"指的是社会科学处于正确或错误评判标准下的一面。所以按照这个定义，位于法国本土区域边界内的确切人口数目是一个实证数字，但我们是否要将未出生的婴儿和处于生命支持系统下的人计入人口，则是一个规范性问题。一个年轻人在墙上画了一幅画，这是一个实证问题，但这幅画是一个青少年犯罪符号、一个帮派符号、一件艺术品，又或者其实三者皆有，这是一个规范性问题。我将视此为理所当然：很多社会价值——规范性问题——都在社会生活中变得如此固定不变和约定俗成，乃至有时我们可以把他们看作实际上实证的。性别曾经就是这样一个例子，而它可能再次变回这样一个例子。而性别这个概念的变迁也展现出实证和规范的边界往往是变化不定的。

在社会科学中，实证和规范之间的复杂关系从一开始就存在。虽然社会科学的主张是普适性的，但它有着十分特定的起源。社会科学起源于对19世纪欧美特有的一系列令人烦扰的社会现象的智性回应。我们都很了解这些智性回应：尝试枚举与衡量"现代性"，将社会主义与资本主义理论化，构想社会改革与福利工程，规制日益独立也因此而变得日益不稳定的经济。很明显，这些问题及其回应被认为是当下社会科学的根基。与这些新生的社会科学同时出现的，是学术的历史研究类似的规范化实践。这个实践也寻找现代性的起源，但却被裹挟在民族主义的马车上。正如社会科学通过各种改革提案而变为政治工程，历史也成为新兴西方国家意识形态生产的重心。这些国家中的强大资产阶级从实践中产生了契约论哲学所隐含的国家观念，这个观念也帮助其取得了最终的胜利。所以从一开始，社会科学就同时是一项实证意义上和规范意义上的事业。

国内政治的紧迫性意味着社会科学和历史学的讨论主要集中在国内问题上：资本与劳工，增长与衰退，左翼与右翼，社会动荡与社会流动。但这些问题转而也取决于巨大的海外（殖民）帝国和贸易：它们提供了廉价的原材料和广阔的市场，而正是通过这些，欧洲的繁荣才得以保障，平息或延缓国内社会问题所需的资金才得以聚集。于是，在这些海外殖民帝国及其相关问题中产生了另外一部分社会科学：最明显的如人类学和一部分历史学，同时也包括后世发展为比较政治学的一个政治科学的单独分支。从制度上来看，这些边缘学科领域通常并不集中在大学中，而是集中在英国、法国、荷兰及其他殖民大国的殖民管制机构或贸易委员会中。而美国的情况则是，这种全球性的社会科学并未从殖民管制中出现，而是溯源于对美国经济发展所需的百万入境劳工所带来的对移民、种族、族群融合问题的不可避免的重视。

综上，社会科学是从19世纪现代性的重大考验中出现的一种特别的学术形式。因为关注社会问题，社会科学不可避免地成了实证和规范的混合体。从学术上讲，社会科学的核心集中于国内社会的变迁和扰动，并奠基于国内事务和国外事务是截然不同的这一假设。社会科学假定了国家和民族主义的概念，这相当于进一步接受并扩大了国内和国际的概念分界。而在这个核心周围，围绕着不那么制度化的学术研究，这些研究的视角超越了国家界限，不那么关注于欧洲及其眼下的问题。

相较而言，在当下，这个边缘领域或许更应该成为社会科学的核心，因为在当下的世界，人和产品在复杂的国际劳动分工中流动，而人与产品在其间流动的"国家"也远比19世纪那些具有共同的契约论政治理论和罗马法传统的欧洲国家更加多样化。即使暂时抛开规范性的层面，光是这个变化所带来的实证层面的挑战就是巨大的。我们当下生活在一个令人困惑的世界，在这个世界上，曾经的国内问题变成了国际问题（例如劳动分工），而曾经的国际问题转化成了国内问题（例如由大规模移民带来的国内社会撕裂）。这种双向反转的确带来了明显而且重要的实证问题。

但我认为，相关的规范性问题也非常重要，需要我们立即予以关注。国内和国际事务的反转，挑战了19世纪的帝国所特有的那种明显的规范意义上的优先性，即帝国公民相对于帝国臣民的优先性。在西方人的头脑中，那些帝国早已成为模糊的记忆，但这种优先性仍然存在。另外，早在最近的全球化时代以前很久的时候，关于国内问题的不断发展的社会科学已经开始遭受其实证与规范性研究之间差距的不良影响。所以，由于国内和国际因素的共同作用，实证和规范性分析之间的差距必须成为我们当下的核心关切。

这种差距在社会科学家试图衡量社会世界的公正程度时最为明显。诚然，这种判断并不是社会科学家唯一可能承担的规范性角色。有的时候社会科学家会如工程师一般：他们把社会体系当作是实证层面上既定的，并接受该社会体系自身的考量，然后发展社会科学以促使社会达成其自身所制定的即时目标。经济学很大程度上就属于这种类型。然而在其他情况下，社会科学家是裁判而非工程师：他们将一个社会体系与某些其他标准对照———一般是一种较长时间尺度上的，相比社会工程师的具体短期目标而言更加模糊的抽象标准。在经济学之外，这种裁判活动在社会科学中已经变成了最重要的活动。我们的许多工作评估了我们的社会是否开放，公平或者平均；

社会科学的未来

评估了我们是否接受移民或难民；评估了我们是否能够容忍多样性和差异；评估了我们是否努力工作。的确，概括地说，在我本人的学科，即美国社会学中，这些就是我们学科的主要成果。在顶尖期刊中，多于一半的论文都提到了"不平等"这一词汇。

然而，很大程度上，我们用来评判社会的这些标准是缺乏检验的。我认为，当下社会科学的重大规范性危机来自于我们对于社会本体论的危险的简单化。这种简单化了的社会本体论支撑了我们作为社会生活裁判的规范性判断。社会科学——以及我们这些实践社会科学的人——过于拘泥于一个简单的规范性框架，以至于无法成功解决现代性本身的复杂问题，更不用说那些全球化的现代性问题了。我的论证分三步。首先我要提醒大家，所有社会科学原则上都至少是部分规范性的。而后我会花较长的篇幅讨论构成西方社会科学规范性安排之基础的本体论，即契约论自由主义。我将研究其主要前提，以及它与社会科学的关系，尤其是它与那些学科在解释性工作中所援引的不同的实证性本体论之间的关系。之后我会解释契约论自由主义所面临的重大挑战，这些挑战在19世纪便已出现，但在我们当今时代的全球性变迁中成倍地增加。我会转向一个由以下事实所引出的明显的问题：这个世界的很大一部分，或许是绝大部分，并不与我们共享这一规范性本体论。然而，这样的分歧不仅是一个问题，也是一个机遇。抓住这个机遇，我们就会不可避免地向过程性的社会理论进发。

让我从这一前提出发：所有社会科学在原则上至少是部分规范性的。我们通常将这一论断建立在对过去社会研究成果的实证考察上，因为我们很容易在任何社会科学的例子中展现规范性的立场。社会科学始终都从社会过程中某些特定的位置写就——所以也就定位于这些位置——并且不可避免地带上这个位置的特定规范性色彩。

但是实际上，社会科学的规范性有着更加普遍和深刻的来源。由于社会过程由人类行为构成，而人类行为总是蕴含对价值的追求，社会过程的全体——从人口到文化，从个人到社会——本身就是一个关于价值的过程。其中一些价值凝结成为人们认为完全理所当然的社会结构，比如公务员系统、罗马天主教廷以及青少年犯罪这样的法律界定。另外一些价值则被公开地视作当下流行的价值，因为很明显当下有其他价值与之竞争。但是即使是最固化的社会结构，在一开始也来源于价值选择；即使是最固化的社会结构，也受制于当下社会价值的变化。所以，即便在我们研究这些完全具体化的社会价值时，我们必须在某种程度上援引我们自己的价值观。纯粹科学化的社会科学——即不包含价值观的社会科学——不仅是不可能存在的，也是逻辑上荒谬的，尽管马克斯·韦伯的观点正好相反。

所以，社会科学不可避免地是规范性的。但是这种规范性的实体内容又是什么呢？有人可能认为我们的社会科学必须涵盖各种规范性价值的全部，因为社会科学明显是多种多样的；确实，它们必须涵盖所有世界上可能出现的各种价值观。毕竟，各不相同的社会科学展现了社会世界中令人困惑的各不相同的本体论。经济学及其相关学科是本体论个人主义的大本营：只有个人是真实存在的，所有社会现象都仅仅是表象，个人选择决定了一切。相比之下，涂尔干和他的社会学后继者们则遵循社会涌现论，在这种理论中，庞大的社会结构渗透到每个个体中，设定了平均值，而个体选择仅能在这平均值附近带来微小的变化。马克思主义及相关的历史决定论则走上了第三条道路，认为世界是由长期、持久的社会力量在其发展变化过程中塑造的，不论个人还是社会都受制于此。

然而如果我们透过实证性本体论肤浅的多样性，并扪心自问，到底是什么样的规范性本体论在支持着这些众多学科对于社会的判断，我们就会惊奇地在这些各不相同的实证本体论中发现相同的规范性词汇：诸如不平等、支配、机会、公平、包容，等等。在这些表面上各不相同的关于社会世界的实证性本体论之下，这些学科似乎拥有同一套规范性想象，并以此来判断实证层面的现实是好是坏。而在我看来，这种想象直接溯源于契约论自由主义的规范性世界。契约论自由主义是民族主义和帝国主义的重要表达，而不同的社会科学也首先从中涌现。的确，不论具体的政治形态是什么，契约论的遗产都形塑了社会科学。比如说，统计人群和统计人群类别的工程，就既为社会监控工程提供了信息，也为人群融合工程提供了信息。相似地，对"重大社会力量"的想象也可以是具体化国家团结（如涂尔干所揭示的）或颠覆国家团结（如马克思所揭示的）的一部分。刻画了西方本土社会科学特征的规范性框架的并非是某一种政治体制，而是我们可以称之为潜在的社会规范性本体论：首先是一个关于价值可以预测的生命和实体的概念，其次是一个关于这些生命和实体之间利害关系的概念：比如公与私，包容与排斥，等等。所以现在，让我转向对于契约论自由主义的共有规范性本体论的分析。

契约论的本体论将世界分成国家或——用涂尔干的术语来说——社会。一个国家或社会是一个由诸政治上的平等者组成的单位，而这些平等者都被隐含的社会契约维系在一起。公共生活是一个权利和责任方面绝对平等的领域。所以公共（或"政治上"）的个体是同质，甚至没有内容的。但是在公共生活之外还有私人的领域，相比之下，这是一个人与人具有实体性差异的领域。对于契约论者来说，最普遍的差异来自年龄、财产、技能、资源和宗教，后来的思想家又加上了性别和种族。契约论者发现这些多种多样的差异可能会影响公共生活，所以就在这些差异上增加了限制：比如卢梭就坚持认为任何人都不应该富有到可以买卖他人。但是在其自身内部，私人世界一般是被立法机构在某种成文宪法的基础上所订立的法律所管制的。

从契约论著作中我们可以清晰地发现，契约论者所关注不同人之间的主要实体性差异在于财产上的差异，并且他们都认为财产应当收到法律的保护，也就是说，所有人都接受的公共法律应当包含所有权的概念及相关的法律条文。于是，财产就被提升为社会的普适和公共层面的一部分。与此同时，另外一系列负面的事项——如针对个人和私有财产的犯罪——也被普遍认为是乱象。所以，在国家-公民和公-私的并列之后，我们就得出了契约论模型的第三部分，即一系列受平等公民所接受的公共规则保护或限制的特定事项。这些事项在实体上被私人领域的法律系统视为共性，或者说它们被制定为了社会系统在公共方面的核心法律共性。

契约论自由主义的规范性本体论并没有包含个人与社会之间的中层机构。对大部分契约论者来说，即使是家庭也并非自由社会的一个重要部分，而仅仅是该社会的某种原始形态或缩影。至于其他中介制度和机构，契约论者则对其抱有公开的敌意。毕竟，法国大革命的目的就在于摧毁这些事物，而《联邦党人文集》的作者们则将政治行动者之间的任何关联谴责为"派系"。理论上讲，对契约论者来说，所有中层机构都是私人事项，只有在它们干扰了国家机器的运作时才会令人感到不安。在实践中，由契约论构成合法性的社会当然会不可避免地因为历史问题而保留这样的中介性结构（如家庭、教会、公司、协会等），而这些结构会导致重大的政治后果。

所以自由主义的规范性本体论的核心包含四个元素：第一，一个由平等的个体公民构成的统一国家；第二，公共领域和私人领域的分隔，其中后者被公共订立的法律所规管；第三，一系列普遍被禁止或被保护的特殊事项；第四，没有中层机构理论，甚至没有任何形式的内部团结。这四个元素一直被作为社会科学对于社会生活的规范性评判标准的基础——一个好的社会就应该与这个模型契合，一个坏的社会则不契合。

而在19世纪，这个标准面临着——如今也仍在面临——三个根本性的挑战：特殊性，历史，以及差异。随着20世纪末全面全球化的到来，它们的问题就变得更加严重。

首先是来自特殊主义的挑战。契约论自由主义构想了一个由没有特质的普适存在者构成的社会，这些存在者一方面生活在一个公共和平等的政治世界，另一方面却也生活在一个私人的、不平等的和被有意忽略的充满社会差异的世界。这个充满差异的世界所造成的影响有时会达到削弱公共领域的公民平等，从而不得不需要补救的地步。这种私人社会特殊性的规范性状态在最早的契约论者眼中，就如在当下的社会科学中一样朦胧模糊：这种特殊性在笼统的术语如"不平等"或"排斥"当中消失，这些术语可以指称从社会精英阶层玻璃天花板到美国贫民窟日常恐怖生活的一切事物。于是，作为规范性本体论的契约论的前两个支柱（即社会/个体，或公/私）的理论力量就被其第三个支柱（即一个保护与禁止的事项的列表）的混乱保护。这个事项列表就如一个契约论者的废物房，存放着所有无法被社会/公民和公/私两个概念照顾到的问题。的确，伟大的自由国家的实证政治史主要就是关于将事物和人放进或拿出这个列表。财产是第一个被这样拿进来保护的现象，之后是各个种类的人（女性、儿童、劳工等），组织（大学、教会、医院等），然后是归属性或经验性的社会群体（种族、族群、移民），所有这些最终都大多以"受害者"的幌子被放在了国家需要保护的一系列私有事物的列表中。讽刺的是，同样的理由也被联邦党人拿来保护财产所有者，因为他们相信这些人刚好可能是民主政治下的暴民的潜在受害者。

当然，在各种论争性文献中也存在过很多关于这种特殊性的论述，比如女权主义、后殖民研究、酷儿研究等。但我认为就算是这些文献也遵循着契约论的逻辑。它们的目的只在于重新安排谁需要被保护以及需要被什么保护。特殊性对契约论的挑战远远大于什么人群在哪个列表当中的问题，而这基于三个原因。

首先，特殊性的表现形式特点呈现出令人困惑的多样性。它们包括一些有规律变化的因素（如年龄），还有一些永远不变的因素（如生理性别）；一些不同程度上可以选择的因素（如职业、住所），还有一些不同程度上无法选择的因素（如宗教、父母）；一些清晰定义的因素（如身高），还有一些相对比较模糊的因素（如种族、族群）。我们通常将这些看作社会分层的表现形式。但是，它们都在契约论的规范性本体论中占据相同位置的事实，却并不能掩盖它们的确是截然不同的现象的事实。

第二，个人和社会群体不可避免地带有多种而非一种特殊性的表现形式。这就使得私人的社会世界是由一大群令人困惑的、相互重叠着的和多方面联系着的社会行动者和群体所构成的。一个女人绝不仅仅是一个女人，更是一个35岁的女人、一个女儿、一个已经离婚的妇女、一个律师、一个登山爱好者,以及一个难民。她永远不仅仅是以上的其中一个,也不是其他任何一个社会行动者或群体。

第三,大部分特殊性都超越了"国家"的界限,而国家的界限对于契约论的社会概念是如此重要。女人、老人、黑人、工人,这些类别中没有任何一种是一个纯粹的国家界限内的群体。这个事实显而易见,但我们只在很少的情况下想起。但是如果我们足够明智的话,我们应该想起,直到1914年第一次世界大战时工人被动员起来之前,人们都严重地怀疑他们是否会真的愿意参加资本家的民族主义战争。

所以,根据以上三个原因——复杂性、重叠性和国际性——将特殊性理解成一种关于包容或不平等的简单修辞的想法是愚蠢的。当然,现在连社会自己都相信它将这些私人领域的特殊性应付得很好,而且它是通过契约论理论提供的方式(立法活动和法律)来做到这一点的。但是令人惊讶的是,并没有太多社会科学家认为法律是关于特殊性的社会问题的解决方案。由于截然不同的原因,左翼和右翼社会科学家都认为法律更像是这些问题的原因而非解决方案。社会科学家几乎没有从法律中借鉴任何规范性语汇。在西方法律传统已成为我们世界对人类价值本质的重要探究之一的情况下,这是一个令人惊讶的事实。

以上就是契约论的规范性本体论所面临的第一个重大挑战:来自特殊性的挑战。第二个挑战是来自历史的挑战。复杂的特殊性不仅存在,而且这些特殊性还随着历史的进程以不同的速度变化着。人在变化,组织在变化,族群在变化,雇佣制度在变化。这些变化可能是缓慢的趋势,也可能是突然性的爆发,但它们总会在几十年的历史进程中积累成相当大且不平衡的转变。然而我们的规范性方法仍然不具备任何对于历史的认知。契约论想象了个人，但这些个人是空洞的，没有生命历程、职业变化，没有宗教或家庭。契约论想象了私人领域的劳动分工，但并没有想象这种劳动分工有一个万花筒似的历史，更不用说想象它如何成为当下的国际形式。另外，契约论完全没有关于中层机构的理论，更不用说一个关于如何思考教会、族群和工会在数十个领域相互斗争的复杂历史的规范性理论。又一次地，我们在实证文献中对这些事实十分明了，但这些事实在我们经常用以评判世界的规范性工具中大量缺失。例如，在个体层面上，我们仍然在谈论不平等和包容，并认为这些概念似乎是一劳永逸的，然而我们忽略了一个人可能在生活的某些时刻享受平等与包容，但在另外一些时刻却遭受不平等与排斥。而在社会层面，我们往往想到拨付政府救济给移民，但又往往忘记一个年代的移民和其他年代的移民并不相同，或者说移民的潮流可能会从永久变为临时，然后又变回永久。

而全球化证明，我们规范性本体论中的这种非历史主义一直在国际层面上继续延续。当下的世界并不由稳定的契约论国家和公民构成。在20世纪，世界上远超半数的人口经历了国家政权的彻底变迁，而像俄罗斯和中国这样的国家则经历了至少两次这样的变迁。所以，现代人往往出生在一个政权统治下，而在另一个政权下结束生命。战争、贸易、移民和帝国，伴随着日益流畅的沟通、迁移和流动，更加削弱了国家的界限。众所周知，关于国家/社会的整个概念在历史上变成了无根的浮萍，从这个角度来看，用契约论的图像来作为评判世界在规范性层面上的对与错，实在是奇哉怪也。

对于这种诘问的一个通常回应当然是，契约论国家只是一个理想模型，而它们散播到全世界只是一个时间的问题：最终世界上的国家都会变成契约论者所预见的"真正的"国家。我忍不住用我三十年前回应我所阅读的成百上千个关于专业化的研究的方式来回应这种论断。研究专业化问题的学者曾经认为，所有专家型的职业都在完全专业化的道路上，只不过其中有一些还没有达到完全专业化的阶段。但我发现，专业的历史上却乱七八糟地布满了已消亡的专业、倒退中的专业、退化的专业、突然失业的专业或没有组织的专业——复杂历史中的各种偶然。对于国家也是这个道理。以上这种关于进步的观念并不能替代关于历史及其偶然性的理论，更不能替代一种基于对这些偶然性的坦诚承认的规范性本体论，这些偶然性也包括国家作为一种现象在某个特定地方的彻底失败。

这种可能性把我带到了以契约论自由主义为规范性本体论的全球化社会科学所面临的第三个，也是最重要的一个问题。契约论自由主义明显是西方文明最伟大的思想荣光之一。尽管在实际操作中很少能够实现，但它仍然是一种闪耀着的理想，值得我们的瞩目和努力。它也确实是我本人的信仰，我也以此为荣。然而事实情况是，世界上有着数十亿人并不生活在自由的契约论社会中，其中甚至有很多人认为滑向这种社会是灾难性的乃至邪恶的。只有最天真无知的社会科学家才会期望这数十亿人能够在"理性选择"和适当的引导下，抛弃他们的非自由世界，然后立马跃进，参与到构建现代西方自由世界那样的社会的过程当中。我在本科期间，即现代化研究鼎盛的时期，就认识许多抱有这种天真希望的人，而过去的五十年用无数种方式证明他们是错误的。的确，世界发展了。的确，世界的经济比以前更加相互联系，也比以前更加——在19世纪的意义上——"自由"。但这些国家是否更加靠近契约论自由主义了呢？不。反之，仅有的一些契约论自由主义的形式却被根本上并不自由的社会、帝国和文明所替代。因为我刚刚提到的这数十亿人并不是孤立的个体。他们通常都有伟大和强大的国家与强有力的宗教领袖,而他们的历史——有时是极端不自由的——和西方的一样长甚至更长。最重要的是,他们不一定将世界——哪怕是自由世界——看成是自由主义理论的范例,而是将其视为某种不同的东西。在人性、人类行为和人类目标方面,他们在根本上相信与自由主义截然不同的价值。

一个全球性的社会科学必须愿意不仅仅把这一部分其余的世界简单地看成西方本土价值观的遗落地。它必须意识到,这些社会——在某些情况下不仅是社会,而是整个文明——就是与西方有着完全不同的价值观,而不假思索地将西方自由主义信条用在他们身上的行为既是帝国主义的,也是愚蠢的。老一辈研究帝国的社会科学家当然明白这个道理。他们将普适性撇在一边,因为他们对关于管制帝国的未知疆土的实际问题有着第一手的了解。当然,他们的著作也可以被看成是被西方规范性本体论所束缚的——的确,他们就是这样被后殖民研究者评判。但讽刺的是,这些后殖民主义的理论家很大程度也将同样的契约论概念,如国家、主权、公民和国内社会等作为自己的理论基础,而这和主流社会科学的规范性著作如出一辙。相比之下,帝国社会科学的深层实践性研究却表明,这样的一个帝国——一个将自由政体的理念强加于一个包括许多不同民族的既有广泛社会群体的帝国——根本是不可能存在的。令人悲伤的是,这些关于文化差异的深刻重要性的文献并没有孵化出政治思想。反之,文化差异的概念在1950年后却被驯化为旧有的自由主义规范性本体论的有限延伸。

总结起来,契约论自由主义的重大遗产支撑了几乎所有社会科学的规范性思考,不论它们从表面看是多么多元和不同。这一方案规定了绝大多数西方社会科学家如何评判社会世界,无论是他们自己的世界还是别人的世界，无论他们是新古典主义经济学家、社会学家或马克思主义者。他们使用同一种通用的词汇，如"不平等"和"包容"，来隐藏千万种不同的特殊性。他们完全无视了个人和社会两方面的历史性演进。他们无视了一个重大的差异，而这个差异使得世界上的数十亿人认为契约论自由主义只是一种意识形态，或甚至是一种十足的邪恶。

由于这些缺陷的存在，我们现在需要一种新的规范性本体论，它需要承认人类经验的历史性，尤其承认一个事实，即大部分活着的人可以在其有生之年见到在诸如主权、公民权、族群和雇佣方式等重要方面的重大转变。这种规范性本体论也必须承认世界上有数十亿人并不接受契约论自由主义的规范性理论，而他们却可能相信一个由特殊而非普适事物构成的世界，或者相信一种在我们看来属于特殊文化体系的普适价值——尤其是一种宗教。然而与此同时，我们也希望这个新的规范性本体论能够保留契约论的已被承认的优势：它对一致性和宽容的结合，它拥抱差异的能力，它对个人安全等普适之物的关注能力。所以，清楚的是，我现在正在呼吁一种契约论规范性本体论的复杂化版本，而非一种完全代替它的规范性本体论。

这项任务的难度在我们阅读非西方世界的社会思想时变得显而易见。作为一种个人训练，我在过去的六年中就在进行这样的练习，仿佛我在一个想象中的大学做一个想象中的教授。我的阅读和写作涉及南美学者如多明戈·萨米恩托、埃莱斯·萨菲奥蒂、何塞·瓦斯康塞洛斯，及来自法国社会科学高等研究院的阿尔伯托·弗洛雷斯·加林多；涉及非洲学者如爱德华·布莱登、索尔·普拉切、乔莫·肯亚塔和利奥波德·塞达尔·桑戈尔；涉及伊斯兰世界学者如玛丽娅玛·芭、塔哈·胡塞因、阿里·沙里亚蒂、齐亚·格卡尔普和德莱尔·诺

尔；涉及印度学者如潘迪达·拉曼拜和拉达卡马尔·穆克尔吉；*涉及中国学者如陈达和费孝通；涉及日本学者如福泽谕吉

---

* 多明戈·萨米恩托（Domingo Faustino Sarmiento，1811—1888），政治家、作家、教育家、社会学家，曾任阿根廷总统。

埃莱斯·萨菲奥蒂（Heleieth Saffioti，1934—2010），巴西社会学家、女权运动者，著有《阶级社会中的妇女》（Women in Class Society）等作品。

何塞·瓦斯康塞洛斯（Jose Vasconcelos，1882—1959），墨西哥马克思主义作家、哲学家、政治家，在墨西哥革命中发挥了重要作用。

阿尔伯托·弗洛雷斯·加林多（Alberto Flores Galindo，1949—1990），秘鲁历史学家、社会科学家、散文作家。

爱德华·布莱登（Edward Blyden，1832—1912），利比里亚教育家、作家、外交家。他相信受到歧视的非裔美国人有责任返回非洲大陆，为非洲的发展做出贡献。

索尔·普拉切（Sol Plaatje，1876—1932），南非知识分子、记者、语言学家、政治家，非洲人国民大会（African National Congress）的创始人之一。

乔莫·肯亚塔（Jomo Kenyatta，1897—1978），肯尼亚反殖民运动家、政治家，肯尼亚第一位总统，肯尼亚国父。

利奥波德·塞达尔·桑戈尔（Leopold Sedar Senghor，1906—2001），塞内加尔诗人、政治家、文化理论家，1960年至1980年任塞内加尔首任总统，被广泛认为是20世纪最重要的非洲知识分子之一。

玛丽娅玛·芭（Mariama Bâ，1929—1981），塞内加尔作家、女性主义者，著有多种法语作品。

塔哈·胡塞因（Taha Hussein，1889—1973），埃及最具影响力的作家及知识分子，为埃及近代化运动的先驱之一，主张重构埃及传统的民族认同观念，反对阿拉伯民族主义和泛阿拉伯主义。

阿里·沙里亚蒂（Ali Shariati，1933—1977），伊朗学者、社会学家，其思想对伊朗后来的伊斯兰革命具有深远影响。

齐亚·格卡尔普（Ziya Gokalp，1876—1924），土耳其社会学家、作家、诗人和政治活动家，被冠以"土耳其民族主义之父"的头衔。深受涂尔干的影响，被形容为"土耳其社会学的真正缔造者"。

德莱尔·诺（Deliar Noer，1926—2008），印度尼西亚穆斯林学者、政治家。

和福武直。这些名字中大多数我们都不熟悉,而这正是我为什么要把他们记下来。因为他们是杰出的男女学者,他们以不同的形式、从不同的角度对他们的社会进行分析,而他们对于西方世界的态度也有很大的差异。事实是,他们中的许多人对社会有着不同于古典自由主义规范性本体论的看法。他们中有的人是和平主义者,有的人是隐秘的或者偶尔公开的暴力崇拜者,有的人赞成帝国主义,有的人憎恨它。在自由主义主导的西方本土,有些人会被认为是不同程度的极权主义者:思想改良的共产主义者或宗教国家的派别领袖。也有一些是西方意义上的古典自由主义者。他们有的人认为宗教是私人领域的事务,有的人认为宗教是危险的毒瘤,还有的人认为宗教是社会的中心。有的人崇拜种族纯净论,有的人则崇拜种族融合。尽管这些多元的思想在过去有时也是西方的特征,但最近的社会科学文献对于这些事项的观点都十分单一,并认为一些观点根本不值一驳。

但以上这些学者则代言了另外一个世界,这个世界对于西方世界想要强加而西方社会科学视为理所当然的规范性自由主义并没有普遍的共识。他们中的有些人明确拒绝规范性自由主义,而他们拒绝时最常见的名义,在普通西方人看来往往显得像是某种地方特殊性。然而,以上这些学者都是最顶尖的知识分子,他们的著作已经或即将在社会思想的世界经典中占据一席之地。这些学者大部分都会讲五种或更多种语言,他们中

(接上页)潘迪达·拉曼拜(Pandita Ramabai,1858—1922),印度女权活动家,致力于印度女性的解放和教育。

拉达卡马尔·穆克尔吉(Radhakamal Mukerjee,1889—1968),印度思想家、社会科学家。——译者

的许多人都在我们帝国主义国家的顶尖学府学习过，且在那里扬名立万。他们中的许多人在其所在的社会中承担了重要的政治角色，而他们中的许多人也遭受过流放、坐牢，甚至有人遭到暗杀。他们发展出了宏大的思想，而在这些宏大的思想中西方本土及其自由主义社会规范仅仅是世界理想中的其中一种可能。他们的关于历史的概念并非一个在自由主义民主阶段达到顶峰的伟大历程，他们关于一个公正社会的概念并不必然是那种人人根据自己的技能奉献并按照个人需要和欲望来索取的杜威式的自由。他们中许多人都相信一种宗教或一种社会体系，这种宗教或社会体系有着其自身的关于特殊性、关于社会等级、关于正义的规则。而且他们一般都为自己社会中庞大或重要的社会群体发声，而他们所在的社会包括了世界上大部分最庞大的社会。

在我看来，一个对于如此多元化的作者都能成立的规范性本体论，需要具备几个要素。首先，它必须用正式理论化了的中介结构来填补个体与社会之间的鸿沟。这并不意味着它需要像大型社会计划一样设计一个联结结构或教会一类的东西，也不意味着它需要选择一些新的机构来填补教会与家庭留下的空隙，就如涂尔干所呼吁建立的职业协会，因为这种制度会因为现代社会先天的——同时也是在涂尔干看来未经理论化的——不断的历史变迁而很快变得无关紧要。反之，将中介结构理论化意味着在这个本体论中，我们应该为各种内部差异中的每一个都撰写一部《利维坦》或《社会契约论》：变化的和不变的，相互排斥和相互重叠的，被选择的和未被选择的，确定的和不确定的。甚至是在国内和国际的旧概念之内，我们也需要发展一种关于社会中特殊性的严肃的规范性理论，一种将个人理解为多种特殊性的交叉而非空洞存在的理论。另外，如果需要有一种关于社会世界秩序的规范性概念，它也应该不同于我们当下这种建立在混乱的中层机构之上的、严格划分的、契约性的国家的概念。的确，它应该是一个关注如何防止某一种中层结构——包括国家——支配其他中层结构的理论。所以，一个新的规范性本体论必须首先包含一种真正的关于特殊性的理论。

其次，这些大量的中层结构，以及构成它们的大量的个体生命，必须具有历史。正如特殊性的问题一样，这是一个既关于传统上的国内不正义，也关于国际不正义现象的问题。我们必须有一个关于诸种历史应当如何发散的规范性概念，对于个人和群体都是如此。这意味着我们需要思考谁应该在生活的什么时刻拥有什么样的结果。十分明显，这些概念必须总是跨越时空的，因为它们必须为变化如何发生设定标准，而非为变化的最终结果设定标准。这是因为，一个严肃的关于社会过程的理论必须面对一个事实，即社会过程并没有结果和结束。社会过程永远持续。

我这样说的意思并不是说在这样一个体系中不应该有绝对的事项，而是说这些绝对的事项必须关于转变是如何发生的，而非关于特定的结果和结局。这就好像我们需要将一系列规则理论化，从而让那些产生人类理想社会过程的变化发生。我们当然可以为这个社会过程设定一些实体性的理想——比如说这个变化永远不会产生大规模屠杀，等等——但我们必须统筹地思考理想的总体模式，而非理想的特定内容。或许这个社会过程会保留许多真正不同种类的社会，或许它会使个人经历许多历史，或许它会教会我们如何进行明智、顺利的转变。

所以明显地，一个可以应对我们当下遇到的问题的规范性本体论一定是过程性的。如果我们无法搞清社会过程的最终目标，但我们却想要通过某种方式优化它，我们唯一可行的策略就是为当下的社会变化创造出一种规范性变化规则，而这种规则可以长期指引着社会向规范性层面上好的一面转化。过去，我们一般只考虑了两个这样的变化规则。其中一个是关于进步的思想，其前瞻性的形式是每一代人都尝试将其欲望投射到未来，而其回顾形式则是评判之前发生的任何事是否含有进步性的因素。另外一种是赫勒敦式或赫尔德式的循环论概念，用以解释群体、社会或个人的生命循环。然而，我们明显可以为这个世界上的社会构想其他一般性的变化历程，我们也应该这样做，因为很明显，由消费资本主义预见的那个复制某种天堂的世界是毫无意义的。

简言之，社会科学需要大大加强在发展规范性理论方面的投入，而这个规范性理论必须主要是过程性的，因为它必须带领我们超越我们现下非历史的、简单化的规范性本体论。

用马克·布洛赫的例子结束这个分析是既有效又合适的。自由主义的政制是重要且伟大的遗产。但马克·布洛赫的陨落也归因于一个在1933年3月23日成立的，建立在契约论自由主义基础上的，通过合法程序选举出来的社会形态。*关于这一事件的所有实证解释都涉及了欧洲社会复杂的特殊性和历史性，但我们社会科学中基本的规范性本体论却并没有准备好应对这样的复杂性。就契约论而言，那一次的国会投票仅仅是终止了某一个特定的社会契约，并将我们带回了霍布斯《利维

---

* 在1933年3月23日，德国国会通过《授权法》（正式名称为《解救人民与帝国苦难法》），允许时任德国总理希特勒及其内阁可以不需要议会而通过任何法案，这为希特勒日后的独裁统治铺平了道路。——译者

坦》第十三章所描绘的世界。*但我们已经熟知这个事实了。我们现在需要的，是一个新的规范性社会本体论，它让我们可以想象一个被从规范性层面上规制的社会过程，这个社会过程可以理解和应对根本性价值差异的不断变化，而不会再次走上1933年的那条老路。

---

* 霍布斯《利维坦》第十三章即著名的讨论自然状态的章节，题为"论人类幸福与苦难的自然状况"。霍布斯认为，在自然状态中，人与人之间互相疑惧，导致"每一个人对每个人的战争"。——译者

参考文献

Abbott, A. 1978. "Accident and its Correlates in a Psychiatric Hospital." *Acta Psychiatrica Scandinavica* 57: 36–48.

——1980. "Religion, Psychiatry, and the Problems of Everyday Life." *Sociological Analysis* 41: 164–171. Portions reprinted in Abbott 1988a, C. 10.

——1981. "Status and Status Strain in the Professions." *American Journal of Sociology* 86: 819–835.

——1982. *The Emergence of American Psychiatry, 1880–1930*. Unpublished PhD Dissertation, University of Chicago.

——1983a. "Professional Ethics." *American Journal of Sociology* 88: 855–885.

——1983b. "Sequences of Social Events." *Historical Methods* 16: 129–147.

——1984. "Event Sequence and Event Duration: Colligation and Measurement." *Historical Methods* 17: 192–204.

——1986. "Jurisdictional Conflicts: A New Approach to the Development of the Legal Professions." *American Bar Foundation Research Journal* 1986: 187–224. Reprinted with edits in Abbott 1988a, C. 9.

——1988a. *The System of Professions: An Essay on the Division of Expert Labor*. University of Chicago Press. xvi+435pp.

——1988b. "Transcending General Linear Reality." *Sociological Theory* 6: 169–186.

——1989. "The New Occupational System: What are the Questions?" *Work and Occupations* 16: 273–291.

——1990a. "A Primer on Sequence Methods." *Organization Science* 1: 373–392.

——1990b. "Conceptions of Time and Events in Social Science Methods." *Historical Methods*, 23: 140–150. Reprinted with edits in Abbott 2001b, C. 5.

——1990c. "Positivism and Interpretation in Sociology." *Sociological Forum* 5: 435–458. Reprinted with edits in Abbott 2001a, C. 2.

——1990d. "Vacancy Methods for Historical Data." pp. 80–112 in R. Beriger, ed. *Social Mobility and Social Structure*. Cambridge: Cambridge University Press.

——1991a. "The Future of Professions: Occupation and Organization in the Age of Expertise." *Research in the Sociology of Organizations* 8: 17–42.

——1991b. "The Order of Professionalization." *Work and Occupations* 18: 355–384.

——1992a. "From Causes to Events." *Sociological Methods and Research* 20: 428–455. Reprinted with edits in Abbott 2001b, C. 6.

——1992b. "What Do Cases Do?" pp. 53–82 in *What is a Case?* Edited by Charles Ragin and Howard Becker. Cambridge University Press.

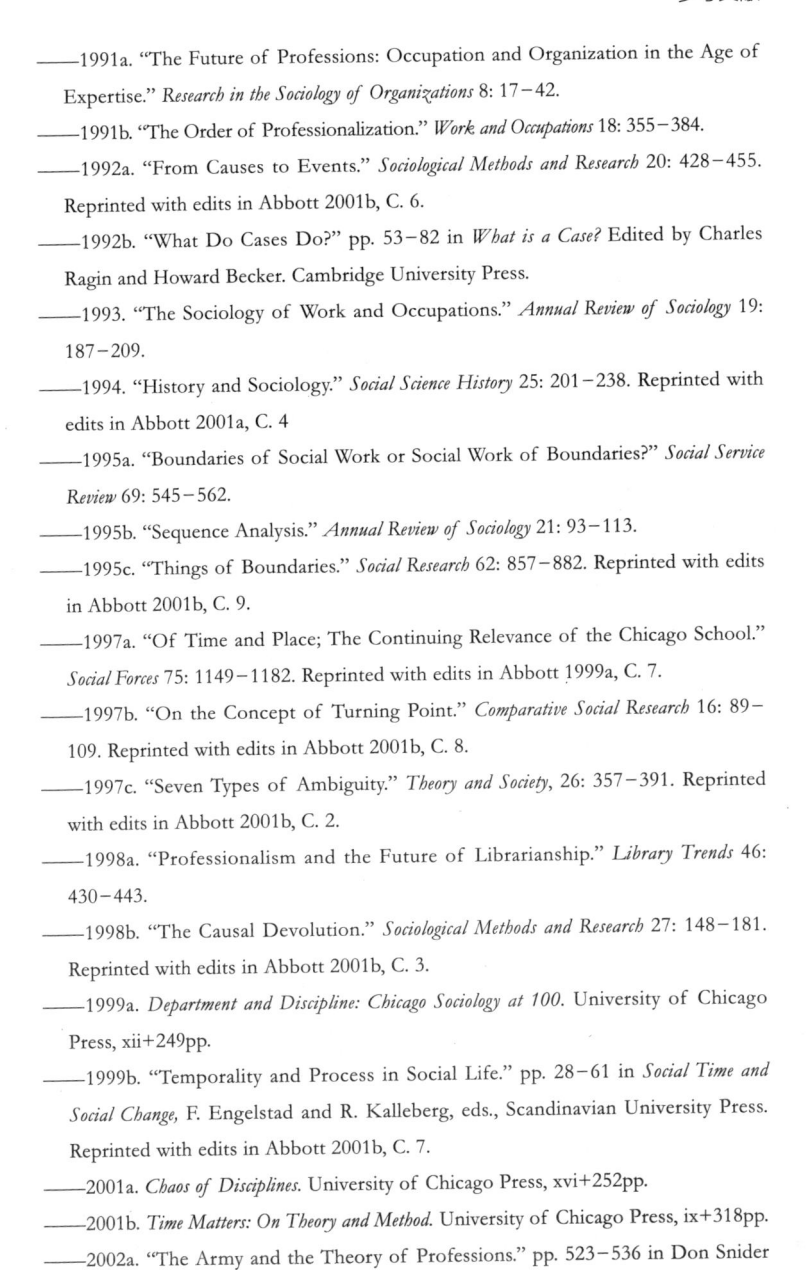

——1993. "The Sociology of Work and Occupations." *Annual Review of Sociology* 19: 187–209.

——1994. "History and Sociology." *Social Science History* 25: 201–238. Reprinted with edits in Abbott 2001a, C. 4

——1995a. "Boundaries of Social Work or Social Work of Boundaries?" *Social Service Review* 69: 545–562.

——1995b. "Sequence Analysis." *Annual Review of Sociology* 21: 93–113.

——1995c. "Things of Boundaries." *Social Research* 62: 857–882. Reprinted with edits in Abbott 2001b, C. 9.

——1997a. "Of Time and Place; The Continuing Relevance of the Chicago School." *Social Forces* 75: 1149–1182. Reprinted with edits in Abbott 1999a, C. 7.

——1997b. "On the Concept of Turning Point." *Comparative Social Research* 16: 89–109. Reprinted with edits in Abbott 2001b, C. 8.

——1997c. "Seven Types of Ambiguity." *Theory and Society*, 26: 357–391. Reprinted with edits in Abbott 2001b, C. 2.

——1998a. "Professionalism and the Future of Librarianship." *Library Trends* 46: 430–443.

——1998b. "The Causal Devolution." *Sociological Methods and Research* 27: 148–181. Reprinted with edits in Abbott 2001b, C. 3.

——1999a. *Department and Discipline: Chicago Sociology at 100*. University of Chicago Press, xii+249pp.

——1999b. "Temporality and Process in Social Life." pp. 28–61 in *Social Time and Social Change*, F. Engelstad and R. Kalleberg, eds., Scandinavian University Press. Reprinted with edits in Abbott 2001b, C. 7.

——2001a. *Chaos of Disciplines*. University of Chicago Press, xvi+252pp.

——2001b. *Time Matters: On Theory and Method*. University of Chicago Press, ix+318pp.

——2002a. "The Army and the Theory of Professions." pp. 523–536 in Don Snider and Gayle Watkins, eds., *The Future of the Army Profession*. Boston: McGraw–Hill.

参考文献

———2002b. "The Disciplines and the Future." pp. 205–230 in *The Future of the City of Intellect*, ed. Steven Brint. Stanford: Stanford University Press.

———2003a. "Ecologies Liees" (French) pp. 29–50 in P.M. Menger ed., *Les professions et leurs sociologies*. Paris: Editions de la Maison des Sciences d'Homme.

———2003b. "La description face a la temporalite." (French) pp. 41–53 in *Enquete: Pratiques de la description*. Sous la direction de G. Blundo et J–P Olivier de Sardan. Paris: Editions de l'EHESS.

———2004a. "Academic Intellectuals." pp. 115–137 in *The Dialogic Turn*, ed. Charles Camic and Hans Joas. Lanham MD: Rowman and Littlefield.

———2004b. *Methods of Discovery*. W. W. Norton, xii+262pp.

———2005a. "Linked Ecologies." *Sociological Theory* 23: 245–274. Reprinted with edits in Abbott 2016f, C. 3.

———2005b. "Losing Faith." pp. 21–36 in *The Disobedient Generation*, ed. A. Sica and S. Turner. Chicago: University of Chicago Press.

———2005c. "The Historicality of Individuals." *Social Science History*, 29: 1–13. Reprinted with edits in Abbott 2016f, C. 1.

———2005d. "The Sociology of Work and Occupations." pp. 307–330 in N. J. Smelser and R. Swedberg, eds., *Handbook of Economic Sociology*. New York and Princeton: Russell Sage Foundation and Princeton University Press.

———2005e. "The Idea of Outcome." pp. 393–426 in *The Politics of Method in the Human Sciences*. G. Steinmetz, ed. Duke University Press. Reprinted with edits as Abbott 2016f, C. 6.

———2006a. "Mobility: What? When? How?" pp. 137–161 in *Mobility and Inequality* eds. S. L. Morgan, D. Grusky, and G. Fields. Stanford University Press.

———2006b. "Reconceptualizing Knowledge Accumulation in Sociology." *The American Sociologist* 37: 57–66.

———2006c. "The Concept of Order in Processual Sociology." *Cahiers Parisiens* #2, 315–345. Reprinted with edits in Abbott 2016f, C. 7.

———2007a. "Against Narrative: A Preface to Lyrical Sociology." *Sociological Theory* 27: 67–99. Reprinted with edits in Abbott 2016f, C. 4.

———2007b. "Mechanisms and Relations." *Sociologica* (Online Journal) Fascicolo 2, settembre–ottobre. https://rivisteweb.it/download/article/10.2383/24750.

———2007c. "On Humanistic Sociology." pp. 195–209 in D. Clawson, et al., *Public Sociology*, University of California Press. Reprinted after complete revision as Abbott 2016f, epilogue.

———2008a. "The Concept of Order in the Processual Sociology of the Chicago School." pp. 117–131 in S. Guth, ed., *Modernite de Robert Ezra Park*. Paris: L'Harmattan.

———2008b. "The Traditional Future: A Computation Theory of Library Research." *College and Research Libraries* 69: 524–545.

———2009a. "Organizations of the Chicago School." pp. 399–420 in P. Adler, ed., *The Classics and Organization Studies*. New York: Oxford University Press.

———2009b. "The Last Thirty Years." *Contemporary Sociology* 38: 507–516.

———2010a. "Pragmatic Sociology and the Public Sphere." *Social Science History* 34: 337–371.

———2010b. "Varieties of Ignorance." *American Sociologist* 41: 174–189.

———2011a. "Concepts of Human Nature in Processual Thinking." Translated as "Konzeptionen der meschlichen Natur im Prozessualismus." pp. 41–56 in R. Egloff, P. Gisler, and B. Rubin. eds. *Modell Mensch*. Collegium Helveticum #7. Zurich: Chronos. Reprinted with edits (in English) as Abbott 2016f, C. 2.

———2011b. "Library Research Infrastructure for Humanistic and Social Scientific Scholarship in America in the Twentieth Century." pp. 43–87 in *Knowledge in the Making*, ed. M. Lamont, C. Camic, and N. Gross. Chicago: University of Chicago Press.

———2012a. "Knowledge between Elitism and Democracy." Translated into German as "Wissen zwischen Elitismus und Demokratie." pp. 141–163 in M. Hagner, ed., *Wissenschaft und Demokratie*.

———2012b. "World Sociology: A View from Atlantis." *Newsletter, ISA Research Committee on the History of Sociology*. November. pp. 9–19.

———2013. "Googles of the Past." *Social Science History* 37: 427–455.

———2014a. *Digital Paper: A Manual for Research and Writing with Library and Internet Materials*. University of Chicago Press, xv+259pp.

———2014b. "The Excellence of IT." pp. 145–166 in M. Herbst, ed. *The Institution of Science and the Science of Institutions*. Dordrecht: Springer.

———2014c. "The Problem of Excess: Towards a Social Theory of Too Much." *Sociological Theory* 32: 1–26. Reprinted with edits as Abbott 2016f, C. 5.

———2015. "Structure as Cited, Structure as Read." pp. 165–181 in R. Richards and L. Daston ed. *Kuhn's Structure of Scientific Revolutions at Fifty*. University of Chicago Press.

———2016a. "After Chaos: Self Similarity in the Social Sciences." (not published

参考文献

in English). Translated into German as "Nach dem Chaos: Selbstahnlichkeiten in den Sozialwissenschaften." pp. 286-309 in C. Daye and S. Moebius, eds. *Soziologiegeschicht*. Berlin: Suhrkamp.

———2016b. "Development and Difference: Pragmatism and the Social Process." *European Journal of Pragmatism and American Philosophy* 8: 143-166.

———2016c. "In the Eyes of Others." Translated into French by Didier Demaziere and Morgan Jouvenet as "Dans les yeux des autres." pp. 441-466 in D. Demaziere and M. Jouvenet, eds, *Andrew Abbott et l'heritage de l'ecole de Chicago*. Editions EHESS.

———2016d. "Inequality and Process." pp. 21-38 in *(De)Standardiesierung von Bildungsverlaufen und-strukturen*. L. Makrinus, K. M. Otremba, C. Rennert and J. Stoeck, eds. Berlin: Springer. Reprinted with edits as Abbott 2016f, C. 8.

———2016e. "L'avenir des sciences sociales." *Annales, HSS*, 2016, 577-596.

———2016f. *Processual Sociology*. University of Chicago Press., xvi+311pp.

———2016g. "The Demography of Scholarly Reading." *American Sociologist* 47: 302-318.

———2017a. "学术作为理念和学术作为日常工作."《北京大学教育评论》15: 1.

———2017b. *Varieties of Social Imagination*. (by Barbara Celarent) Edited and with an Introduction by Andrew Abbott. University of Chicago Press.

———2018. "Varieties of Normative Inquiry: Moral Alternatives to Politicization in Sociology." *American Sociologist*, 49: 158-180.

———2019. "Career Stage and Publication in American Academia." *Sociologia, Problemas e Práticas*, 90: 9-30.

Abbott, A. and Barman, E. 1997. "Sequence Comparison via Alignment and Gibbs Sampling." *Sociological Methodology* 27: 47-87.

Abbott, A. and DeViney, S. 1992. "The Welfare State as Transnational Event: Evidence from Sequences of Policy Adoption." *Social Science History* 16: 245-274.

Abbott, A. and Egloff, R. 2008. "The Polish Peasant in Oberlin and Chicago." *American Sociologist* 39: 217-258.

Abbott, A. and Forrest, J. 1986. "Optimal Matching Methods for Historical Data." *Journal of Interdisciplinary History* 16: 473-496.

Abbott, A. and Gaziano, E. 1995. "Transition and Tradition." pp. 221-272 in *A Second Chicago School*, ed. Gary Alan Fine. Chicago: University of Chicago Press. Reprinted with edits in Abbott 1999a, C. 2.

Abbott, A. and Hrycak, A. 1990. "Measuring Resemblance in Social Sequences." *American Journal of Sociology* 96: 144-185.

参考文献

Abbott, A. and Smith, D. R. 1984. "Governmental Constraints and Labor Market Mobility." *Journal of Work and Occupations* 11: 29–53.

Abbott, A. and Sparrow, J. 2007. "Hot War, Cold War. Structures of Sociological Action 1940–1955." pp. 281–313 in C. Calhoun, ed., *Sociology in America*. Chicago: University of Chicago Press.

Abbott, A. and Tsay, A. 2000. "Sequence Analysis and Optimal Matching Methods in Sociology." *Sociological Methods and Research* 29: 3–33.

Ainslie, G. 1992. *Picoeconomics*. Cambridge: Cambridge University Press.

——2001. *Breakdown of Will*. Cambridge: Cambridge University Press.

Berelson, B. R., P. F. Lazarsfeld, and W. N. McPhee. 1954. *Voting*. Chicago: University of Chicago Press.

Bergson, H. [1889]1910. *Time and Free Will*, tr. F. L. Pogson. London: Allen Unwin. Original title: *Essai sur les données immédiates de la conscience*.

Bosworth, B., G. Burtless, and E. Steuerle. 2000. "Lifetime Earnings Patterns, the Distribution of Future Social Security Benefits, and the Impact of Pensions Reform." *Social Security Bulletin* 63: 4: 74–98.

Camic, C. 1989. "Structure after Fifty Years." *American Journal of Sociology* 95: 38–107.

Campbell, A., G. Gurin, and W. E. Miller. 1954. *The Voter Decides*. Chicago: Row-Peterson.

Campbell, A., P. E. Converse, W. E. Miller, and D. E. Stokes. [1960]1980. *The American Voter*. Chicago: University of Chicago Press.

Creedy, J. 1977. "The Distribution of Lifetime Earnings." *Oxford Economic Papers* 29: 412–429.

——1990. "Lifetime Earnings and Inequality." *Economic Record* 67: 46–58.

Csikszentmihalyi, M. 1990. *Flow*. New York: Harper and Row.

Dewey, J. [1922] 1988. *Human Nature and Conduct*. Carbondale: Southern Illinois University Press.

Dewey, J., and J. H. Tufts. 1909. *Ethics*. New York: Henry Holt.

Dolton, P. J., G. H. Makepeace, and W. Van der Klaauw. 1989. "Occupational Choice and Earnings Determination." *Oxford Economic Papers* 411: 573–594.

D. R. Smith, S. S. Boocock, and A. Abbott. 1981. "Improving the Teaching of Sociology." *Teaching Sociology* 8: 231–242.

——1983. "A Labor Market Perspective on the Mobility of College Football Coaches." *Social Forces* 61: 1147–1167.

Duncan, O. D. 1984. *Notes on Social Measurement*. New York: Russell Sage.

参考文献

Durkheim, E. [1893] 1998. *De la division du travail social*. Paris: Quadrige/Presses Universitaires de France.

——[1897] 1951. *Suicide*. New York: Free Press.

Fitzpatrick, R. 1996. "Alternative Approaches to the Assessment of Health-Related Quality of Life," in A. Offer, ed., *In Pursuit of the Quality of Life*. Oxford: Oxford University Press, pp. 140–162.

Forrest, J. and Abbott, A. 1990. "The Optimal Matching Method for Anthropological Data: An Introduction and Reliability Analysis." *Journal of Quantitative Anthropology* 2: 151–170.

Foster, L. 1984. *Religion and Sexuality*. Urbana: University of Illinois Press.

Gamson, W. A. 1975. *The Strategy of Social Protest*. Homewood, IL: Dorsey.

Gerdtham, U-G., and M. Johannesson. 2000. "Income-Related Inequality in Life-Years and Quality-Adjusted Life-Years." *Journal of Health Economics* 19: 1007–1026.

Gold, M. R., J. E. Siegel, L. B. Russell, and M. C. Weinstein. 1996. *Cost-Effectiveness in Health and Medicine*. New York: Oxford University Press.

Johnson, D. H., and G. H. Makepeace. 1997. "Occupational Advantage in the Eighties." *Work, Employment, and Society* 11: 401–411.

Kahnemann, D., and A. Tversky. 1984. "Prospect Theory." *Econometrica* 47: 263–291.

2000. "Choices, Values, and Frames," in D. Kahnemann and A. Tversky, eds., *Choices, Values, and Frames*. Cambridge: Cambridge University Press. New York: Russell Sage, pp. 1–16.

Katz, E., and P. F. Lazarsfeld. 1955. *Personal Influence*. New York: Free Press.

Keynes, J. M. 1923. *A Tract on Monetary Reform*. London: Macmillan.

Koehn, D. 1994. *The Ground of Professional Ethics*. New York: Routledge.

Kornhauser, A., and P. F. Lazarsfeld. [1935] 1955. "The Analysis of Consumer Actions," in Lazarsfeld and M. Rosenberg, eds., *The Language of Social Research*. Glencoe, IL: Free Press, pp. 392–404.

Kultgen, J. H. 1988. *Ethics and Professionalism*. Philadelphia: University of Pennsylvania Press.

Lauwerier, H. 1991. *Fractals*. Princeton, NJ: Princeton University Press.

Lazarsfeld, P. F., and H. Gaudet. 1948. *The People's Choice*. New York: Columbia University Press.

Loewenstein, G., and D. Prelec. 1991. "Negative Time Preference." *American Economic Review* 81: 347–352.

———1992. "Anomalies in Intertemporal Choice, " in G. Loewenstein and J. Elster, eds., *Choice over Time*. New York: Russell Sage, pp. 119–145.

Lusted, L. B. 1968. *Introduction to Medical Decisionmaking*. Springfi eld, IL: C. C. Thomas.

MacIndoe, H. and Abbott, A. 2004. "Sequence Analysis." pp. 387–406 in M. Hardy and A. Bryman *Handbook of Methodology*. Sage Publications.

Makepeace, G. H. 1996. "Lifetime Earnings and the Training of Young Men in Britain." *Applied Economics* 28: 725–735.

Mayhew, B. 1990. *Researches in Structural Sociology*, ed. John Skvoretz. Columbia, SC: Department of Sociology, University of South Carolina.

McTaggart, J. M. E. 1908. "The Unreality of Time." *Mind* 17: 457–454.

Muennig, P. 2002. *Designing and Conducting Cost- Eff ectiveness Analyses in Medicine and Health Care*. San Francisco: Jossey- Bass.

Nord, E. 1999. *Cost- Value Analysis in Health Care*. Cambridge: Cambridge University Press.

Novick, P. 1999. *The Holocaust in American Life*. Boston: Houghton Mifflin.

Ollion, E. and Abbott, A. 2015. "Quarante ans de sociologie francaise aux Etats- Unis." pp. 83–98 in *Les sociologies francaises*. Ed. C. Paradeise, D. Lorrain, and D. Demaziere.

Ollion, E. and Abbott, A. 2016. "French Connections." *European Journal of Sociology* 57: 331–372.

Parsons, T. 1939. "Professions and Social Structure." *Social Forces* 17: 457–467.

———1968. "Professions." *International Encyclopedia of the Social Sciences*. 12: 536–547.

Paxton, P. 2002. "Social Capital and Democracy." *American Sociological Review* 67: 254–277.

Plutarch. n.d. *Lives*. New York: Modern Library.

Price, C. 1993. *Time, Discounting and Value*. Oxford: Blackwell.

Raiff a, H. 1968. *Decision Analysis*. Reading, MA: Addison Wesley.

Shackle, G. L. S. 1961. *Decision, Order, and Time in Human Affairs*. Cambridge: Cambridge University Press.

Skocpol. T. 1979. *States and Social Revolutions*. Cambridge: Cambridge University Press.

Torrance, G. W. 1986. "Measurement of Health State Utilities for Economic Appraisal." *Journal of Health Economics* 5: 1–30.

Tsay, A., Lamont, M., Abbott, A., Guetzkow, J. 2003. "From Character to Intellect." *Poetics* 31: 23–49.

Tsuchiya, A. 2000. "QALYS and Ageism." *Health Economics* 9: 57–68.

参考文献

Tversky, A., and D. Griffin. 2000. "Endowment and Contrast Judgments, " in D. Kahnemann and A. Tversky, eds., *Choices, Values, and Frames*. Cambridge: Cambridge University Press. New York: Russell Sage, pp. 702–725.

Vaughan, D. 1987. *Uncoupling*. New York: Vintage.

Waite, L. J., and M. Gallagher. 2000. *The Case for Marriage*. New York: Doubleday.

Weber, M. [1919] 1946. "Science as a Vocation, " in H. Gerth and C. W. Mills, eds., *From Max Weber*. New York: Oxford, pp. 129–156.

Weinstein, M. C., and H. V. Fineberg. 1980. *Clinical Decision Analysis*. Philadelphia: Saunders.

图书在版编目(CIP)数据

社会科学的未来/(美)安德鲁·阿伯特著;邢麟舟,赵宇飞译.—北京:商务印书馆,2023
ISBN 978-7-100-21781-1

Ⅰ.①社… Ⅱ.①安… ②邢… ③赵… Ⅲ.①社会科学—研究 Ⅳ.①C1

中国国家版本馆 CIP 数据核字(2023)第 087078 号

权利保留,侵权必究。

社会科学的未来

〔美〕安德鲁·阿伯特 著
邢麟舟 赵宇飞 译

商 务 印 书 馆 出 版
(北京王府井大街36号 邮政编码100710)
商 务 印 书 馆 发 行
北京艺辉伊航图文有限公司印刷
ISBN 978-7-100-21781-1

2023年6月第1版 开本 880×1230 1/32
2023年6月北京第1次印刷 印张 8⅝
定价:48.00元